Bomb damage in Tokyo, 1945.

.

〈燒跡〉の戰後空間論

'잿더미' 전후공간론

사카사이 아키토(逆井聡人)

박광현 외 옮김

아숲

| 일러두기 |

1. 번호가 달린 각주는 원서를 따른 것이며, * 표시 각주는 옮긴이 주석입니다.
2. 각 장의 책임 번역자는 다음과 같습니다.
   박광현 : 5장, 7장, 종장 , 맺음말 / 정창훈 : 들어가며, 서장, 3장, 4장, 6장 / 조은애 : 2장, 8장, 9장
   홍덕구 : 1장.

한국의 독자 여러분께

　　2013년 3월 10일, 도쿄에는 보기 드문 스모그 현상이 일어나 하늘이 노랗게 흐려져 있었습니다. 그날은 저의 결혼식 날이었는데, 야외에서 사진촬영을 하기에는 좋지 못한 날씨였습니다. 저희 부부를 포함하여 거기에 있던 가족 및 친지들 대부분이 "운 없게도 황사가 왔다"라며 아쉬워했습니다. 그런데 단 한 분, 한국에서 오신 저의 장인께서는 오히려 생글생글 웃으시며 이렇게 말하셨습니다.

　　"황사에도 바람에도 국경이 없다네. 자네들의 결혼식에 마침 잘 어울리는 것이 아닌가. 자, 다 함께 축하하세."

　　이 말에 위로를 얻은 저희 부부는 웃으면서 자리로 돌아갈 수 있었습니다.
　　이 이야기를 여기에 적은 까닭은 저의 개인적인 추억을 말하고 싶었던 면도 없지 않지만, 2020년 현재 코로나로 인한 재난 속에서 장인께서 해주신 그 말의 울림을 되새기게 되었기 때문입니다. 최근 반 년간 이동이 제한되었고 일반적 차원에서 국경을 넘는 이동이 재개되기까지 연(年) 단위의 시간이 걸릴 것으로 예상되고 있습니다. 무엇보다도 안타까운 일은 여러 나라가 단지 국경을 폐쇄하는 것에 그치지 않고 정신적으로도 내향화되고 있다는 점입니다. 그리고 한국과 일본의 정치외교적 관계는 점점 악화되고만 있습니다. 일본의 뉴스를 볼 때마다 절망하게 되는 것은, 일본의 제국주의 및 식민지주의에 관하여 앞선 사람들이 쌓아올린 비판적 논의들이 무시되고 그저 대립만을 부채질하고 있는 상황 때문입니다. 일부 리버럴한 지식인층 사이에서는 "문화적 교류는 지속되고 있다"라고 평하며 일본에서의 한국문화 붐을 환영하고 긍정적으로 파악하는 낙관적 담론이 존재합니다. 그러나 정치와 문화라는 것은 그렇게 간단히 나눌 수 있는 것이 아닙니다. 물론 문화를 향유하는 일은 중요한 것이지만, 최후의 지점에서 정치나 내셔널리즘이 문화의 목덜미를 잡는 상황이 존재하기에, 현실적으로는 '허용된 범위' 안에서만 문화의 수용이 용인될 따름이라고 생각합니다.

그렇더라도 역시 희망을 버리고 싶지는 않다는 것이 솔직한 저의 생각입니다. 21세기에 들어선 지 20년, 세계의 상황이 변화함에 따라 과거 50여 년 동안 유통되어온 미일관계를 기축으로 하는 전후 일본의 동아시아 인식 또한 변하지 않을 수 없게 되었습니다. 오늘날 일본에서는 이 변화를 완강하게 부인하는 무리들의 국수주의적인 거부반응이 두드러지고 있으나, 또 다른 한편에서는 개인과 개인을 잇는 대화를 가능하게 만들 가치관 또한 자라나고 있는 것이라 믿습니다.

이번에 박광현 선생님께서 번역 출간을 이끌어주셔서 한국의 독자 여러분들과 만날 기회를 얻게 된 것을 대단히 기쁘게 생각합니다. 이 책이 그러한 대화의 장을 형성하는 일에 일조할 수 있다면 더할 나위 없는 영광일 것입니다.

2020년 8월, 사카사이 아키토

제1부. 잿더미·암시장의 이미지 편성

들어가며

격세지감이 들 만큼 '전후(戰後)'의 긴 세월이 흘렀다.

일본은 미국의 냉전전략 아래서 '전후'를 향수해왔다. 그러나 한반도에서 냉전시대가 남긴 최후의 대립이 해소될 조짐을 보이는 오늘날, 이러한 자기충족적인 '전후'는 더 이상 성립 불가능한 것이 되었다. 이는 단지 '북한의 비핵화'를 염두에 둔 이야기가 아니다. 국제정치의 조건이, 나아가 우리가 살아가고 있는 사회의 조건이 변화하고 있는 것이다. 이 변화를 어떠한 관점에서 보면 좋을까. 닳고 닳은 '전후'라는 필터를 통해서는 볼 수 없는 것들이 너무나도 많다.

1945년 8월로부터 73년의 세월이 흘렀다. 그 오랜 세월 동안 '전후'라는 말은 일본이라는 국가를 뒤덮은 반투명의 베일처럼 기능해왔다. 보고 싶은 것만을 보고 보기 싫은 것은 보지 않는, 이 편리한 '전후'라는 베일이 '주권국가 일본'을 지탱해온 것이다. 그러나 그것도 이제는 한계에 접어들며 여기저기에서 파열점을 드러내기 시작했다. '평화국가 일본', '유일의 피폭국', '70년간 전쟁 없는 나라', '일억총중류(一億総中流)'* 등, '전후 일본'을 꾸미는 이 수식어들이 새빨간 거짓이라는 것은 이미 오래전에 탄로 난 사실이다. 그래도 지금까지는 그러한 허울로 어떻게든 가장해왔다. 그렇지만 2011

---

* 전후경제의 고도성장 이후, 일본 국민 대다수가 스스로를 중류층이라는 생각하는 의식을 가리킨다.

년 3월 11일을 기점으로 그조차도 통하지 않게 되었다.

당초 일본의 '양심적' 지식인들은 3·11 동일본대지진의 발생을 기만적인 원자력 '안전 신화'의 실태가 폭로된 계기라고 보았다. 이제껏 보고도 모른 척을 해온 사람들이 들고일어나 '반원전(反原発)'을 주장하기 시작했고, 정권교체를 이룬 2008년의 민주적 열광 이래로 점차 수그러들었던 '무언가 변할지도 모른다'라는 감각이 사람들의 가슴 속에서 다시금 피어오르는 것처럼 보였다. 그러나 폭로된 것은 '안전 신화'만이 아니었다. '전후 일본'과 핵의 문제는 단순히 국내 경제상의 이권 문제에 한정될 수 없기 때문이다. 이미 밝혀졌듯이 냉전 구조를 전제로 한 강대국의 핵전략과 밀접히 결부됨으로써, "가지지 않는다, 만들지 않는다, 들여놓지 않는다"라는 일본의 비핵 3원칙은 전혀 지켜지지 않았다. 즉 냉전 기간 내내 일본은 핵 방파제 역할을 해온 것이다. 핵무기 문제만이 아니다. 원자력 발전소 유치는 지역격차의 해소를 위한 기폭제로 여겨져 왔으나, 발전소 사고는 지역경제의 위기, 원전 마을의 유령화, 그리고 피난자에 대한 차별을 낳았다.

결국 '전후 일본'은 '평화를 희망하는 핵 피해자'인 것이 아니라, 전쟁의 당사자로서 존속해온 것이다. 반면 실제 전쟁으로 피해를 입은 사람들에게 '전후'라는 것은 단 한 번도 도래하지 않았다. '일억총중류'라는 환상 속에서 사람들은 격차와 빈곤, 차별 등을 무의식적으로 긍정하게 되었다. 오키나와(沖繩)를 희생시키며 미국의 핵우산 밑으로 들어간 뒤, 지방을 착취하고 주변국으로의 경제 진출을 통해 고도 경제성장이 달성되었다. 일본은 언제고 변함없이 제국적 오만함을 유지해온 것이다.

이러한 '전후'라는 기만적인 베일이 지금 벗겨져 내리고 있다. 맨얼굴이 드러난 이상 더는 가장할 필요도 없어졌기에, 현재 일본에는 혐오적인 인종주의와 공격적인 내셔널리즘, 그리고 '글로벌'이라는 미명 아래 식민주의가 활개를 치며 행진하고 있다.

'전후 일본'은 잿더미(燒跡; 야케아토)에서 부흥을 이뤄냈다고 이야기되곤 한다. 잿더미 속에서 맛본 쓰라린 고통을 이겨내고 우리 일본인들은 불사조처럼 소생한 것이라고 말이다. 그 부흥의 상징이 1964년 도쿄 올림픽이었다. 1955년 「경제백서(經濟白書)」에 '더 이상 전후가 아니다'라고 선언된 뒤, 정확히 9년 후에 도쿄 올림픽이 개최되었다.

2017년 8월 8일에 개최된 제19회 부흥추진회의에서 아베 신조 수상은 "부흥의 최종 마무리"에 대한 결의를 표명하며, "도호쿠(東北)의 부흥 없이 일본의 재생도 없다"고 말했다.[1] 동일본대지진이 일어난 2011년으로부터 9년 후인 2020년, 기묘하게도 또 다시 도쿄올림픽 개최가 예정되어 있다.* 이역시 '일본의 재생'을 상징하는 국가적 축제가 되어가고 있다. 그렇다면 3·11이 새로운 부흥을 위한 제2의 잿더미라는 것인가? 3·11로 고난을 겪은 것은 '우리 일본인들'인가? 대다수의 사람들은 단지 텔레비전을 통해 그것을 보고 들은 것이 아니었던가.

'전후'를 대체하여 또 어떤 새로운 베일이 준비되어 있는 것일까. 원컨대 '전전(戰前)'만은 아니기를 바라지만, 분위기가 심상치 않다. 'J경보'(J-Alert, 全国瞬時警報システム)**로 인해 전차가 멈출 때마다 승객들의 혀 차는 소리가 들려온다. 근처에 사는 '아시아인'이 쓰레기를 잘못 배출했다는 이유로

---

1) 首相官邸, 「第十九回復興推進会議」(http://www.kantei.go.jp/jp/97_abe/actions/201708/08fukkou.html) [2017년 7월 17일 접속].
* 도쿄 올림픽은 코로나19의 대유행 때문에 2021년으로 연기되었다.
** 대규모의 자연재해나 탄도 미사일 공격 등에 관한 긴급 정보를 주민에게 즉각적으로 전달하기 위한 시스템.

'나라의 품격'이 회자된다. 이런 일상적 증오는 어디로 향해 가고 있는가. 새로운 베일에 휩싸이기 전에, 조금이라도 숨을 쉴 수 있도록 지금부터라도 돌파구를 열 준비를 해두지 않으면 안 될 것이다.

서장
-
'잿더미'·'암시장'을 다시 묻다

1. 전략폭격과 기호로서의 '잿더미'

아시아태평양전쟁 말기, 일본 본토의 주요 도시 대부분이 공습을 받았다. 이 상공에서의 침공은 당초에는 군사시설을 목표로 한 정밀폭격이었으나, 1945년 2월부터 소이탄(燒夷彈)이 사용되며 주민들마저도 겨냥한 시가폭격으로 변해갔다. 공습은 도시부에 사는 사람들의 생명과 생활에 심각한 피해를 입혔고, 또 본토가 직접 공격을 당했다는 것 자체가 당시 일본에 살던 사람들에게 정신적 충격을 주었다.

근대 일본은 그 출발점부터 침략과 전쟁에 밀접하게 연관되어 있었음에도 불구하고, 이 본토 폭격에 이르기 전까지는 물리적 피해를 동반하는 전쟁이 '내지' 생활자들에게는 인식되지 못했다. 본토 공습은 일본의 도시공간과 사람들의 전쟁관에 극적인 변화를 가져왔고, 1945년 4월에 시작된 오키나와전, 그리고 8월의 히로시마(広島)·나가사키(長崎) 원폭투하는 거기에 살던 사람들의 생활을 문자 그대로 일소했다. 이렇듯 일본의 패전을 맞이한 사람들은 상실과 결핍 속에서 불탄 들판으로 변한 도시공간과 다시금 마주하게 된 것이다.

공습으로 파괴된 건물의 잔해가 여기저기에 나뒹구는 황야의 광경은 사람들에게 일본이라는 제국의 붕괴를 분명하게 각인시켰다. 그런데 그 공간을 폭격기의 조종석과 동일한 위치에서 내려다보면, 소이탄에 의한 화재의 흔적이 도시공간에 균일하게 배분되어 있지 않다는 사실을 알 수 있다. 군사시설을 꼭 집어 겨냥한 정밀폭격과 다르게, 소이탄에 의한 폭격은 인구가 밀집한 구역과 화재가 번지기 쉬운 장소를 대상으로 행해졌다.[1] 도쿄의 경우로 말하자면, 스미다 강을 따라 노동자나 소상공인이 거주하는 아사쿠사(浅草)와 혼조(本所), 후카가와(深川) 주변 등의 이른바 서민 동네였으며, 이들 지역은 거의 완전히 소실되고 문자 그대로 잿더미가 되었다. 존 다우어(John W. Dower)는 『패배를 껴안고』에서 이러한 도시피해의 광경을 다음과 같이 조소를 섞어가며 기술하고 있다.

빈민 거주지나 작은 상점들 및 수도의 공장 지대는 상당 부분 소진(燒盡)되어 버렸지만 부유촌으로 이루어진 멋진 주택가는 그대로 남아 점령군 장교의 숙소로 사용되었다. 도쿄의 금융가는 피해를 거의 입지 않았고, 이내 '리틀 아메리카'이자 맥아더 미군정 사령부의 본거지가 되었다.[2]

---

1) Kenneth Hewitt, "Place Annihilation: Area Bombing and the Fate of Urban Places," *Annals of the Association of American Geographers*, 73(2), 1983.

2) ジョン・ダワー, 高杉忠明 訳, 『敗北を抱きしめて―第二次大戦後の日本人』(増補版) 上, 岩波書店, 2004, pp.37-38. 원서는 John W. Dover, *Embracing Defeat: Japan in the Wake of World War II*, W. W. Norton & Company, 1999(존 다우어, 최은석 옮김, 『패배를 껴안고: 제2차 세계대전 후의 일본과 일본인』, 민음사, 2009,

미 육군항공군(USAAF)의 폭격전략에 관한 최근 연구에서도, 작전 입안자들이 노동자 집주(集住) 구역을 공격하여 노동력을 감소시킴으로써 총력전 체제를 약화시킬 전략을 세웠다는 사실이 밝혀졌다.[3] 즉, 일본사회 내부의 빈부격차가 그대로 공습으로 인한 피해 확률로 이어진 것이다.

달리 말하자면, 농촌으로 소개(疏開)할 여유와 사회적 인맥을 지니고 있던 사람들은 도시에 머무를 수밖에 없던 사람들보다 전재(戰災)를 입을 가능성이 훨씬 낮았다. 알다시피 수많은 정재계의 유력자나 문화인들이 가족과 함께했던 전시의 소개 경험을 (그리고 그곳에서의 고생담을) 전하고 있는데, 이들이 패전 이후에 사회를 주도한 계층이었다는 것은 그들의 수기가 출판되어 우리들의 손에 건네져 있다는 사실에서 확인할 수 있을 것이다.

만일 실제 피해를 입은 대부분의 사람들이 그 피해에 관해 이야기할 언어를 갖지 못했다면, 다시 말해 발언권을 독점하고 있는 다른 사람에 의해 그 피해가 대변되어 온 것이라면, 패전 후에 공염불처럼 외던 '잿더미에서의 부흥'이란 과연 무엇일까. 그것은 누가, 어떤 입장에서 말한 것일까. 그리고 그 '잿더미'의 이미지에는 무엇이 포함되고, 무엇이 배제되어 있는 것인지에 관해서도 몇 가지 의문이 든다. 그 이미지에 도쿄대공습이 들어 있을지는 모르겠지만, 홋카이도(北海道), 도호쿠(東北)와 같은 다른 지방의 공습이나 히로시마와 나가사키의 원폭 피해와 그 후유증, 그리고 '철의 폭풍'이라고 불린 오키나와에 가해진 압도적 집중포화 등은 과연 그 '잿더미'의 이미지

pp.46-47).

3) David Fedman and Cary Karacas, "A cartographic fade to black: mapping the destruction of urban Japan during World War II," *Journal of Historical Geography*, 38(3), 2012. 또는 John W. Dower, *Cultures of War: Peari Harbor/Hiroshima/9-11/Iraq*, W. W. Norton & Company, 2010, pp.178-179.

안에 들어 있는 것일까. 피해자는 일본인뿐일까. 피해자들의 목소리에 충분히 귀기울여왔는가.

일본의 패전 사실을 알게 된 그 순간에 잿더미가 된 도시 한가운데서 망연자실한 채 서 있던 사람들, 그리고 그 잿더미의 광경을 옆 마을에서 지켜보고 있던 사람들, 혹은 소개지(疏開地)에서 돌아와 그것을 본 사람들, 이들 모두는 그 경험에서 절망적인 단절을 느꼈을 것이다. 하지만 잿더미는 일본에 사는 모든 사람들의 눈앞에 동일하게 펼쳐져 있던 것은 아니었다. 이 잿더미가 의미하는 바는 각자가 놓인 상황에 따라 전혀 달랐던 것이다.

그러나 이 잿더미의 광경은 꽤 오랫동안 '일본인'이 입은 전쟁의 참화를 상징하는 것으로 기억되어왔다. 매년 3월에 열리는 도쿄대공습 추도식전(追悼式典)이나 8월 '종전의 날'이 다가올 때마다 미디어에는 '잿더미'라는 말이나 패전 당시에 촬영된 불탄 들판의 사진이 줄곧 등장한다. 2011년 동일본대지진 직후에도 신문에 "재해지를 보고 공습 때가 떠올랐다"라는 투서가 잇따랐고,[4] 당시 수상이었던 간 나오토(菅直人)도 지진 재해 발생으로부터 이틀 뒤에 발표한 성명서에서 "우리 일본인"이 직면한 것은 "전후 65년이 경과한 가운데, 어떤 의미에선 가장 심각한 위기"라고 말하였다.[5] 이때 수상의 뇌리에도 전후의 잿더미를 담은 흑백사진과 동일본대지진 피해지가 겹쳐 보였을 것이다. 전후에 태어난 그는 그 광경을 직접 보지 못했음에도 불구하고 말이다.

---

4) 예컨대 『아사히신문(朝日新聞)』에는 "고향 땅의 불탄 들판과 겹쳐지는 피재지"(2011. 4. 4), "후세에 전하는 전쟁, 피재지를 보고 공습을 떠올리다"(2012. 9. 17) 등의 투서가 실려 있다.
5) 首相官邸, 「菅総理からの国民の皆様へのメッセージ 平成3年3月13日」(http://www.kantei.go.jp/jp/kan/statement/201103/13message.html)[2017년 12월 10일 접속].

'일본인'을 상대로 '미증유의 국난(國難)'이라고 말하면, '잿더미'라는 원체험의 이미지가 소환된다. 그러므로 잿더미라는 말로 언표된 이 광경은, 단지 불길이 덮친 지역이나 도시의 피해 부분만을 가리키는 것이 아니라, '잿더미 세대', '잿더미로부터의 출발'이라는 표현에서 볼 수 있듯이 전후 일본 사회나 문화 일반을 나타내는 폭넓은 의미를 포괄하는 것이다. 마치 '일본인' 모두가 이 잿더미를 경험한 것처럼 말이다.

왜 이러한 담론이 당연한 듯이 되풀이되어온 것일까. 그러한 이미지의 재생산에는 어떠한 공동체적 욕망이 담겨 있는 것일까. 어쩌면 '잿더미'라는 말을 들으면, 피해 당사자가 아님에도 불구하고 자신의 피해자성이 확충되어가는 듯한 도취에 빠져드는 것이 아닐까. 애초에 '잿더미'라는 기호에는 이전에 존재한 강대했던 것의 유적(遺迹, monument)이라는 뉘앙스가 있다. 실제로 패전 직후 신문·잡지의 표제를 조사해 보면, '불탄 들판'이나 '피/이재지(被/罹災地)'처럼 피해의 구체적 현장성을 지시하는 표현보다도, '잿더미'나 '폐허'와 같이 과거에 대한 낭만주의적 이미지를 환기하는 말들이 빈번하게 사용되었다.[6] 이를 통해 헤아려 볼 때, 제국이라는 과거의 잔영이 빚어내는 비장감이야말로 '일본인'의 정신적 부흥, 그 밑바탕에 자리하는 것이 아닐까.

게다가 아이러니하게도 이 미군에 의한 도시파괴를 총력전체제로부터의 해방으로 환영하는 담론도 나타났다. 새로운 일본사회를 만들기 위한 기

---

6) 예컨대 「20세기 미디어 정보 데이터베이스(20世紀メディア情報データベース)」(http://20thdb.jp/ [2017년 12월 10일 접속])에 의하면, 1945년~1949년 5년 동안 '잿더미(燒跡)'라는 말을 표제 사용한 기사는 133건, '폐허'의 경우는 106건이었던 것에 비해, '불탄 들판(燒野原)'은 3건에 불과하다. '잿더미'의 낭만주의적 이미지에 대해서는 주 9번을 참조.

초로, 새로운 역사가 쓰일 텅 빈 첫 페이지로 잿더미라는 공간이 해석되었던 것이다. 즉 잿더미의 광경은 "불에 탄 잔해 더미에서 태어날 불사조의 이미지를 예고하는" 것이 되어, 일본의 재생까지도 선취했던 셈이다.[7] '잿더미에서의 출발'을 말할 때, 그 서사적인 방점은 '~에서의 출발'에 있으며, 잿더미라는 말의 시니피에(signifier)는 항상 공백으로, 전후 일본의 '그라운드 제로(ground zero)'로 고정되어왔다.[8] 즉 잿더미라는 말은 '잿더미'라는 공백의 기호로, 황폐한 도시의 이미지를 매개 삼아 피해자로서의 일본인과 전후 일본의 기원을 의미하는 것으로 기능해온 셈이다.

그런데 담론상에서 부흥의 수사가 정비되어가는 동안에도 사람들은 현실의 삶을 꾸려나가지 않을 수 없었다. 새로운 국가상(國家像) 따위와는 무관하게 하염없이 불탄 들판을 배회하던 사람들, 그저 당장 주린 배를 채우는 것이 우선이었던 사람들은 무엇에 의지해야만 했을까. 그 점에 주목하면 잿더미와는 또 다른 공간이 보이기 시작한다. 그것이 암시장(闇市)이라는 공간이다.

....

7) Roman Rosenbaum, "Legacies of the Asia-Pacifie War: The yakeato (the burnt-out cuins) generation," in Roman Rosenbaum and Yasuko Claremont eds., *Legacies of the Asia-Pacific War: The Yakeato Generation*, Routledge, 2011, pp.3-4. "In this vivid metaphor of the devastation the yakeato quite literally comes to life and heralds the later image of the phoenix rising from the ashes."

8) 존 다우어에 의하면, 본래 '그라운드 제로(ground zero)'라고 불린 지점은 미국 뉴멕시코 주의 세계 최대 핵실험이 있던 현장이었다. 그러나 핵폭탄 투하 이후, 이 말은 히로시마를 가리키는 것이 되었다. 결국 '그라운드 제로'란 핵시대의 개막을 함의하는 것이라고 볼 수 있기에, 미국의 핵우산 아래서 전후 일본이 구축된 것을 생각해 볼 때, '잿더미'라는 기호의 별칭으로서 '그라운드 제로'를 붙여도 그릇된 것은 아닐 테다. Dower, *op.cit.*, p.157.

2. '잿더미'에 선 암시장

이제까지 암시장이라고 하면, 패전 후 혼란기 민중의 자발적이고 자율적이며 국가에 대하여 반권력적인 공간으로 논하는 경향이 있었다. 하지만 사실 암시장은 그렇게까지 반권력적이지도 않았으며, 전후에 돌연히 나타난 새로운 공간도 아니었다. 이 책에서는 암시장이라는 공간을 어디까지나 1930년대 이후 총력전체제의 연장선상에 기반하고 있는 것으로 파악하고자 한다.

1939년에 시작된 통제경제는 '공정가격'에 의거한 상품가격의 조절을 전면적으로 강화하였고, 주요한 식재료나 생활용품을 중심으로 배급제도를 실시하였다. 그러나 아시아태평양전쟁이 말기에 접어들면서 물자는 급속히 결핍되어갔다. 이로 인해 자유경제였다면 치솟았을 가격이 공정가격에 의해 제한되었기 때문에, 생산자들은 배급제도를 따르지 않고 자연스레 이익이 발생하는 암거래 루트에 물자를 내놓기 시작했다.

즉 통제경제와 그에 따른 배급제도는 민중의 사적 공간에까지 국가가 개입하는 코퍼라티즘(corporatism)적 구조를 확립시켰다. 그러한 표면상의 관민협력체제 배후에서 암시장의 전제가 되는 암거래가 이루어졌던 것이다. 이로 인해 통제경제는 기능부전에 빠지고, 제국의 기둥인 국내경제는 붕괴의 위기를 맞이하였다. 모든 신문이 암거래가 횡행하고 있음을 다루었고 정부기관도 민중에게 자숙을 호소했지만, 실제로는 전쟁수행을 위해 온갖 물자들이 군이나 군수공장에 집중되어 있었기에 그것들을 관리하는 군과 정부관계자가 밀반출에 관여하는 일이 많았고, 또 누구나가 그러한 실태를 인지

하고 있었다.[9)]

　게다가 전쟁 말기에는 공습으로 도시가 혼란에 휩싸였고 그로 인해 배급도 절망적인 상황에 처하였기 때문에, 은밀하게 이뤄지던 암거래가 주변의 시선을 개의치 않고 시중에서 이뤄지게 되었다. 그리고 패전을 계기로 일본 각 도시에 물리적인 형태를 띠며 우후죽순 등장하기 시작한 암시장은, 배급으로는 조달할 수 없는 나날의 양식을 비합법적 방식으로나마 사람들에게 공급하던 일종의 안전망으로 기능하게 되었다. 다만 이 안전망도 민중의 자발적인 사회복지제도가 아니었다는 점을 재차 강조하고 싶다. 왜냐하면 암시장이야말로 제국 일본의 잔재라고도 부를 수 있는 식민지주의를 존속시키고, 나아가 통제경제의 기능부전이라는 상황을 배경삼아 새로운 억압의 관계가 출현한 곳이기 때문이다. 암시장을 반권력의 장(場)으로서 긍정하고 싶은 나머지 초역사적 성역(聖域)으로 간주해버리면, 그것의 역사적 연속성을 은폐해 버리고 마는 것이다.

　암시장에 나타난 억압의 구조에 대해서는 뒤에서 자세히 다룰 예정이지만, 여기서는 그 일례에 해당하는 도시와 농촌 지역의 경제상황 변화를 잠시 살펴보겠다. 우선 대도시에 나타난 암시장은 특히 역 앞에 형성된 경우가 많았다. 주요 역 앞에는 교외 농촌 지역에서 가져온 농작물이 집결하였고, 또 공습으로 인한 연소(延燒)를 피하기 위해 설치되었던 역 주변 건물 소개지가 노점을 열기에 적절한 장소로서 확보되었기 때문이다. 이 농작물의 집결지로서 기능한 암시장의 존재는 종래의 도회와 농촌의 관계를 쇄신하

---

9) 전시기 군이나 정부 관계자의 암거래 관여에 관해 많은 논고들이 지적하고는 있으나, 특히 Owens Griffiths, "Need, Greed, and Protest in Japan's Black Market, 1938-1949," *The Journal of Social History*, 35(4), 2002의 경우, 이 문제를 거론하며 전후 암시장과 전시체제의 연속성을 논한다.

는 중대한 요소가 되었다.

전시에 전화를 피할 소개지로 부상했던 농촌 지역은 패전 후 암거래 물자의 공급원으로 기능하게 되면서 도시 주민들과 새로운 관계를 맺게 된다. 농촌 지역이 작물 배급을 위한 공출을 기피하게 되면서 암거래 물자의 수요는 점차 늘어났고, 또 암시장에 물자를 내놓는 것조차도 꺼렸기 때문에 암거래 시세는 천정부지로 치솟았다. 물론 개중에는 친절한 농가도 적지 않았을 것이다. 그러나 이 시기 농촌 지역에서 제멋대로 가격을 정하여 사람들의 부엌사정을 좌우하는 권력을 쥐게 되었던 것은 사실이다. 이 관계선상에 암시장이 등장하여 유통과 집적의 네트워크를 강화시켰다. 즉 경제적 인프라로서의 암시장이 확립된 것이었다. 이때 물자 매입을 위해 농촌 지역을 오가며 암시장의 유통을 담당하게 된 것은 다름 아닌 도시의 잿더미 속에 남겨진 사람들이었다.

이렇듯 도시와 농촌 지역 사이에 새롭게 형성된 뒤틀린 권력관계는 패전 이후 일본의 도시공간이 통념적인 중심-주변의 구도로 환원될 수 없음을 시사한다. 이러한 관계성은 패전 직후의 다양한 서사 속에 등장하는 테마이기도 하다. 이 책에서 재차 다루겠지만, 일단 여기서는 기호의 차원이 아니라, 현실의 불탄 들판 위에 남겨진 사람들이 암시장을 매개로 하여 기존의 사회적 억압, 나아가 새로운 억압의 관계 속에 중층적으로 편입되어갔다는 점을 지적하고 싶다.

게다가 그것은 동아시아로 확장되었던 제국의 와해와 함께 재구성된 사회구조였기에, 오늘날 생각하는 것 이상으로 일본 바깥의 사회정세와 밀접하게 결부되어 있었다. 이처럼 역사적 연속선상에서 형성된 암시장이라는 공간은, 옳고 그름의 문제를 떠나 패전 이후를 살아가는 사람들의 생활과 깊숙이 연관되어 있었던 것이다.

그러나 암시장은 오랫동안 전후 민중생활의 특수성을 대표하는 현상으로 일컬어져왔다. 그리고 역설적이게도 암시장의 그 혼돈이야말로 '일본인'의 재생을 위한 '에너지'의 발로라고 평가되는 경향이 있다. 특히 1980년대에 이르러 암시장 자체에 대한 학문적 관심이 높아지게 되는데, 이를 통해 암시장을 억압되어온 민중의 에너지가 분출한 "해방구"로 파악하고, 그곳을 "희망이 넘치던" 공간이자 "전후 일본의 원풍경"으로 제시하는 긍정적 재인식이 이뤄졌다.[10] 즉 암시장이라는 공간은 '패전 후의 혼돈' 속 '민중의 에너지'를 상징하는 것으로 자리매김하였으며, 나아가 '전후 일본'을 낳은 토양으로 기호화되었다고도 말할 수 있을 것이다.

3. '잿더미'와 '암시장'

요컨대 '잿더미'는 피해자성을, '암시장'은 혼돈 가운데 존재하는 에너지를 각각 함의하면서도, 동시에 '전후 일본'의 기원을 각인하는 기호로 인식되어왔다고 볼 수 있다. 그리고 패전 직후 사회를 논할 때에는 '잿더미·암시장 시대'라는 표현에서 볼 수 있듯, 이 둘은 줄곧 한 쌍으로 묶여 이야기되어왔다. 가와무라 미나토(川村湊)는 이 시기 문학적 이미지에 공통된 공간인식을 "패전 직후의 혼돈과 무질서라는 '카니발적 공간'"이라고 지적하였는

---

10) 東京焼け跡ヤミ市を記録する会·猪野健治 編, 『東京闇市興亡史』, 草風社, 1978, p.39 또는 松平誠, 『ヤミ市—東京池袋』(生活学選書), ドメス出版, 1985, pp.71-72에서 그 전형을 확인할 수 있다.

데,[11] 이러한 인식이야말로 '전후 일본의 탄생'이라는 신화적 서사의 상상적 기반이 되었다고 말할 수 있겠다.

하지만 사람들이 실제로 살아가던 생활공간이 과연 '전후 일본'이라는 역사인식을 지탱하는 획일적 이미지 안으로 수렴될 수 있는 것일까. 현실의 도시공간이 특정한 상징성을 획득하여 기호화되는 과정에서 어떠한 틀이 소환되었으며, 또 무언가는 배제되었던 것이 아닐까.

결론부터 말하자면 이 틀이란 국가다. 즉 현실의 사람들이 생활하고 날마다 발버둥치고 있던 그 현장에 '일본의 ○○', '일본인의 ○○'이라는 주형(鑄型)을 들이밀고, 거기에 들어맞지 않는 부분들을 잘라내버리는 폭력이 그 기호화 과정에 수반되었다는 것, 그것이 이 책의 기본적인 관점이다. 이러한 국가의 틀에 수렴된 기호적 공간을 이 책에서는 국가적 경관이라고 명명하고자 한다.[12] 이 책에서는 이처럼 국가적 경관으로부터 배제된 일본답지

---

11) 川村湊, 『戦後文学を問う―その体験と理念』(岩波新書), 岩波書店, 1995, p.10.

12) '국가적 경관(National Landscape)'이라는 용어의 용법은, Anne F. Janovitz, *England's Ruins: Poetic Purpose and the National Landscape*, Blackwell Publishing, 1990을 참고하였다. 야노비츠는 18세기 영국 시에 묘사된 폐허(Ruins)의 표상이 영국의 제국주의를 떠받치는 '영국다움(Englishness)'이라는 아이덴티티 형성에 크게 기여했음을 밝히고 있다. 장자크 루소, 프리드리히 실러, 윌리엄 워즈워드 등, 낭만주의 시인들이 상찬한 그리스·로마의 폐허(Paul de Man, *The Rhetoric of Romanticism*, Columbia University Press, 1984)가 18세기 영국 국내의 유적들에 투영되면서 국가의 기원으로서 재인식되기 시작한다. 즉 영국의 전원 풍경과 함께 그려진 그 유적들은 과거로부터 일관되게 이어져온 국토의 위상을 부여받게 된 것이다. 이처럼 '폐허(Ruins)'를 내포한 '경관(Landscape)'이 제국주의적 확장의 담론적 근거로서 사용되며 예술작품 속에서 재생산되었다. 그 밖에 유럽에서의 폐허 개념에 대해서는 谷川渥, 『廃墟の美学』, 集英社, 2003에 정리되어 있는 내용을 참조하라.

이 책에서 다루는 '잿더미'는 종종 'Ruins'로 번역되어왔다(예컨대 이시카와 준(石川淳)의 소설 「잿더미의 예수(燒跡のイエス)」의 경우, 윌리엄 타일러(William J. Tyler)에 의해 "Jesus of the Ruins," *The Legend of Gold and Other Stories*, University of Hawaii Press, 1998로 번역되었다). 건축가 이소자키 아라타(磯崎新)도 '잿더미'와 'Ruins'의 유사성에 대해 지적한 바 있다(磯崎新, 「廃虚論」, 『見立ての手法―日本的空間の読解』, 鹿島出版会, 1990). 그렇지만 이러한 유사성이 시사하는 바가 크다고는 하나, '잿더미'를 'Ruins'과

않은 것들을 재조명할 것이다.

그에 앞서 '잿더미'와 '암시장'이라는 기호의 파급력에 대해 조금 더 부연하고 싶다. 캐럴 글럭(Carol Gluck)은 전후 일본의 내셔널 히스토리(national history)를 구성하는 서사적 요소로서 다음의 세 가지를 거론하였다. 즉 '역사의 단절·분리된 과거·새로운 시작'이라는 세 요소가 '전후'라는 허구적 역사인식을 구성했다고 보았다.[13] 이에 비춰 보면 '잿더미'가 가리키는 피해자성이란 식민지지배/침략전쟁이라는 가해자로서의 과거와 '단절'되고 '분리'됨으로써 성립한다. 이를 통해 '새로운 일본'으로 탈바꿈되는 것이기에, '전후'라는 서사의 구성요소는 그야말로 '잿더미'라는 기호 속에 집약된다고 말할 수 있을 것이다.

'암시장'의 경우는 어떤가. '암시장'이라는 기호에 함의되어 있는 것은 민중의 에너지다. 암시장에 대한 기존 통념에 기초하여 말하자면, 그것은 기성 질서, 구체적으로는 패전에 이르기까지 오랜 시간 동안 위로부터 강요받아 온 도덕관과 국가관에 맞서는 대항문화인 것이다. 이 경우 전제가 되는 것은 '억압 받아온 민중'이라는 과거로부터 계속된 존재이며, 그것은 역사의 연속성을 강조한다. 이는 단절을 필요로 하는 '잿더미'와는 정반대를 지향한다.

동일한 것으로 취급하면 '잿더미'의 역사성과 정치성이 은폐되어버리고 만다. 또 일본의 '잿더미'는 과거와의 연속성보다도 단절성이 강조된다는 점에서 'Ruins'와는 차별된다. 따라서 이 책에서는 '국가적 경관(National Landscape)'이라는 용어만을 참고하고자 하며, 'Ruins'이라는 말은 사용하지 않을 것이다.

한 가지 부언해 두자면, 낭만주의적인 '폐허(Ruins)'에 대한 안티테제로서 T. S. Eliot, *The Waste Land*가 있으며, 아유카와 노부오(鮎川信夫)를 필두로 한 전후 시인 그룹인 '아레치파(荒地派)'가 그것을 전범으로 삼아 형성되었다. 이렇듯 낭만주의로부터 (일본 낭만파를 경유하여) 전후 일본으로의 연결도 하나의 중대한 흐름이지만, 이 책에서는 그것을 다룰 기회가 없기에 여기서 언급해두기로 한다.

13) キャロル·グラック, 「現在のなかの過去」, アンドルー·ゴードン 編, 中村政則 監訳, 『歴史としての戦後日本』上, みすず書房, 2001, p.159(원서는 Andrew Gordon ed., *Postwar Japan as History*, University of Califomia Press, 1993); キャロル·グラック, 梅崎透 駅, 『歴史で考える』, 岩波書店, 2007, p.285.

스스로를 '잿더미·암시장파'라고 칭한 작가 노사카 아키유키(野坂昭如)는 1969년에 「지금은 제2의 잿더미·암시장 시대다」라는 글을 발표했는데, 이것은 미일 안보조약의 자동 연장에 반대하는 문맥에서 쓰인 것이었다. 노사카는 "지독한 생활환경 속에서 살아가기를 강요받는 시대"인 현대 또한 '잿더미'라고 말하는 한편, 그 "정신적 허기"로부터 "인간성을 회복하자고" 주장하는 청년 운동을 "게발트(Gewalt) 암시장"이라고 불렀다.[14] 이처럼 노사카에게 잿더미와 암시장은 단지 한 시대를 나타내는 지표가 아니라, 국가권력의 폭력(잿더미)과 그것에 대한 반항의 거점(암시장)으로서 대립하는 것이었다.

1980년대에 암시장을 재평가할 때 사용된 '해방구(解放區)'라는 수사에도 민중을 억압해온 국가의 존재가 전제로서 상정되어 있다. 설령 '잿더미'와 '암시장'이라는 기호를 새로이 조명하였다고는 하나, 여기서도 '잿더미'는 애초부터 국가적 서사의 토양으로 상정되어 있으며, '암시장'은 본래적으로 거기에 대립하는 공간 개념으로 제시될 따름이다. 그런데 여기서 중요한 것은 앞서 살펴본 대로 '암시장'이라는 기호 역시 '전후'라는 역사인식의 한 장면으로 기억되고 있다는 점이다. 민중의 에너지는 고스란히 일본인의 그것으로 국적을 부여받으며, '전후 일본'의 부흥을 위한 에너지원으로 이야기되어왔다. '국가권력 대 민중'이라는 대립구도는 일본 부흥을 위한 변증법이 되어 내셔널한 틀 안에 갇혀버린 것이다. 그것은 무엇 때문일까. 어떻게 '암시장'이라는 '저항의 거점'이 내셔널 히스토리의 기원적 무대, 즉 국민적 경관(national landscape) 안으로 흡수되어버린 것일까.

14) 野坂昭如, 「いまは第二の燒跡·闇市時代だ」, 野坂昭如·大庭萱朗 編, 『野坂昭如エッセイコレクション 2 燒跡闇市派』, 筑摩書房, 2004, p.115. 출전은 野坂昭如, 『卑怯者の思想』(野坂昭如エッセイ集 第11卷), 中央公論社, 1969.

4. 중심-주변의 구조와 도시론

그 물음에 이론적으로 접근해간다면, 아마도 주권국가와 민주주의를 성립시킨 근대성에 대한 근원적 도전이라는 과제와 맞닿게 될 것이다. 그러나 이 책에서는 논의를 어디까지나 '전후 일본'이라는 개별성에 한정시키고자 하며, 이를 위해 1970년대 말부터 1980년대 전반에 걸쳐 융성한, 이른바 도시론이라는 보다 구체적인 맥락의 영향을 살펴보기로 한다. 이 시기 도시론은 사회과학적 실태조사에 기반한 도시 연구라기보다는 오히려 기호로서의 도시, 혹은 텍스트로서의 도시를 어떻게 독해할 것인가에 초점을 두고 있었다.[15] 그 기원을 탐색해보면 1960-70년대 프랑스 구조주의의 유입이 있었고, 그 대표격인 롤랑 바르트가 그의 저서 『기호의 제국』(1970)을 통해 도쿄론을 제시하여 당시에 큰 반향을 일으켰다. 또한 같은 시기에 이로카와 다이키치(色川大吉), 야스마루 요시오(安丸良夫)에 의해 민중사가 성행하여, 야나기타(柳田) 민속학의 재평가와 아노미 요시히코(網野善彦)에 의한 중세 민중세계에 대한 재고찰이 동시적으로 이뤄짐으로써 도시와 민중문화

---

15) 예컨대 진나이 히데노부(陣内秀信)의 『東京の空間人類学』(筑摩書房, 1985)을 '야마노테(山の手)/시타마치(下町)'라는 도쿄의 이중구조에 대해 논한 1980년대 도시론의 대표작으로 손꼽을 수 있다. 전후 도쿄 속에 남겨진 에도의 잔영을 드러내고, 에도 공간을 통해 근대를 되묻는다는 취지인 것이다. 그의 저서는 에도 시기 공간의 양가성을 적잖이 낭만적으로 이야기하는 경향이 있다. 또한 근대 도시건설에 관해서 논하고 있음에도 불구하고 중일전쟁부터 점령기에 걸친 도시구조에 대해서는 거의 언급하지 않고 있다. 요시미 슌야(吉見俊哉)의 『都市のドラマトゥルギー——東京·盛り場の社会史』(弘文堂, 1987)도 1930년대에서 70년대로 논의가 건너뛰며, 점령기에 관해서는 1970년대 신주쿠 문화의 기저에 암시장이 있었다는 것을 지적할 뿐이다. 에드워드 사이덴스티커(Edward Seidensticker)의 『立ちあがる東京──廃墟, 復興, そして喧騒の都市へ』(安西徹雄 訳, 早川書房, 1992)는 패전 후의 도시상황에 대해 논하고 있으나, 미국인 이외의 외국인에 대한 언급에서 '제삼국인'의 신화를 무비판적으로 받아들이며 사실인 것처럼 기재하고 있어, 당시 동아시아 정치상황에 대한 무신경한 태도를 드러내고 있다.

에 대단한 관심이 집중되었다. 이 가운데서도 특히 야마구치 마사오(山口昌男)가 『문화와 양가성』에서 제시한 중심-주변 이론은 그 후 일본에서 등장한 도시론을 규정지을 만큼 영향력을 지닌 것으로 평가된다.

야마구치의 중심-주변 이론은 신화(서사) 생성의 메커니즘을 중심(질서 개념)과 주변(혼돈)의 대립 운동으로 파악하였다. 즉 중심의 질서는 혼돈의 존재를 필요로 하고, 이 둘의 경계가 되는 공간은 양가적인 성격을 지닌다(이 공간은 또 다시 주변화되는 공간이기도 하다). 그리고 이 양가성이야말로 질서를 구성하는 서사의 발생을 가능하게 한다.[16] 문학적 도시론의 결정판인 『도시공간 속의 문학』에 수록된 「공간의 텍스트와 텍스트의 공간」에서 마에다 아이(前田愛)는 난해한 이론 구축을 도모한 뒤에 문학 공간론을 전개한 바 있다. 위상공간론 상에서의 '근방(近傍)' 개념을 활용한 그의 논의는 독서 행위에 의한 공간 인식을 이론화한 것이지만, 공간 자체에 대한 의미 규정은 기본적으로 야마구치의 중심-주변 이론을 채용하고 있다.[17]

이렇듯 초기 도시론의 영향으로 1980년대 이후 암시장에 관한 논의는 그 것을 주로 일상(중심)과 대비되는 비일상(주변)적인 공간으로, 즉 국가적 질서에 대한 가치전환이 일어나는 '카니발적'인 특수한 공간으로 다뤄왔다.[18]

---

16) 山口昌男, 『文化と両義性』(哲学叢書), 岩波書店, 1975(文庫版: 『文化と両義性』(岩波現代文庫), 岩波書店, 2000)의 「第三章 記号と境界」 부분 참조.

17) 야마구치 마사오 자신도 "나의 이론은 냉담한 반응을 받았었지만, 유일하게 문학사 연구자인 마에다 아이 교수께서 도시공간의 문학 기호론 분석을 통해 그 본래의 취지를 살려 주셨다"고 적고 있다(山口昌男, 「解説—前田愛の記号論」, 前田愛, 『都市空間のなかの文学』(前田愛著作集 第5巻), 筑摩書房, 1989, p.532).

18) 이는 아노미 요시히코가 제시한 '무연(無縁)'의 원리가 작용하는 '저잣거리(市)' 공간에 해당한다. 아노미는 「市の立つ場所」라는 논고에서 "제2차 대전 후, 역 앞에 번성한 암시장에서 그러한 ['저잣거리(市)'] 원리의 가장 단적인 현상을 발견할 수 있다"고 지적했다.(부연은 필자) 網野善彦, 「市の立つ場所」, 『無縁·公界·楽—日本中世の自由と平和 増補』, 平凡社, 1996, p.356(初出: 原題 「平和と自治」, 『太

이러한 1980년대 도시론에 선행하여 암시장을 '저항의 거점'으로 제시한 노사카 아사유키의 논의가 있었으나, 기본적으로 양자는 궤를 같이한 것이라고 볼 수 있다.

그러나 야마구치가 제창한 중심-주변 이론은 단순히 주변의 가치전도성을 상찬하는 것이 아니다. 그의 이론에서 중요한 점은, 그 주변성이 서사를 발생시킴으로써 최종적으로는 중심의 권력을 재강화하게 된다는 것이다.[19] 그럼에도 불구하고 많은 도시론이 주변적 공간에서 과도한 유토피아 혹은 디스토피아를 구하려는 낭만주의적 태도를 보이고 있으며, 그로 인해 초래되는 궁극적인 권력의 재강화라는 문제적 사태에 대해서는 신경을 쓰지 않거나, 이를 도외시해버리는 안이함을 드러낸다.[20]

정리하자면 1980년대 이후의 암시장 평가는 중심-주변 이론을 견강부회 식으로 응용한 도시론의 영향 아래 있었다. '암시장'이라는 기호에 주변성을 부여하여 이를 카니발적, 비일상적, 가치전도적인 것으로 상찬하고, 그것이 불러일으키는 낭만주의적 분위기에 심취한다는 것은 곧 그 배후에서 전개되는 권력에 대한 무감각을 동반하는 것이었다. '암시장'이라는 말이 자아내는 분위기에 젖어 무법자 흉내를 내는 것은 개인의 자유이겠지만,

陽』, 1984. 12).

19) 야마구치는 다음과 같이 지적한다. "그러나 이처럼 [카니발 축제와 같은] 과도한 상태는 그 과잉성(過剰性)으로 말미암아, 인간의 통상적인 경험 속으로 통합되기 어렵다. 따라서 이러한 과잉성은 오히려 터부의 영역으로 방치되는 경우가 많다".(부연 및 강조는 필자) 그리고 '혼돈'은 그대로 방치된 채 '질서'의 활성화를 위한 역할을 하게 되고 '질서'에 의해 '혼돈'은 '봉쇄'되어버린다. 山口昌男, 『文化と両義性』(岩波現代文庫), pp.92-96.

20) 이 점에 관하여 마에다 아이는 동일한 논고의 말미에서 나카노 시게하루(中野重治)의 소설 「파출소 앞(交番前)」(1927)을 거론하며, 이 소설이 권력의 개입에 의한 카니발적 공간의 순간적인 붕괴를 포착하고 있다고 지적했다. 이렇듯 마에다는 주변성 자체가 중심을 지탱하는 서사에 수탈되어버리는 배제 및 흡수의 구조에 자각적이었으며, 어디까지나 야마구치의 이론을 계승하고 있었다고 볼 수 있다.

학술 연구에서는 그것이 궁극적으로는 구조적 권력에 통합된다는 점이 명시되어야 한다. 이제껏 암시장을 둘러싼 담론에는 이러한 시점이 결여되어 있었던 것이다.

암시장이 등장하는 문학이나 영화 작품에 대한 해석도 동일한 함정에 빠져드는 경우가 대다수이다.[21] 암시장에 대한 평가를 통해 전후 사회의 '다양성'이나 '혼종성'을 발견하려 했던 논의가 결국 중심 권력에 포획되어, '전후 일본'이라는 개념을 보강하는 독해로 귀결되고 만 것이다.[22]

따라서 이 책에서는 유토피아/디스토피아로서의 '암시장' 이미지와는 거리를 두고자 한다. 암시장을 과도하게 상징화하여 기호로서의 가능성을 탐색하기보다는, 오히려 그 상징화 과정에 개입한 국가주의의 프레임을 들춰냄으로써 '전후 일본'이라는 틀에 수렴될 수 없는 공간의 상(像)을 제시하고자 한다. 이를 위해 점령기 일본의 도시공간을 논할 때 빈번하게 참조되어온, 이른바 정전으로 취급된 영화나 문학 작품을 재검토함으로써 이제까지 비평이 되풀이해왔던 '잿더미'의 논리 또는 국민적 경관의 굴레로부터 벗어난 서사 해석을 시도할 것이다.

21) 奧野健男, 『文学における原風景—原っぱ·洞窟の幻想』, 集英社, 1972: 磯田光一, 『思想としての東京—近代文学史論ノート』, 国文社, 1978: 前田愛, 『都市空間のなかの文学』. 그 외에도 각 작가를 대상으로 한 중요한 연구들이 있으나, 그에 대해서는 제5장 이하 각 작품에 대한 분석에서 제시하겠다.
22) 최근 들어 암시장 표상에 관한 연구가 재개되고 있다. 대표적인 예로서 필자도 참가한 橋本健二·初田香成 編著, 『盛り場はヤミ市から生まれた』, 青弓社, 2013이나 井川充雄·石川巧·中村秀之 編, 『『ヤミ市』文化論』, ひつじ書房, 2017이 있다. 나카무라 히데유키(中村秀之)는 '암시장(ヤミ市) 표상'을 이제껏 이야기되어온 것처럼 '해방감'과 결부할 것이 아니라, "절망과 폭력"이라는 '정치적 무의식'에 대한 고찰이 필요하다고 지적했다(中村秀之, 「敗戦後日本のヘテロトピア」, 『『ヤミ市』文化論』).

5. '일본답지 않은 것'의 생활공간

국민적 경관의 굴레로부터 벗어나면 무엇을 발견할 수 있을까. 그것은 제국의 붕괴 이후, 일본답지 않은 것으로서 '전후 일본'의 공간 내부로부터 배제되거나 방치되어온 사람들의 서사이다. 이 책에서 특히 비중 있게 살펴보고자 하는 재일조선인 문학이나 그것의 배경이 되는 민족운동이 바로 그러한 서사를 제공한다. 점령기 일본에서 조선인 작가들이 남긴 작품들은 이제껏 재일조선인 문학, 혹은 재일조선인 연구라는 틀 안에서 대체로 논의되어왔다. 그리고 재일조선인 문학을 '전후 문학'의 하위 분류에 둠으로써 일본문학의 '수확'(다양성·혼종성)으로 이야기해왔다. 나카네 다카유키(中根隆行)가 이러한 상황을 "식민지주의적인 지배·피지배라는 틀을 무의식적으로 답습한 것"이라고 지적한 바대로,[23] 이는 일본문학에서 '계속되는 식민지주의'를 예시하는 것이라고 볼 수 있겠다.[24]

일본인 작가 및 평론가와의 교류가 특히 많았던 김달수(金達壽)의 경우, 점령기 일본의 담론공간에서 그의 문학이 차지한 위상을 재조명한 논고들이 최근 들어 잇따라 출간되었다.[25] 이러한 시도는 주변성의 수탈 구조로부

23) 中根隆行, 『〈朝鮮〉表象の文化誌—近代日本と他者をめぐる知の植民地化』, 新曜社, 2004, p.265.
24) 냉전을 반성적으로 인식함으로써 '전후'에 대해 되묻고 그로부터 근대 일본의 식민지주의적 연속성을 발견하고자 하는 이 책의 관점은, 中野敏男, 『「戦後」を問うということ—「責任」への問い, 「主体」への問い』, 『現代思想』, 2001. 9, 그리고 岩崎稔·大川正彦·中野敏男·李孝德 編著, 『継続する植民地主義—ジェンダー/民族/人種/階級』, 青弓社, 2005에서 적지 않은 영향을 받았음을 밝혀두는 바이다.
25) 佐藤泉, 『戦後批評のメタヒストリー—近代を記憶する場』, 岩波書店, 2005; 高榮蘭, 『「戦後」というイデオロギー—歴史/記憶/文化』, 藤原書店, 2010; 廣瀬陽一, 『金達寿とその時代—文学·古代史·国家』, クレイン, 2016; Christina Yi, *Colonizing Language : Cultural Production and Language Politics in Modern Japan and Korea*, Columbia Univ Press, New York, 2018 등을 예로 들 수 있다.

터 재일문학을 구출하고, '전후'라는 서사에 대항하여 재일문학이 그 자체로서 지니는 파괴력을 평가할 새로운 논의의 장을 개척했다고 볼 수 있다. 이 책 또한 그러한 논의의 장에 가담하고자 한다. 점령기 일본을 그린 김달수의 소설을 동시대의 일본 소설과 같은 무대 위에 올려 두고 작품을 분석하는 것, 이러한 시도는 일본민족 중심의 '잿더미'의 서사 안으로 환원될 수 없는 요소들을 끄집어내는 것이자, 그것들을 통해 구축되는 서사 공간을 '전후 일본'의 국민적 경관이라는 굴레로부터 해방시키는 것이다.

그러므로 여기에서도 암시장이라는 공간이 중요하다. 재일조선인과 암시장은 오랫동안 하나로 묶여서 인식되어왔다. 이는 암시장에서 벌어진 폭력사태 일체를 '제삼국인'이라는 멸칭을 사용하여 구식민지 출신자들에게 뒤집어씌우는 담론이 크게 작용한 결과이다. 직업을 잃은 여타의 일본인들과 마찬가지로, 재일조선인들이 암시장에 의존할 수밖에 없었던 것은 사실이었다. 그렇다면 어째서 그러한 상황에 내몰리게 된 것이었을까. 그리고 '제삼국인'이라는 차별이 재일조선인과 암시장의 관계성에서 무엇을 감추려 했던 것일까. 그것을 소상히 밝히기 위한 텍스트 분석에 들어가기에 앞서, 여기서는 우선 '냉전'과의 연관을 언급해두고자 한다.

6. 패전 후 일본 사회를 냉전 공간에 재배치하다

이제껏 암시장이라는 공간은 일본 국내의 사회현상으로서 이야기되어왔다. 그러나 사실 암시장이라는 공간의 존재를 규정하는 요소들은 전후 일본의 영역 내로 포괄될 수 없다. 상세한 내용은 제3장 「암시장과 인종주의: 암시장의 구조와 단속 대상의 변천」에서 다루겠지만, 암시장은 제국 일본의 붕괴 이후 유동하기 시작한 사람이나 물자, 그리고 정책이나 사상의 흐름이 냉전 구조 속으로 재편되어 들어가는 절충의 과정에서 나타난 공간이다.

최근 포스트식민주의 비평이나 사회학 분야에서 이동이라는 양태에 대한 관심이 높아지면서, 정주를 일상으로, 이동을 비일상으로 바라보던 종래의 관점과는 반대로, 이동상황이야말로 세계의 일상이라는 관점이 제시되었다.[26] 이러한 논의를 참조하자면, 제2차 세계대전 이후 일본 열도는 사람이나 물자뿐 아니라, 담론, 정책, 이데올로기 등이 어지럽게 이동하던 동아시아의 소용돌이 안에 있었으며, 그러므로 안정된 국토 따위를 상정하는 일도 불가능했던 셈이다. 물론 이러한 동아시아관은 이미 2000년도 즈음의 역사학을 통해 제시되었으나,[27] 영화나 문학을 포함한 전후문화론 분야에서 이러한 시각으로 논의를 전개한 연구자는 극히 일부에 불과한 것이 실정이다. 다만 최근에는 '외지(外地)'로부터의 '인양(引き揚げ)' 경험을 지닌 작가의 작품을 이동이라는 관점을 통해 재해석하는 논고들이 등장하기 시작

26) 이동을 문화생성의 요소로 포착한 포스트식민주의 이론의 효시로서 호미 바바의 『문화의 위치』 (Homi K. Bhabha, *The Location of Culture*, Routledge, 1994)를 꼽을 수 있겠으나, 이동의 표상을 포스트식민주의적 관점에서 보다 철저히 다룬 것으로서 Caren Kaplan, *Questions of Travel: Postmodern Discourses of Displacement*, Duke University Press, 1996이 있다. 또한 사회학적 이동 이론의 대표작으로는 John Urry, *Sociology Beyond Societies: Mobilities for the Twenty-First Century*, Routledge, 2000이 있다.

27) アンドルー・ゴードン 編, 中村政則 監訳, 『歴史としての戦後』上・下 및 中村政則・天川晃・尹健次・五十嵐武士 編, 『戦後日本 占領と戦後改革』(全6巻), 岩波書店, 1995를 시발점으로, 道場親信, 『占領と平和―「戦後」という経験』青士社, 2005, 그리고 キャロル・グラック, 『歴史で考える』에 의해 '전후'라는 시대인식이 지니는 구체적 의미에 대한 검토가 진행되었다. 또한 岩崎稔・上野千鶴子・北田暁大・小森陽一・成田竜一 編著, 『「40・50」年代』(戦後日本スタディーズ第1巻), 紀伊国屋書店, 2009에서 이 논점에 대한 정리가 이뤄졌다.

했다.[28] 예컨대 세이지 리피트는 홋타 요시에(堀田善衛)의 「기념비(記念碑)」(1955)나 「기묘한 청춘(奇妙な青春)」(1956)에 그려진 점령기 일본의 도시공간, 그중에서도 특히 암시장이 제국의 자취와 그에 대한 책임의 망각을 용납하지 않는 공간으로서 표상되어 있음을 논하였다.[29]

이러한 관점에서 생각해보면, 암시장이라는 공간이 반드시 '전후 일본'의 주변이라고 단정할 수 없음을 알 수 있다. 앞서 말한 것처럼 '잿더미'라는 국민적 경관과 암시장을 중심–주변의 관계성으로 묶어 두려는 경향이 있으나, 사실 '잿더미'는 암시장이라는 공간에 대한 유일한 중심이 아니다. 일본의 우파와 좌파, 점령군의 리버럴파와 반공주의자, 워싱턴과 모스크바, 한반도의 남과 북, 그리고 재일조선인단체와 '조국' 등, 여러 대립의 논리와 그대립의 자장(磁場)이 암시장을 둘러싸고 있었던 것이다. 게다가 그들 내부에서도 분파와 분열이 있었고, 또 어느 집단에도 속하지 않은 사람들의 생활이 있었다. 즉 냉전구조를 확립해 나아가던 미국의 영향력 아래 다양한 입장들이 뒤섞이던, 그 다극적(多極的)이고도 복층적(複層的)인 사회공간이야말로 점령기 일본의 실태였다. 그러한 실태를 희미하게나마 짐작하도록 만들기 때문에, 암시장은 '전후 일본'의 '파열점'이라고 말할 수 있을 것이

28) 伊豫谷登士翁·平田由美 編, 『「帰郷」の物語/「移動」の語り─戦後日本におけるポストコロニアルの想像力』, 平凡社, 2014; 榊原理智, 「移動と翻訳─点領期小説の諸相」, 紅野謙介·高榮蘭·鄭根植·韓基亭·李恵鈴 編, 『検閲の帝国─文化の統制と再生産』, 新曜社, 2014; 朴裕河, 『引揚げ文学論序説─新たなポストコロニアルへ』, 人文書院, 2016.

29) Seiji M. Lippit, "Spaces of Occupation in the Postwar Fiction of Hotta Yoshie," The Journal of Japanese Studies, 36(2), 2010. 제국의 내부붕괴(implosion)와 그 영향을 암시장을 통해 살펴본 리피트의 논의는 이 책이 지향하는 바와 겹쳐지는 면이 적지 않다. 다만 이 책이 암시장에서 보고자 하는 것은 제국의 과거만이 아니라 '전후'라는 막으로 감싸여 있는 점령 공간을 냉전 공간으로 재감각하도록 만드는 '파열점'으로서 역할이다. 리피트는 홋타가 전쟁과 식민지지배에 대한 지식인 책임을 인식하면서도, 전후 일본이라는 국가적 틀 안에서 자신의 거점을 찾으려 하는 한계를 보인다고 지적했다.

다.[30] 이 책은 이러한 암시장의 상(像)을 새로이 제시함으로써 점령기 일본을 냉전기 동아시아라는 영역의 일부로서 파악하고자 한다.

이러한 문제 설정을 통해 이 책은 패전 직후 일본의 공간을 해석하기 위해 사용되어온 단일민족주의적, 혹은 일국주의적인 '잿더미'의 논리를 국민적 경관으로서 포착하고, 이 국민적 경관에 의해 암시장이 포섭되는 역학을 영화나 문학 작품을 통해 살펴보고자 한다. 한편 암시장의 표상을 보다 면밀히 검토하여 '전후'라는 일국사적(一國史的)인 역사인식을 지탱하는 공간 이미지를 해체함으로써, '전후 일본'을 대체할 '냉전기 일본'이라는 틀을 한반도 및 중국대륙의 구식민지와의 연관 속에서 제시할 것이다.

7. 이 책의 구성

이 책은 1·2부로 나뉘어 있으며, 총 9개의 장으로 구성되어 있다.

먼저 제1부는 「잿더미·암시장의 이미지 편성」으로, 패전 직후의 비평 담론이나 암시장을 다룬 최근까지의 문학작품들을 개괄적으로 검토함으로써 잿더미·암시장 이미지의 전체상을 제시하고자 한다.

제1장 "이야기할 수 없는 잿더미: 전후 일본의 영화비평과 잿더미 표상"

---

30) '파열점(破れ穴)'은 이시카와 준의 「잿더미의 예수」에서 암시장을 설명하는 문장에 나온 표현이다. "왕성한 열정(劣情)으로 분주하게 이뤄지는 거래는, 구시대의 유물로서 이전 세기로부터 인계된 것이랄까, 아니 옛날보다 오히려 지금이 더 한창이다. 그토록 소중한 오늘이라는 것이 덧없이 스쳐지나갈 이승의 시간이라는 사실을, 불현듯 깨닫게 할 어처구니없는 파열점은 그 어디에서도 찾아볼 수 없는 것이다."(『石川淳全集』第2卷, 筑摩書房, 1989, p.471)

과 제2장 "과거가 빙의하는 곳: 〈20년 후의 도쿄(二十年後の東京)〉와 〈들개(野良犬)〉에 나타난 전재부흥"에서는 변칙적으로 영화작품과 영화비평을 다루고자 한다. 이는 실제 잿더미와 암시장의 영상을 담고 있는 영화작품에서 '새로운 일본'을 읽어내고자 했던 비평적 담론이 해석불능 상태에 빠져버린 양상을 보여주기 위함이다. 애초에 잿더미와 암시장은 물질적 공간이다. 거기에 '새로운 일본'의 토양이라는 기호적 해석을 덧씌우려 할 때, 그 실제 영상을 통해 분명히 드러나는 패전의 여러 요소들은 장애물이 된다. 이런 사태와 직면하게 되었을 때, 비평은 거기에 비춰진 잿더미와 암시장이라는 현실을 말하지 않는 것, 즉 그것을 부정하는 쪽을 선택했던 것이다.

제3장 "암시장과 인종주의: 암시장의 구조와 단속 대상의 변천"에서는 암시장이란 무엇인가라는 물음에 답하기 위해, '암시장'이라는 말이 지니는 이미지가 전시기(戰時期)에서 점령기를 거치면서 어떻게 변천되었는지를 암시장의 구조와 연관 지어 검토할 것이다. 제국이 붕괴되고 '전후 일본'으로 국가의 틀이 바뀌어갈 때, 암시장이라는 공간이 그 전환과 어떻게 연관되어 있었는지를 행정부나 점령군의 암시장 단속 추이와 함께 역사적으로 고찰한다.

제4장 "서사 속의 암시장"에서는 패전 직후의 도시공간을 그린 최근까지의 문학작품을 암시장의 묘사 방식에 초점을 두고 개괄적으로 검토한다. 특히 '도덕', '검열', '전쟁의 기억' 등의 여러 요소가 작품이 발표된 당대의 사건 및 상황과 연동되며 암시장의 상을 어떻게 형성해왔는지를 고찰한다.

제2부 「전후 일본에서 냉전기 일본으로: 국민적 경관과 이향(異鄕)」에서는 제1부에서 확보한 관점을 토대로 문학 텍스트 분석을 시도한다. 제5장 "다무라 다이지로(田村泰次郎)의 「육체의 문(肉体の門)」론: '신생'의 서사와

잔여로서의 신체"와 제6장 "'잿더미'가 암시장을 주변화하다: 이시카와 준(石川淳)의 「잿더미의 예수(焼跡のイエス)」론"에서는, 패전 직후의 혼란을 그린 작품으로 줄곧 언급되는 다무라 다이지로의 「육체의 문」과 이시카와 준의 「잿더미의 예수」를 다룬다. 전후의 출발점을 그린 것으로 해석되어 정전화된 이 두 작품을 '잿더미'라는 공간인식의 베일을 벗겨낸 뒤에 재해석한다면 과연 어떠한 공간이 드러날 것인지 논한다.

제7장 "'견딜 수 없음'을 넘어서: 미야모토 유리코(宮本百合子)의 『반슈평야(播州平野)』를 둘러싼 '전후'의 함정"에서는 미야모토 유리코의 『반슈평야』를 다룬다. 이 작품도 전후민주주의 문학의 대표작으로 손꼽을 수 있는 것인데, 이 작품에서 주인공 히로코의 이동이라는 표상이 패전 후 일본의 무엇을 들춰내는 것인지, 또 히로코 자신이 그에 대해 어떠한 해석을 가하고 있는지를 문제화하여 고찰한다. 히로코가 만난 사람들, 보고 들은 일들이 '새로운 일본'과의 대면이라는 그녀의 현상 인식으로부터 제외되어가는 과정 그 자체를 드러내는 텍스트로서, 즉 '전후'의 '함정'을 그린 작품으로서 이 작품을 재정의하고자 한다.

제8장 "'이향'의 공간성: 김달수의 「8·15 이후(八·一五以後)」"와 제9장 "'아주머니들'의 투쟁: 민족교육과 탁주"에서는 재일조선인 작가 김달수가 '해방' 직후의 일본에 살던 조선인들의 상황을 그린 초기 소설 「8·15 이후」, 「술독 어멈」, 「전야의 장」에 대해 논한다. 한국전쟁을 앞두고 긴장감이 고조되는 가운데, 일본 내 조선인에 대한 민족 탄압은 날로 심해져 갔다. 이렇듯 '이향' 속에서 어떻게 살아갈 것인가, 생활을 이어가기 위한 투쟁을 어떻게 전개할 것인가라는, 실로 현실적인 문제와 마주했던 이 소설들을 일본의 외부와 연결되어 있던 암시장의 공간적 특성과 함께 고찰해나갈 것이다.

제1부

잿더미·암시장의 이미지 편성

제1장
–
이야기할 수 없는 잿더미
전후 일본의 영화비평과 잿더미 표상

1. 전략폭격과 잿더미

아시아태평양전쟁 말기인 1944년 6월 15일, 중국 청두 주변에서 날아오른 미국의 B-29 폭격기 편대는 일본 하치만(八幡) 제철소에 대한 전략폭격을 감행했다. 그 후 일본 본토의 주요 도시 대부분이 동(사이판 섬)과 서(청두)로부터 공습을 받게 되었다.[1] 반복되는 공습 속에서 불길이 번지는 것을 막기 위해 실시된 강제소개공지(强制疏開空地) 확보와 건물 폐허 등에 의해 도시공간은 극적으로 변화했다. 1945년 8월, 패전을 맞은 사람들은 결핍과 소란 속에서 초토화된 도시공간과 새삼 마주하게 되었다.

이 장에서는 전략폭격으로 파괴된 건물의 잔해가 폐허가 된 황야에 서 있는 광경, 요컨대 잿더미가 일본의 도시공간을 구성하는 실질적인 주요

1) 前田哲男, 『戦略爆撃の思想—ゲルニカ, 重慶, 広島 新訂版』, 凱風社, 2006, p.489.

소었던 패전 직후의 영화작품을 다룸으로써, 그러한 영화에 비춰진 도시 공간이 동시대의 비평가들에게 어떻게 받아들여졌으며, 나아가 전후로부터 현재까지 비평의 언어가 잿더미를 촬영한 작품을 어떻게 이야기해왔는가를 검토한다. 이처럼 비평 담론을 개괄하는 한편, 영화작품 자체의 이야기와 무대로서의 잿더미가 어떠한 관계를 맺고 있는지를 실제 텍스트 분석을 통해서 고찰한다. 그와 더불어 잿더미를 둘러싼 비평의 언어와 작품의 의미 사이에 존재하는 차이를 확인하고, 어째서 그러한 차이가 존재하는지에 대해 탐구함으로써 패전 직후 잿더미 표상의 의의를 고찰하고자 한다.

2. 전후 영화와 '전쟁의 참화'로서의 잿더미

영화감독 야마모토 가지로(山本嘉次郎)는 점령기 영화에 가해졌던 GHQ/SCAP(연합국군 총사령부)의 검열을 회상하는 기사에서 다음과 같이 증언한다.

> 잿더미를 촬영하는 것은 절대로 용납되지 않았다. 점령정책에 방해가 된다고 했다. 자신들이 불태워 놓고서는 꽤나 제멋대로인 처사라고 생각했지만 어쩔 수 없었다.
>
> (…중략…)
>
> 요컨대 '일본이 졌다는 사실', '일본을 미국이 점령하고 있다는 사실'을 영

화로 표현하는 것은 금지되었다.[2]

확실히 일본 도시의 잿더미를 촬영하는 것은 일본의 패전과 미국에 의한 점령이라는 현실을 극명하게 드러내는 것이기도 했다. 점령군이 배포한 프레스코드(보도통제), 구체적으로는 제4항의 "연합국 점령군에 대해 파괴적인 비평을 가하거나 점령군에 대한 불신감과 원한을 초래하는 것과 같은 사항을 게재하면 안 된다"라는 조항이 그것을 금지하였다. "원한의 초래"를 방지하는 규제 때문에 뉴스 영화 등에서는 이따금 잿더미가 비춰지기는 했어도 극영화의 경우는 손에 꼽을 정도밖에 되지 않았다.

그런데 실제로 잿더미의 촬영을 금지했던 것은 GHQ만은 아니었다. 사토 다다오(佐藤忠男)는 「와륵(瓦礫)의 도쿄: 잿더미에서의 출발」이라는 논고에서 "전시의 영화는 전의(戰意)의 고양을 꾀하거나 순수하게 오락을 위한 것이었기에, 국민의 사기를 꺾는 공포스러운 잿더미를 일부러 보여주는 것은 꺼려졌다"라고 기술한다.[3] 애초부터 전시에 내무성에 의한 검열에서도 잿더미가 보이는 것은 좋지 않다고 생각되었다. 그리고 이 잿더미의 반영을 금기시하는 영화계의 관습은 패전 후에도 남게 되었다. 뒤에서 자세히 살펴보겠지만, 점령기의 영화평론 중에도 잿더미가 반영된 것에 혐오감을 드러내는 비평이 제출되었다. 그것은 점령군에 대한 배려였다기보다도, 오히려 잿더미가 드러내는 일본의 참상과 거기에서 연상되는 책임으로부터 눈을 돌리려는 욕망이 아니었을까.

2) 山本嘉次郎, 「カッドオヤ 微憤録—アメリカによる映画検閲滑稽譚」, 『文藝春秋』, 1952. 6.
3) 佐藤忠男, 『映画の中の東京』, 平凡社, 2002, p.116(초판 제목은 『東京という主役—映画のなかの江戸・東京』, 講談社, 1988).

사토는 같은 논고에서 이처럼 전시의 일본영화계에서는 저항운동이 없었으며, 영화인들이 전쟁책임으로부터 도피함으로써 거리에 있는 '전쟁의 참화'와 직면하는 리얼리즘이 탄생하지 못했다고 주장했다.[4] 그리고 그는 "일본의 영화인들이 생각했던 것은 우선 현실도피적인 안일한 오락영화였고, 다음은 점령군의 명령으로 마지못해 만든 관념적인 민주주의 계몽영화였다"라고 통렬하게 비난했다. 그렇지만 "어떤 영화에서도 크든 작든 로케이션 촬영 부분"이 있었고, "촬영소 밖으로 한걸음만 나가면 그곳에는 패전의 현실이 넓게 펼쳐져" 있었기에 "그것이 필름 내부에까지도 침투하지 않을 수는 없었다"라고 말하며, 당시 로케이션 촬영이 주가 되었던 사이토 도라지로(斉藤寅次郎) 감독의 〈도쿄의 다섯 남자(東京五人男)〉(東玉, 1946년)나 오즈 야스지로(小津安二郎) 감독의 〈셋방살이의 기록(長屋紳士錄)〉(松竹, 1947년), 구로사와 아키라(黑澤明) 감독의 〈어느 멋진 일요일(素晴しき日曜日)〉(東玉, 1947년) 등의 영화를 평가했다.[5]

도시형성사 연구자인 사토 요이치(佐藤洋一)는 앞서 다룬 사토 다다오와 마찬가지로 「전후 최초 시기의 영화」에서 "사실주의적으로 당시 도시공간의 실제 풍경을 작품 안에 짜 넣으면서 세계관을 구축하려는 영화"는 없었다고 서술한다. 다만 〈도쿄의 다섯 남자〉나 〈셋방살이의 기록〉, 〈어느 멋진 일요일〉에는 로케이션 촬영이 많았던 점에 주목하여, "전시 중에는 당국의

---

4) 사토는 그러한 일본영화와는 달리, 이탈리아에서 로베르토 로셀리니의 〈무방비도시〉(1945년)나 비토리오 데 시카의 〈자전거 도둑〉(1948년)과 같은 네오리얼리즘 영화가 융성했던 것을 강조하며, "파시즘의 죄의 결과로 황폐해진 모국을 묘사하기 위해, 그리고 무엇보다도 그런 비극에도 불구하고 씩씩하게 살아나가는 동포들에게 민족적인 공감을 표명하기 위해, 적극적으로 카메라를 들고 폐허의 거리로 나서고 있었다"라고 지적한다(같은 책 p.128).
5) 같은 책, pp.130-131.

의향/검열 등의 제약 때문에, 카메라-아이(camera-eye)를 통해 패색이 농후한 현실을 전하거나 표현하는 것이 결과적으로 불가능했다는 회한이 있다. 야외 로케이션 촬영은 현실로부터 눈을 돌리지 않고, 폐허가 되어 혼돈에 빠진 도시의 혼잡을 작품의 기저에 놓으며 영화를 제작하려 했던 자세로부터 필연적으로 도출된 방법론이 아니었을까"라고 어느 정도 긍정적인 평가를 내린다.[6]

두 논고의 공통점은 패전 직후의 영화들이 '전쟁의 참화'로서의 잿더미와 거기에서 드러나는 전쟁책임을 정면으로 마주하지 않는다고 비판하면서도, 〈도쿄의 다섯 남자〉나 〈셋방살이의 기록〉 등 로케이션 기법을 사용해서 현실의 잿더미를 촬영한 작품들에서 가치를 발견하고 있다는 점이다.

그렇다면 당시의 일본 영화비평은 불탄 들판이 된 도쿄의 도시공간에 대하여 실제로 어떻게 말하고 있었을까.

3. 전후 일본 영화비평 속의 〈도쿄의 다섯 남자〉

〈도쿄의 다섯 남자〉에 대한 비판

〈도쿄의 다섯 남자〉는 패전 후 최초의 설날(正月) 영화로서 공개되었으며, 전전부터 활약하던 코미디언 후루카와 롯파(古川ロッパ)나 만담가인 엔

---

6) 佐藤洋一, 「廢墟の都市空間とカメラアイ」, 岩本憲児 編, 『占領下の映画—解放と檢閲』(日本映画史叢書 第11卷), 森話社, 2009, pp.302-303.

다쓰 아차코(エンタツ・アチャコ), 이시타 이치마쓰(石田一松), 라쿠고카(落語家)인 야나기야 곤타로(柳家権太楼) 등 당시의 희극 스타가 지방에서 동경으로 귀환한 다섯 명의 징용공을 연기한다. 배급물자나 군용품의 유출, 메틸알코올로 만든 술, 카바레 건설을 위한 땅 투기, 농촌으로 식량 사러 가기 등 패전 직후의 혹독한 세상 속에서 죽을힘을 다해 살아가는 사람들을 슬랩스틱 풍의 희극으로 유머러스하게 묘사해낸 작품이다.

〈사진 1〉을 통해 알 수 있듯이, 영상의 대부분이 로케이션 촬영으로 이루어져 1945년 촬영 당시 가을로 접어든 도쿄 시부야 주변의 모습이 생생하게 담겨 있다. 그러나 이 작품은 희극영화감독으로 유명했던 사이토 도라지로의 작품임에도 불구하고, 사토 다다오가 『일본영화사』에서 "전쟁에서 살아남은 사람들의 기쁨의 표현"[7]이라고 재평가하기 전까지는 특별히 주목받지 못했다. 최근의 평가에서는 패전 후의 계급사회를 보여주는 좋은 예로 부각되거나,[8] 도쿄국제영화제나[9] NHK의 영화특집 프로그램에서[10] 다뤄지는 등 '잿더미의 도쿄'를 그려낸 '역사적 자료'로서의 가치가 발견되고 있다.

그렇다면 일본영화의 본격적인 부활을 기념이라도 하듯이,[11] 대스타들

---

7) 佐藤忠男, 『日本映画史 2: 1941-1959』, 岩波書店, 1995, p.171(증보판은 2006년에 간행됨).

8) 橋本健二, 『「格差」の戦後史—階級社会 日本の履歴書』, 河出書房新社, 2009, pp.71-72.

9) 第二十回東京国際映画祭 「特別企画 映画が見た東京」 出品作品評, 2007.

10) 渡辺後雄, 「渡辺支配人のおしゃべりシネマ館 斎藤寅次郎監督 〈東京五人男〉」, 「BSコラム」 NHK-BS 온라인(http://www.nhk.or.jp/bs-blog/200/126253.html) [2013년 7월 2일 접속], 2012. 〈도쿄의 다섯 남자〉는 '야마다 요지(山田洋次) 감독이 선정한 희극영화 50편'이라는 특집에서 2012년 7월 30일에 방영되었다.

11) 전후 최초로 공개된 영화는 〈사과의 노래(リンゴの唄)〉로 유명한 나미키 미치코(並木路子) 주연의 〈산들바람(そよかぜ)〉(松竹, 1945년 10월)이지만, 『키네마준포』나 『영화예술』(편집프로덕션 영예)과 같은 영화잡지의 창간은 이듬해부터였다. 비평을 포함한 영화업계의 본격적인 재가동은 1946년 1월 이후라고 보는 편이 옳을 것이다.

사진 1. 사이토 도라지로(斎藤寅次郎) 감독, 〈도쿄의 다섯 남자(東京五人男)〉, 東宝, 1946.

을 배치한 〈도쿄의 다섯 남자〉는 왜 공개 당시에는 평가가 좋지 못했던 것일까. 예컨대 비평가 이마무라 다이헤이(今村太平)는 패전 후 '극영화의 백치화'의 대표 사례로서 〈도쿄의 다섯 남자〉를 든다. 〈도쿄의 다섯 남자〉는 세상을 단지 소란극으로 묘사했을 뿐이고, '일본민주혁명'에 분주해야 할 때에 "대중의 생각을 혁명의 권외에 두려 한다"고 비난하였다.[12] 또한 다른 비평가들도 사기나 탐욕, 불친절이나 불관용이 패전 직후의 사회상으로서 이야기 속에서 나열된 것에 대해서 통렬하게 비판했다. 다음의 인용은 『키네마준포』의 편집위원이며 당시 유력 영화비평가였던 미즈마치 세이지(水町青磁)가 〈도쿄의 다섯 남자〉 공개 직후에 쓴 비평문이다.

---

12) 今村太平, 「日本映画の新出発」, 『キネマ旬報』, 1946. 4.

내용에서 확인할 수 있는 것은 패전의 추악한 일면이자, 불탄 들판이 그대로 드러난 모습이었다. 다섯 명의 징용공은 하나같이 선인들이고, 반대로 그들을 맞이한 사회는 악덕 그 자체라는 점으로 인해, 점차 희극으로부터 멀어져 졸렬한 비극을 보는 것과 같은 역효과를 내고 있다. 권력이나 부정한 사회악에 대해 이 다섯 명은 항의하고 있는 것인가. 그렇지 않으면 '이것이 패전이다'라고 긍정하고 있는 것인가. 전시 중에 나온 '건설면(建設面)'이란 말은 결코 사어(死語)가 된 것이 아니다. 이 다섯 명이 바라보는 사회에서 가장 중대한 테마로 거론되어야만 하는 말이다. (…중략…) 적어도 다섯 사람이 잿더미에 서서 대도쿄를 바라보는 장면 중에서는 다섯 사람의 생활의 결의를 어떠한 형식으로든 설정했어야 한다.[13] (강조는 필자)

또 다른 논평에서도 매우 비슷한 비판을 확인할 수 있다. 이바 하지메(伊庭肇)는 "야박한 인정"뿐인 현실로 "우스꽝스러운 사건을 묘사하기에 급급하다"고 하며 "내일의 낙토를 쌓아올리기 위한 정열도 환상적인 아름다움도 전혀 느낄 수 없다"고 비난한다.[14] (강조는 필자)

이마무라의 논평과 다른 두 가지 논평은 동일하게 〈도쿄의 다섯 남자〉를 비판하고 있지만, 사실 그 논리는 상반된 것이다. 이마무라는 암거래 물자의 횡행이나 기아라는 현실을 희극의 도구로 삼음으로써 잿더미 자체가 내포한 '전쟁의 참화'라는 문제를 정면으로 상대하지 않는 것에 대해 '극영화의 백치화'라고 비난하는 것이다. 마르크스주의 사상범으로 검거된 이력을 지닌 이마무라는 잿더미의 생활을 '기록영화'로 촬영해 혁명적 문제로 삼을

13) 水町青磁, 「日本映画欄―東京五人男」, 『キネマ旬報』, 1946. 3.
14) 伊庭肇, 「映画短評」, 『オシリス』, 映画と演劇同好会, 1946. 2.

사진 2. 〈도쿄의 다섯 남자〉

것을 호소한다.[15] 〈도쿄의 다섯 남자〉에 대한 옳고 그름의 판단은 달랐지만, 이마무라의 시점은 사토 다다오나 사토 요이치가 논한 잿더미의 문제의식을 공유하고 있다고 할 수 있지 않을까.

한편, 미즈마치와 같은 부류의 비평은 "불탄 들판을 그대로 드러내버린" 것을 비난하고 있다. 그런 면을 드러내 보이는 것의 부절적함을 지적하는 한편, '대동경'의 '건설면'을 강조하면서 '낙토'를 쌓아올릴 '결의'를 요구하고 있는 것이다. 미즈마치가 쓴 '건설면'이라는 용어는 전시에 빈번히 사용되었던 '대동아의 문화건설'이라는 표어를 시사하며, 그것이 패전 후에도 '사어'가 되지 않는다고 주장하는 것이다. 이러한 주장이 지닌 문제점에 대해서는 뒤에서 자세히 설명하겠다.

이와 같이 〈도쿄의 다섯 남자〉는 어두운 현실을 그대로 반영한 퇴행적인 영화라고 비판받았다. 그러나 이러한 비평과는 반대로, 이야기의 내용은 오

---

15) 今村太平, 「日本映画の新出発」.

히려 '민주주의 계몽영화'라고 부르기에 걸맞은 쾌활한 분위기로 가득 차 있다. 다섯 명의 남자들이 잿더미를 바라보는 장면(사진 1)에서는 이시다 이 치마쓰가 "모두가 협력해서 이 거리를 부흥시키지 않겠나?"라고 하는 '결 의'를 표명하고 있다. 나아가 이야기의 마지막에 일어나는 여성 중심의 시 민집회나 데모행진(사진 2)은 틀림없이 점령군 민간정보교육국(CIE)의 영 화·연극과장 데이비드 콘데(David Conde)가 점령 초기의 일본영화에 요구했 던 '민중교육', '조합조직의 촉진', '여성의 사회적 지위향상'이라는 의향에 충실히 따른 모범적 영화의 특징으로 거론할 수 있을 것이다.[16]

그렇다면 이처럼 민중과 결합되어 있고 민주주의를 고양하는 해방감으 로 충만한 엔딩을 가진 영화가 왜 비평가들에게 이렇게까지 비난받았던 것 일까.

격차에 대한 증오와 잿더미에 대한 기피

하시모토 겐지(橋本健二)는 패전 직후의 사회에서 경제적인 "격차가 컸다 는 이미지"가 정착된 것과 관련하여, "경제지표에서 관찰된 격차"는 오히려 "비교적 작았다"고 논한다. 도시의 각 계급이나 도시생활자, 농민 등이 농 지개혁이나 가족제도의 폐지, 물자의 만성적 결핍, 암거래 등을 경유함으로 써 계급간의 이동이 증가했기 때문이라는 것이다. 하시모토는, 이 '사회이 동'에 의해 전체적인 격차는 축소되었지만, "기아 수준에 가까운" 도시생활 의 상황에서 "수백 엔의 차이"였다고 하더라도 "강한 불공평함"을 낳았을

16) 민주주의 영화에 관해서는 平野共余子,「第12章 民主主義と接吻」,『天皇と接吻—アメリカ占領下 の日本映画検閲』, 草思社, 1998의 논의를 참조.

것이라고 논한다.[17] 이와 같은 "강한 불공평함"의 경험이나 감정이 "전후 사상의 형태를 띠고 분출한 것이다"라고 논했던 것은 오구마 에이지(小熊英二)로, 그는 농민이나 일부 자본가들에 대해 당시의 도시생활자, 특히 지식층이 가진 증오가 대단히 강했음을 이야기한다.[18]

〈도쿄의 다섯 남자〉에서 이러한 감정은 인상적인 장면으로 나타난다. 하나는 다섯 명의 전직 징용공들이 일하던 군수산업회사인 '나카노시마 항공회사'의 사장이 공장의 군수물자를 은닉하는 장면이다. '나카노시마 항공회사'에서 연상되는 것은 아시아 최대의 항공기 제조회사였던 나카시마 비행기이다. 이 나카시마 비행기에 의해 제로센이나 폭격기를 포함한 군용기의 태반이 패전에 이르기까지 제조되었다.[19] 영화는 패전 후의 다양한 정경을 묘사하면서, 사장이 자신의 권익을 지키기 위해 은닉했던 물자를 전직 징용공들이 강탈해 판자촌에 사는 사람들에게 배급하는 것을 메인 플롯으로 한다. 바로 여기에서 기득권익을 지키고자 하는 자본가에 대한 증오가 드러난다.

또 하나는 농촌으로 식량을 구입하러 가는 장면이다. 후루카와 롯파가 연기한 전직 징용공이 단벌 양복이나 부인의 유품인 기모노까지 내놓으며 농작물을 구입하려 하지만, 탐욕스러운 농민은 이미 넘쳐날 정도의 물건을 다른 사람에게 받아서 모닝코트 차림으로 밭일을 하는 지경이다. 영화에서는 그 후 마음씨 고운 다른 농가로부터 옮길 수 없을 정도로 많은 식량을 얻게 되지만, 이것은 당시의 도시생활자의 꿈을 영상화한 것이 아닐까. 어느

---

17) 橋本健二, 「第3章 貧しさからの出発—敗戦から1950年まで」, 『「格差」の戦後史』, pp.61-95.
18) 小熊英二, 『〈民主〉と〈愛国〉—戦後日本のナショナリズムと公共性』, 新曜社, 2002, p.43.
19) 桂木洋二, 『歴史のなかの中島飛行機』, グランプリ出版, 2002.

장면이든지 간에 도시생활자이자 일정한 교양을 갖춘 것으로 보이는 다섯 명의 전직 징용공들은 자신들보다 많은 이익을 얻는 자들로부터 업신여김을 당한다. 이야기는 이러한 '불공평함'을 타도하고 가두시위 행진에 이르는 장면을 지나 대단원에 이른다.

미즈마치 세이지나 그 밖의 동시대 비평이 과잉된 혐오감을 드러낸 것은 분명히 이야기의 플롯에 관한 것이 아니다. 그 이유는 앞에서도 말했듯이 이야기 자체는 민주주의적인 "정열과 환상적인 아름다움"을 그려내고 있기 때문이다. 그럼에도 불구하고, 동시대 비평은 이 작품이 "패전한 해의 가을 도쿄의 진정한 풍경"[20]을 그대로 담아낸 것에 대한 거부감을 드러내고 있다. 어쩌면 물자를 은닉한 사장이나 식량에 인색한 농가에 의해 손해만 보는 징용공들의 모습이 너무나도 현실적이기에 '웃으려야 웃을 수 없다'는 것이 비평가들이 말하고자 했던 바였는지도 모른다. 그러나 그것이 말하고자 했던 바라면 꼭 '건설면'이나 '낙토' 같은 전시기의 프로파간다 표어까지 동원해서 비난할 필요가 있었을까. 그 과잉된 언어는 불타 그을린 도시의 잔해에 대하여 보다 근원적인 기피감을 드러내고 있는 것은 아닐까.

결론부터 말하자면 그 기피감은 이마무라나 사토 등이 논했던 전쟁책임이라는 문제와 결부된다. 다만 그에 앞서 우선 다음 절에서는 배경으로서의 잿더미가 이야기와 교묘하게 대치되면서도 노골적이지 않게 제시된 영화인 오즈 야스지로의 〈셋방살이의 기록〉을 살펴보고자 한다. 이 작품에서 제시된 공간구성에 착목하면서 잿더미의 역할을 밝힘으로써, 잿더미 표상과 전쟁책임의 관계성을 고찰하기 위한 포석으로 삼고자 한다.

---

20) 佐藤忠男, 『映画の中の東京』, p.129.

4. 모형 정원(箱庭)으로서의 유토피아와 패전의 리얼리즘: 오즈 야스지로의 〈셋방살이의 기록〉

〈셋방살이의 기록〉의 위치

〈셋방살이의 기록〉은 오즈 야스지로 감독이 전후 싱가포르의 영국군 포로수용소로부터 귀환한 뒤에 만든 첫 번째 작품으로서 주목받았던 영화다. 오즈는 1943년부터 싱가포르에 주둔했고, 그 기간 동안 국내에서는 금지되어 있던 미국 영화를 대량으로 감상할 기회를 얻었다. 그 사실을 아는 비평가들은 오즈의 전후 첫 번째 작품이 이전에는 없던 것이 되리라고 기대했다. 그러나 비평가들의 눈에 비친 〈셋방살이의 기록〉은 1920년대 말부터 오즈가 가장 자신 있게 해왔던 '서민적인 인정극'[21]과 조금도 다르지 않은 것이었다. 〈셋방살이의 기록〉 공개 당시의 평가는 종래 그대로의 시타마치(下町) 인정극임에 낙담하면서도, 그 이야기나 배역이 '친숙한' 것이었다는 점에서 안정감이 있고, 그와 더불어 '어른의 공감'을 불러일으키는 영화라는 점에서 일정 부분 긍정적이었다.[22] 다만 오즈의 기존 시타마치 인정극과 견주어 보면 완성도가 떨어지는 작품으로 인식되어, "작품의 만듦새를 엄밀히 음미해 보면 훌륭하다고는 할 수 없다"라는 평가에 그쳤다.[23]

---

21) 佐藤忠男, 『日本映画史2: 1941-1959』, p.358.
22) 大黑東洋士, 「今月の話題の映画 長屋紳士錄―五年の沈默を破る巨匠小津の新作. 裏長屋の生活ににじむ心暖まる映画! 松竹大船映画」, 『映画ファン』 第7巻 第4号, 映画世界社, 1947.
23) 飯田心美, 「日本映画批評 長屋紳上錄」, 『キネマ旬報』, 1947. 5. 하지만 여기에서 비평가 이이다(飯田)는 단지 작품을 폄하하고 있는 것이 아니며, "이이다 초우코(飯田蝶子)가 연기한 오타네의 결말부 대사와 그 다음 컷에 등장하는 우에노 공원 부랑아와의 관련성 속에서 오즈가 시사하는 것이야말로 이 작품의 초점이자 작가의 의도로 해석된다"라고 날카롭게 지적하고 있다.

그 이후, 이 작품을 둘러싼 평가는 '인정미(人情味)'에 관해 문제제기하는 것이 중심이 되었다. 대표적으로 도널드 리치(Donald Richie)는 "군정기의 단기간 동안 인기를 끌었던, 외국으로부터 유입된 이상(理想), 즉 시민으로서의 책무를 완수하는 것에 오즈가 찬동하고 있음을 드러낸 처음이자 마지막 작품"이라고 지적하며, 이 영화의 결말을 "중년의 여성은 친자식처럼 아끼던 고아가 떠난 후, 전쟁고아를 위한 시설을 열기로 결심하였다"라고 해석했다.[24] 리치는 이 결말의 양상이 점령군에 아첨했던 것이며, "거의 비(非)일본적이라고도 말할 수 있는, 있을 수 없는 결말"이라고 부정적으로 파악했다. 단 이 '고아원의 개설'이라는 독해는 작품 내부에서 그 근거를 찾기 어려워, 이후의 논평가들로부터 자의적인 해석이라고 비판받았다.

또 하나의 대표적인 해석으로는 사토 다다오의 『오즈 야스지로의 예술』에 수록된 〈셋방살이의 기록〉에 관한 논고가 있다. 사토는 〈셋방살이의 기록〉에 대해 "도쿄라는 고향을 잃고 대거 지방으로 유민이 되어 흩어졌던 사람들"의 "옛날을 지금으로 되돌리고 싶다는 소망"을 담은 영화이며, 오즈가 "패전의 가운데에서 생각했던 최초의 모럴은 지연(地緣)의 회복 또는 지연의 창조라는 것이었다"고 결론짓는다.[25]

이상과 같이 '인정미'를 평가의 중심으로 삼았던 평론으로부터 거리를 두기 시작한 것이 1981년 6월에 오즈 특집호로 꾸며진 『유레카』에 실린 요모타 이누히코(四方田犬彦)의 논고 「사자(死者)들의 소환」이다. 요모타는 "오즈에게 실로 불길한 시간이 도래하여 작품의 표면에 얇게 음산한 흔적을 남

24) ドナルド・リチー, 山本喜久男 訳, 『小津安二郎の美学―映画のなかの日本』, フィルムアート社, 1978, p.329.
25) 佐藤忠男, 『小津安二郎の芸術』下(朝日選書), 朝日新聞社, 1979, p.52.

기고 순식간에 사라진 것도 이 〈셋방살이의 기록〉에서다"라고 하며 종래의 '인정물'로서의 수용과는 정반대의 독해를 시도했다.[26] 요모타는 영화 말미에 나오는 사진촬영 시퀀스에 "오즈의 스타일로 알려진 여러 요소가 응축되어 있다"고 하여, 〈셋방살이의 기록〉을 인정극의 플롯이 아닌 영화시학적 측면을 들어서 평가하였다.

요모타와 마찬가지로 오즈의 영화시학에 초점을 둔 데이비드 보드웰(David Bordwell)은『오즈 야스지로 영화의 시학』에서 〈셋방살이의 기록〉을 "정연한 스타일상의 변주"를 효과적으로 사용한 작품으로 거론하고, "만약 오즈가 이 72분짜리 작품 한 편만을 만들었더라도, 세계적으로 위대한 감독 중 하나로 간주되어야 할 것이다"라며 높이 평가한다.[27]

〈셋방살이의 기록〉을 둘러싼 평가의 흐름을 개관하면, 공개 당초에는 패전 후의 오즈가 보여줄 새로운 경지를 기대하고 있었으나, 이전부터 이어진 '인정극'이 되풀이됨에 따라 비평가들이 실망했고, 다른 한편에서는 그 '인정극'을 평가의 대상으로 삼기 시작했다. 시대가 흐르면서 패전 직후의 시대와 서사를 결부시켜 평가하는 입장이 나타났지만, 전쟁고아 또는 공동체의 상실이라는 사회문제에 천착한 오즈의 자세는 인정하면서도 작품으로서 제대로 그 문제를 다루지 않았다는 식의 저평가가 내려졌다. 또한 최근에는 오즈의 영화작가로서의 시학이 강조됨으로써 영화텍스트로서의 재평가가 이루어지게 되었다.

26) 四方田犬彦,「死者たちの招喚」,『ユリイカ』, 1981. 6.
27) デヴィッド·ボードウェル, 杉山昭夫 訳,『小津安二郎 映画の詩学』, 青土社, 1992, p.486.

나가야와 잿더미

〈셋방살이의 기록〉에 대한 초기의 평가 축이었던 '인정미'란 1920년대 후반의 오즈 초기작품에서 1942년 〈아버지가 있었다〉에 이르기까지 오즈와 쇼치쿠(松竹) 영화사가 가장 잘 만들던 '시타마치 인정물[28]'의 그것을 말한다. 라쿠고에서 예를 찾을 것도 없이 〈셋방살이의 기록〉의 나가야*는 그야말로 인정 넘치는 사람들이 모인 공간이자, 오즈와 쇼치쿠 영화사가 만들어낸 전전으로부터의 연속성을 드러내는 공간이다.

한편, 작품 중에 여러 번 비춰지는 잿더미는 전쟁을 계기로 한 시민생활의 명백한 단절을 여지없이 제시한다. 앞에서 언급된 논고에서 사토 다다오는 "잿더미라는 외부 풍경의 비참한 현실로 인해, 세트로 조성된 시타마치가 마치 유토피아 같은 인상으로 바뀌었다"라고도 지적한다.[29] 이 나가야와 잿더미 사이의 위화감을 초래하는 '인상'은 실제 영화의 공간구성을 살펴보면 그 원인이 분명해진다.

〈사진 3·4〉는 영화에서 나가야의 외부, 즉 배경으로서의 잿더미와 나가야의 경계를 보여주는 컷이다. 거기에는 천이나 이불이 걸려 있고, 그것들을 나가야와 잿더미의 공간을 나누는 일종의 막(膜)으로 볼 수 있다. 〈사진 3〉의 화면 우측에는 오줌 싼 것을 말리기 위해 널어놓은 이불의 일부분이 비춰지고, 바지랑대로 구획된 내부에는 오줌을 싼 '고헤이(幸平)'를 야단치는 '오타네'

---

28) 飯田心美,「日本映画批評 長屋紳士錄」.

* 나가야(長屋): 일본의 전통적 연립주택 양식으로, 긴 용마루를 설치한 뒤 집안 내부에 칸을 나누어서 여러 가구가 살 수 있도록 만든 집.

29) 佐藤忠男, 『映画の中の東京』, pp.136-137.

사진 3. 오즈 야스지로 감독, 〈셋방살이의 기록〉, 松竹. 1947.

사진 4. 〈셋방살이의 기록〉

사진 5. 〈셋방살이의 기록〉

사진 6. 〈셋방살이의 기록〉

사진 7. 〈셋방살이의 기록〉

가 배치된다. 오즈 특유의 구도 안에 '오줌 싼 이불'이라는 누구나 경험해 보았을 정말이지 친근한 아이들의 드라마가 담겨 있어, 나가야의 인정극이 바깥 풍경과 단절된 공간 안에 갇혀 있음을 읽어낼 수 있다. 〈사진 5〉 또한 〈사진 3·4〉의 반대쪽에 있는 나가야(안)로부터 잿더미(밖)를 거꾸로 촬영한 컷이며, 천이나 세탁물이 나가야를 한 바퀴 둘러싸고 있음을 보여준다. 이처럼 나가야와 잿더미의 경계는 천으로 된 막으로 현재화(顕在化)된다.

또한 이 나가야와 잿더미의 풍경과는 반대로, 오타네가 고헤이의 부모를 찾기 위해 향하는 지가사키(茅ヶ崎)의 풍경은 바다의 수평선과 모래사장(사진 6)이나, 제방의 평행선(사진 7)에 의해 개방적인 공간으로 비춰지고 있다.

〈사진 3·4〉와 같이 전신주나 전선, 불탄 폐허에 서 있는 폐건물이나 타버린 나무들에 의해 조각나서 구획된 듯한 도쿄의 나가야와 잿더미의 공간구성과는 완전히 이질적인 모습으로 나타난다.

이 구도의 대조에서도 도시의 나가야와 잿더미는 제각각에 대한 공간상의 관계성이 강조되어 있다는 것을 알 수 있다. 즉, 의도적으로 내부(나가야)와 외부(잿더미)가 보는 사람에 의해 항상 의식되는 구도로서 제시되고 있다는 것이다. 그리고 그 내부에서 전개되는 드라마는 전쟁 전의 쇼치쿠 영화, 그리고 오즈 영화로 대표되는 인정극으로 반복된다. 전쟁 전과 다름없이 '인정미' 넘치는 나가야가 천으로 된 막으로 덮여 있는 모형 정원처럼 패전 후의 잿더미에 나타나는 것이다. 그야말로 "옛날을 지금으로 되돌리고 싶다는 소망"을 형상화한, 그 어디에도 없는 '유토피아'로서 나가야를 읽어낼 수 있다. 그렇지만 과연 과거와 현재 사이에 위치한 전쟁이 이 이상화된 모형 정원에 아무런 영향도 미치지 않았을까. 다음 장에서는 서사의 내용에 대해 구체적으로 검토해 보겠다.

미아와 전쟁고아

현실의 잿더미와 모형 정원 유토피아로서의 나가야는 이 이야기의 메인 플롯인 아이를 묘사하는 부분에도 작용하고 있다. 나가야 사람들은 고헤이가 부모에게 버림받아 고아가 되었다고 생각했지만, 이야기의 마지막에 고헤이의 아버지가 나타남으로써 그가 고아가 아니라 단지 미아였다는 것이 판명된다. 고헤이와의 이별을 슬퍼하는 미망인 오타네에게 거리의 점쟁이 '다시로(田代)'는 우에노의 사이고 다카모리 동상 주변에 모여 살고 있는 전쟁고아 중 하나를 양자로 들일 것을 권한다. 오타네의 "사이고 동상 말이죠"라는 대사 후에, 화면이 전환되어 실제 전쟁고아들의 영상이 삽입된다(사진 8). 그 영상에서 고아들은 다시로가 말한 것처럼 사이고 동상 주변에 모여 있지만, (놀랍게도) 그 가운데 겨우 10세 전후로 보이는 한 아이가 근처를 걸어가던 어른이 버린 담배꽁초를 주워서 피우기 시작한다.

이 장면에서 나가야에서 펼쳐졌던 미아를 둘러싼 인정극과 잿더미에서 생활하는 전쟁고아라는 현실은 결코 조화되지 않는 대립을 만들어낸다. 고헤이도 담배꽁초나 넝마를 주워 주머니에 모았지만, 그것은 어디까지나 목수인 아버지를 위한 것일 뿐 자신이 담배를 피우지는 않는다. 나가야 안에서도 미아인 고헤이는 어디까지나 부모가 있는 아이로서 행세하고 있다. 사토 다다오는 "이 길 잃은 아이가 만약 당시 번화가에 흔하던 전쟁고아, 부랑아였다면 이 영화는 패전의 현실을 탐구한 영화라고 할 수 있을지도 모르지만, 오즈는 그런 식으로 날것의 현실을 영화에 가져오는 일은 신중하게 회피했다"라고 해설한다.[30]

------

30) 같은 책, p.136.

분명히 고헤이가 부랑하는 전쟁고아가 아니라는 점에 관해서는 사토가 말한 대로이다. 하지만 오즈가 이 최후의 장면만큼은 의도적으로 '날것의 현실'을 가져왔다는 것이 당시 그의 발언을 통해 볼 때 확실하다. 작가 시가 나오야(志賀直哉)와 오즈가 「영화와 문학」이라는 주제로 대담을 가졌을 때, 시가는 오즈에게 〈셋방살이의 기록〉에서 아이들의 배역에 대해 묻는다. 그 대담에서 오즈는 아래와 같이 대답한다.

우에노의 마지막 장면에는 도에서 운영하는 무료숙박소 아이를 출연시켰습니다. 그런데 무료숙박소 아이는 외지로부터 온 인양자이자 전재자로 복장도 깨끗하고 말씨도 고왔기 때문에, 더 더러운 아이가 필요해서, 그래서 그 근처를 뒤져 십 엔을 주고 출연시켜 말린 고구마를 썰어 먹는 장면을 찍었습니다.[31] (강조는 필자)

이 발언에서 알 수 있듯, 마지막 장면의 배역은 오즈가 굳이 '더러운 아이'를 택한 결과였다. 기실 마지막 장면 이전에도 전쟁고아 역이라고 생각되는 아이들이 등장했다. 오타네가 나가야로 돌아오지 않는 고헤이를 걱정해서 찾아다니는 장면에 나오는, 쓰키치 혼간지(本願寺) 건물과 그 주변의 잿더미를 배경으로 나란히 앉아서 태연히 낚시를 하는 아이들이 그것이다 (사진 9). 오즈는 그 고아들을 연기하고 있는 몇 명의 아역배우가 실제로는 "국민학교 학생"으로 "문화부장인 선생의 호의로 동원되어 출연한" 생도들이었다는 것을 대담의 같은 부분에서 밝힌다.

31) 志賀直哉·小津安二郎·飯島正·飯田心美·如月敏, 「映画と文学」, 『映画春秋』 第6号, 映画春秋社, 1947.

사진 8. 〈셋방살이의 기록〉

사진 9. 〈셋방살이의 기록〉

다른 영화에도 출연한 경험이 있는 어엿한 아역이 연기하는 고헤이와 우
에노의 아이들의 차이점이 서사에서 미아와 전쟁고아로 분명하게 제시되

는 것은 당연하다. 하지만 서사상으로는 같은 전쟁고아임에도 불구하고, 다리 위에서 미동도 하지 않는 고아들과 우에노 공원에서 사이고 동상 주변을 배회하며 담배를 피우는 고아들은 영상 속에서 서로 다른 인상을 주는 존재다. 이처럼 마지막 시퀀스에 나타난 영상과 서사의 부조화는,[32] 〈셋방살이의 기록〉의 '나가야'가 패전 직후 사회의 처참한 상황을 배제함으로써 성립되는 모형 정원의 유토피아라는 점과 연관된다.

기분 나쁜 나가야

요모타 이누히코는 〈셋방살이의 기록〉이 갖는 '기분 나쁜 흔적'을 고헤이와 오타네의 기념촬영에서 찾고 있다. 그는 "그것은 오즈 작품 중에서도 반복되는 집합과 이산의 암시이며, 따라서 기념촬영은 두 사람의 이별의 의식이다"[33]라고 논한다. 요모타의 논고는 오즈의 작품들을 철저히 텍스트로서 다루고 있어, 당시의 영화업계도 포함된 사회적 배경을 일절 배제하고 오직 작가의 시학에만 초점을 맞춤으로써 일본영화계에 존재하는 관습적 해석으로부터 작품을 해방하는 시도였다. 그리하여 종래에 인정물로 해석되던 오즈의 여러 작품에서 비인정(非人情)적인 요소를 읽어내고 있다.

이 논고 이후 〈셋방살이의 기록〉에 대한 작품론이 인정미에 주목하는 평가의 틀과 거리를 두고 있는 것으로 미뤄 보면, 요모타의 시도는 〈셋방살이

---

32) 江藤茂傳, 「小津安二郎 〈長屋紳士錄〉論―隱蔽を忌避する視線」, 十文字学園女子大学社会情報学部, 2000. 에토(江藤)는 이 부조화성을 다음과 같이 설명한다. "아이들은 좋은 존재라는 오타네의 생각이 우에노 공원의 '현실'을 담은 이 영상에 의해 부정되어버린다. 이 영상은 말할 것도 없이 서술자에 의한 인용인 것이며, 이로써 서사를 지탱하던 오타네의 감정을 해체해버린 것이다."
33) 四方田犬彦, 「死者たちの招喚」.

의 기록〉을 시타마치 인정물이라는 평가로부터 분리하는 것에 성공했다고 말할 수 있을 것이다. 그렇지만 요모타가 느낀 '기분 나쁜 흔적'은 과연 시학적인 조작에 불과한 것일까. 요모타가 의도적으로 무시했던 사회적 배경, 즉 패전의 현실과 서사의 엇갈림이 만들어낸 부조화야말로 결과적으로 그 '기분 나쁜 흔적'을 만들어내고 있다고 생각한다.

보드웰은『오즈 야스지로 영화의 시학』의「〈셋방살이의 기록〉」이라는 장에서 대단히 중요한 지적을 했다. 그것은 "사이고 동상에 모인 부랑아"의 이미지가 "전후의 문맥 내에서는 분명 아이러니하다"[34]고 논한 지점이다. 즉 메이지시대에 정한론을 주창했던 사이고 다카모리가 영웅시되는 증거인 우에노의 동상 주위에서 그로부터 반세기에 걸친 제국주의와 전쟁의 결과로 탄생한 전쟁고아들이 부랑생활을 면하지 못하고 있다는, 그 묘사상의 강렬한 아이러니를 보드웰은 간파한 것이다.

보드웰은 "1947년 당시의 관객을 극장 밖에서 그들을 기다리고 있는 세계로 되돌려놓음으로써, 이 작품은 오타네에 의한 친절한 가르침을 시도하기 위한 실제적인 소재를 제공하고 있다"라고 맺는다. 그러나 이것은 다소 낙관적인 해석이라고 말하지 않을 수 없다. 동시대의 평에서 볼 수 있듯, 현실에서는 '나가야 시타마치 인정물'이라는 틀로 해석되어 전쟁고아와 미아는 특별히 구별되지도 않고, 혼동된 채로 잊혀질 뿐이었다. 하지만, 보드웰이 지적한 "사이고 동상에 모인 부랑아"라는 이미지의 아이러니가 일본 근대의 아시아 침략을 상기시킬 만한 기호였음은 분명하다.

또한 〈셋방살이의 기록〉에서 아이들이 있는 장소 자체가 과거의 팽창주

---

34) デヴィッド・ボードウェル, 『小津安二郎』, p.89.

의를 암시하는 부분은 우에노의 사이고 다카모리 동상 장면만이 아니다. 미아인 고헤이가 점쟁이 다시로와 만났던 장소, 그리고 고헤이가 부친을 찾아 헤매던 장소가 바로 '구단(九段)'의 '신사 앞', 즉 '영령'을 합사한 야스쿠니 신사라는 것을 간과해서는 안 될 것이다.[35] 고헤이가 천으로 된 막이라는 경계를 넘어서 나가야의 공간으로부터 한 걸음 밖으로 나가면, 근대 일본의 제국주의의 잔재가 사방에 잔존한 잿더미가 펼쳐져 있다.

진정한 '기분 나쁨'이란 잿더미를 묘사할 때 환기되는 패전의 리얼리즘을 나가야라는 옛날 그대로의 인정 공간에 가둬둠으로써 망각하는 것일 테다. 하지만 〈셋방살이의 기록〉이라는 작품은 그 망각을 촉구하고 있는 것은 아니다. 오히려 그 작품 내의 공간구성을 통해 잿더미를 끌어들이고 있는 것이다. 인정극이라는 내부의 이야기와는 직접적으로 연결되지 않더라도, 그 나가야라는 모형 정원을 둘러싼 외부 풍경으로서 잿더미는 이 작품에서 빠트릴 수 없는 요소이기도 하다. 지금까지의 많은 비평가가 이야기와 현실 사이의 간극을 지적했다는 것도, 작품 속에 그것을 시사하는 공간구성이 있었기 때문이다. 천으로 된 막의 안쪽으로 슬며시 침투하여 들어오는 현실이 작품 내에 비춰지고 있기에 〈셋방살이의 기록〉은 단순한 인정극으로 수렴될 수 없는 깊이를 지니고 있는 셈이다.

---

35) 참고로 〈셋방살이의 기록〉의 연회 시퀸스에서 다시로가 노래하는 〈노조키카라쿠리(覗きからくり)〉는 도쿠토미 로카(德富蘆花)의 소설 『불여귀(不如歸)』(1898)의 구연(口演)으로, 해군 소위인 가와시마 다케오(川島武男)와 가타오카(片岡) 육군 중장의 딸인 나미코(浪子)의 이별 장면을 노래한 것이다. 이 '이별'이라는 테마가 고헤이와 오타네의 이별을 암시하고 있다는 것은 앞의 글 「小津安二郎〈長屋紳士錄〉論」이 지적하고 있지만, 그것은 동시에 근대국가 일본 최초의 대외침략전쟁인 청일전쟁의 전장으로 다케오가 파병되는 장면을 떠올리게 한다.

5. 잿더미가 내포한 가해책임

'문화국가'의 '건설'

그렇다면 현실의 잿더미, 즉 패전의 리얼리즘과 마주하는 것에서 어떤 의미를 발견할 수 있을까. 특히 패전 직후라는 공간을 70년이 경과한 현재 재고할 때, 당시의 도시공간을 구성하는 주된 요소였던 잿더미에서 어떤 의의를 찾아내는 것이 가능할까. 그것을 탐구하기 위해 여기에서는 한 번 더 패전 직후의 비평의 언어에 주목하려 한다.

재간행된 『키네마준포』 제1호에는 「키네마준포 재건의 말」을 싣고, 〈도쿄의 다섯 남자〉의 비평을 쓴 미즈마치 세이지가 편집위원으로 이름을 올리고 있다. 거기에는 다음과 같은 문장이 있다.

> 종전과 동시에, 우리들의 반성은 이['키네마준포의 정신'—필자] 전통에 대한 것이었다. 전쟁책임보다도, 먼저 '영화문화의 책임'에 대한 반성이었다. 그리고 우리들은 그 책임을 자기에 대한 반성으로 삼아, 다음의 사유에서 우리들의 얼마 남지 않은 왕년의 정열을, 문화에 대한 올바른 정열을 잃지 않을 것임을 분명히 한다.[36]

이 문장에서는 전쟁책임보다도 "자유를 존중하는 키네마준포의 전통"과 "영화문화"에 대한 반성을 말하고 있다. 또한, 〈도쿄의 다섯 남자〉에 대한

36) 「キネマ旬報再建の辞」, 『キネマ旬報』, 1946. 3.

비평에서 미즈마치가 사용한 일본의 '건설'이라는 용어는 '문화국가재건'이라는 히가시쿠니노미야 나루히토(東久邇宮稔彦) 수상의 1945년 8월 29일 인터뷰, 이른바 '일억 총 참회론'에서도 발견되는 용어로,[37] 전시의 슬로건이었던 '문화국가건설'을 재이용한 것이다. 그것은 무엇보다도 '옥음방송(玉音放送)'에서 천황 히로히토가 낭독했던 「대동아전쟁 종결에 관한 조서」의 "장래의 건설에 총력을 기울이라"라는 문장에 호응하는 것이기도 했다.[38]

존 다우어가 말했듯 '문화'나 '건설'은 전시의 전형적인 '슬로건 용어'이며,[39] 그 용어는 전후민주주의라는 새로운 치장을 걸치고 패전 후의 언어공간을 가득 채웠다. 하지만 그 내용은 패전을 맞은 후에도 계속해서 제국주의적·식민지주의적인 골조를 잃지 않았다. 요컨대 '문화'나 '건설'이 사어(死語)가 아니라는 것은 '대동아공영권'적인 '문화국가건설'이라는 논제가 아직도 살아 있다는 것이다. 그러한 제국주의적 시선은 폐허가 된 거리를 '대도쿄'라고 칭하는 미즈마치 세이지의 언어감각에서도 읽어낼 수 있다.

전시와 연속되는 '문화국가건설'에서 '낙토'를 보고 현실의 잿더미의 생활을 보지 않는다는 자세는 〈셋방살이의 기록〉에서 나가야의 '인정미'를 강조하는 평가방식과 대단히 근접해 있다. 〈셋방살이의 기록〉에서 유토피아적인 모형 정원인 나가야의 배경에는 현실의 잿더미가 존재한다. 그리고 〈도쿄의 다섯 남자〉에서는 점령군 주도의 민주주의 계몽 서사의 틀을 지키면서도 현실의 잿더미의 생활을 묘사하고 있다. 하지만 그러한 양의성을 지

37) 『朝日新聞』, 1945. 8. 30.
38) 조서의 문장은 小森陽一, 『天皇の玉音放送』, 朝日新聞出版, 2008의 「〈資料1〉大東亞爭戰終結に関する詔書(いわゆる終戦の詔書)」에서 재인용.
39) ジョン・ダワー, 『敗北を抱きしめて』 上, pp.210-212.

닌 두 작품이 동시대에는 일면적으로밖에 해석되지 않았다는 점에서 당시 일본영화 비평의 한계가 보인다. 잿더미를 묘사한 영화임에도 불구하고 잿더미는 보이지 않는 것, 거부돼야 할 것으로 해석되었던 것이다.

그렇다면 잿더미를 촬영하는 것의 의의는 무엇인가. 서두에서 소개한 사토 요이치는 자신의 논고 『폐허의 도시공간과 카메라 아이』에서 "이 '창(窓)'[잿더미의 영상—필자]에는 비가시화된 과거의 존재가 암시되어" 있으며, "그 이면에는 전시와의 연관성"과 같은 "아직 우리들이 보지 못한 광경이 있음을 제시하고 있다"[40]라고 말했다. 이처럼 잿더미를 직시하는 것은 '전시와의 관련', 다시 말해 과거로부터의 연속성을 발견하는 것이다. 사토는 구체적으로 어떠한 과거와의 연속성이 묘사되고 있는지를 깊숙이 파헤쳐서 논하고 있지 않으나, 여기서는 한 발짝 더 나아가서, 도시의 잿더미 그 자체가 암암리에 제시하고 있는 과거와의 연속성의 실체를 전략폭격이라는 파괴활동을 검토함으로써 밝히고자 한다.

전략폭격

이 장의 서두에서도 서술했듯, 전쟁 말기부터 일본의 도시공간에 나타난 잿더미는 미 공군을 중심으로 한 연합군의 전략폭격에 의해 형성된 것이다. 그러나 본래 전략폭격이라는 군사행동의 형식은 미군이 최초로 실행한 것이 아니다. 역사적으로 보면 항공기와 화염병기의 조합은 제1차 세계대전 시기에 시작되어, 1937년 독일군에 의한 스페인 게르니카 폭격, 이탈리아군

40) 佐藤洋一, 「廢墟の都市空間とカメラアイ」, p.311.(강조는 필자)

에 의한 에티오피아 폭격에도 사용되었다. 군사사(軍事史) 연구가인 마에다 데츠오(前田哲男)는 일본군 항공대의 충칭 폭격에서 나타난 규모와 전략성, 그리고 무차별성의 강조는 '하늘에서의 진격'이라는 형식상에서 '중대한 비약'이었다고 지적한다. 세계 역사상 '전략폭격'을 "조직적, 반복적, 지속적 전술로 확립·정착"시킨 것은 실로 일본군이었다.[41]

제2차 세계대전 중의 유럽 항공전에서 미 공군은 군 관계시설을 목표로 한 '정밀전략폭격'을 내세웠지만, 1944년 이후 일본 본토에 대한 전략폭격의 경우는 '무차별 도시폭격'의 원칙이 도입되었다. '인종차별의 그림자'가 그 선택의 한 원인으로 보이기도 하지만, 공식적으로는 "중국에서의 일본 해군 항공대의 선례가 영향을 끼쳤다"[42]라고 마에다는 논한다. 앞서 말했듯, 일본 본토에 대한 서쪽으로부터의 폭격은 중국 청두의 비행장에서 출격한 B-29에 의한 것이 주를 이뤘다. 그리고 청두는 본래 1938년부터 1941년에 걸쳐 대일 항전의 수도였던 충칭과 함께 일본 항공전력에 의한 무차별 폭격을 받아왔던 지역이다. 결국 일본에 의한 충칭 폭격의 전략적 사상은 그대로 주체를 변경해서 일본 본토 폭격으로 되돌아왔던 것이다.

강제소개공지와 도시방화대책

일본 도시공간의 잿더미를 구성하는 요소로서 또 한 가지 지목하지 않을 수 없는 것이 도시부에 만들어진 소개공지의 존재이다. 소개공지란 도시부의 주요 시설, 즉 관청이나 역 등의 교통시설, 그리고 공장 등의 주변에 다른

---

41) 前田哲男, 『戦略爆撃の思想』, pp.434-435.
42) 같은 책, pp.479-480.

구역에서 발생한 화재로 인한 연소를 방지하기 위해 강제적으로 설치한 공지이다. 1943년 9월의 도시방위에 관한 각의결정을 이어받아, 같은 해 12월에 도시소개실지요항(都市疏開実地要項)이 각의에서 결정되었다. 다음 해 1월에는 도쿄, 오사카, 나고야에서 방공법(防空法)에 의한 소개공지의 지정이 개시되었다.[43]

그러나 이 시점에서는 일본 본토에 대한 공습은 아직 가해지지 않았다. 더구나 소개공지의 설치는 일본군 스스로가 실행했던 충칭 폭격과 동일한 전략폭격이 일본 본토의 도시에도 가해지리라는 예상 위에서 행해진 것이다. 고시자와 아키라(越澤明)는 『도쿄 도시계획 이야기』에서 "1937~1943년에 차례로 실행된 화재실험은 목조 가옥에 대한 과학적 측정으로서는 세계 최초였다"라고 쓰고 있다. 이 시기가 바로 중국 대륙에서 이루어진 '세계 최초' 전략폭격 실행 시기였음을 고려해보면, 이는 곧 충칭의 피해가 '화재실험'을 위한 데이터로서 사용되었으리라는 점을 말해준다. 일본의 도시 소개와 방화대책 방식은 그 희생을 실험이라고 칭했던 것으로부터 탄생했다. 그리고 그것은 "전후 건축기준법의 방화에 관한 규정의 근거가 되었다."[44] 온통 불타버린 들판에 랜드마크처럼 철골밖에 남지 않은 빌딩이나 역 청사가 듬성듬성 서 있는 현실의 잿더미의 풍경은 주변의 작은 건축물들을 소개공지로 희생시키는 중요 시설의 연소방지책에 의해 만들어진 도시공간이었던 것이다.

이상과 같이 일본 본토의 도시공간에 잿더미라는 광경이 나타나기까지의 경위를 파헤치는 것은, 미 공군에 의한 전략폭격의 기저에 일본의 충칭

43) 越澤明, 『東京都市計画物語』, 筑摩書房, 1991, p.254.
44) 같은 책, p.252.

폭격이라는 본보기가 존재한다는 사실과 마주하는 일이기도 하다. 이 '비가
시화된 과거'라는 전략폭격의 역사를 읽어내는 것이야말로 '잿더미'라는 전
후의 공간인식을 피해자 의식에 근거한 폐쇄성으로부터 해방시키는 단서
가 되지 않을까.

'잿더미'가 보여주는 피해자성의 기저에서 '가해'를 읽어내는 시도는 결
코 엉뚱한 발상이 아니다. 그 발상은 전후를 통틀어 일본인의 희박한 가해
자 의식에 경종을 울릴 때마다 반복해서 논의되어온 것이기도 하다. 예컨대
오다 마코토(小田実)는 베트남전쟁에서 일본이 미군의 폭격기의 발착지가
된 사실을 통해, 일본의 가해자로서의 역사를 재소환했다. 그리고 그것을
『'난사(難死)'의 사상』에서 다음과 같이 논하고 있다.

> 1945년의 '패전'으로 끝난 일본 근대의 역사는, 결국 침략하고, 불태우고,
> 약탈한 끝에 침략당하고, 불타고, 약탈당한 역사였다. 그 역사의 전개 중에
> 서 일본인은 단지 피해자였던 것이 아니었다. 분명히 가해자이기도 하였다.
> 피해자이면서도 가해자였다는 것은 더더욱 아니다. 피해자가 됨으로써 오
> 히려 가해자가 되어 있었다.[45]

오다는 폭격에 의한 사람들의 죽음을 '산화(散華)'라고 칭하며 영웅시하
는 것이 일본의 전쟁을 어떻게 뒷받침하였는지를 스스로의 체험에 기초하
여 밝히고, 그들의 죽음이 무의미한 것이었다는 뜻에서 '난사'라는 개념을
제시한다. 이 개념으로 일본의 도시공간에 나타난 잿더미를 피해의 기호로

---

45) 小田実, 『『難死』の思想』, 岩波書店, 1991, p.4.

서가 아니라, 가해의 증거로서도 인식하는 토대가 만들어진다. 그리고 이 인식은 과거와 단절하고 피해자로서 재기하고자 하는 '전후'의 양상을 무너뜨리는 관점이 된다.

이 장에서 특별히 불타버린 폐허의 도시공간으로부터 가해를 읽어내려 한 것은 '전후 일본'의 역사관을 성립시켜온 비평 언어의 폐쇄성을 드러내기 위함이기도 하다. 잿더미를 촬영함에 따라 본의 아니게 생성된 패전의 리얼리즘은 '패전'이라는 사건이 일본이라는 한 나라의 내부에서 일어났던 것이 아니라, 타국과의 관계 속에서 일어났던 것이라는 당연한 사실을 제시한다.

도시의 황폐함은 '전후 일본'의 기원에서 돌연 나타난 것이 아니라, 거기에 이르기까지의 과정, 즉 침략적 팽창주의의 결과로서 그곳에 형성된 것이다. 기호가 아닌 현실의 잿더미를 촬영한 영화작품은 그 표상에 의해 이미 패전 직후 일본의 시공간을 보다 입체적으로 파악할 가능성을 보여준다.

6. 소결

전후의 비평공간에서 '잿더미'라는 말은 '전후 일본'의 제로 지점이자 출발점으로서의 존재로만 확인될 뿐, 그 내실은 질문되지 않은 채 현재까지 작용하고 있다. 그것은 1945년 8월 15일 정오의 '옥음방송'을 경계로 그 이전의 일본과 '전후 일본'을 단절하는 역사인식의 근간을 이루는 사고의 하나이다.[46] 이러한 역사인식의 틀은 총후(銃後)를 포함한 일본의 침략책임을 볼 수 없게끔 만들어버린다. 그것은 점령자 미국과 피점령자 일본이라는 구도가 전경화됨으로써, 일본인 일반의 피해자의식(victimized consciousness)[47]이 자라나기 때문이다. 기호로서의 '잿더미'는 바로 그렇게 피해자로서의 일본을 내재화한 결과, 제로 지점으로 추상화된다.

이 장은 이러한 '잿더미'의 이미지를 고찰하기 위해, 〈도쿄의 다섯 남자〉를 예로 들어 현실의 잿더미를 담은 영화를 둘러싼 동시대의 담론과 뒤이은 비평들을 검토하였다. 나아가 〈셋방살이의 기록〉을 분석함으로써, 현실의 잿더미를 촬영한 영화는 설령 그 서사가 전쟁의 참화라는 문제에 대해서 정면으로 접근하고 있지 않더라도 패전이라는 현실을 여실히 드러낸다는 점을 제시하였다.

상징적 기호로만 거론되던 '잿더미'라는 용어를 현실의 잿더미로 끌어내리는 것. 그리고 그것을 다룬 작품의 시공간적인 깊이, 즉 패전 직후 도시공간이 지니는 과거와의 연속성을 읽어냄으로써, '전후 일본'이라는 시대인식으로부터 벗어난 새로운 '독해'의 가능성에 접근할 수 있다고 생각한다. 다음 장에서는 그 연장선상에서 도쿄의 부흥계획과 도시공간의 문제를 영상을 통해 재고찰하고자 한다. 이를 통해 흔히 잿더미와 함께 거론되는 암시장이라는 공간이 영상화될 때 어떤 기호적 역학이 작동하는지 주목하겠다.

46) 캐럴 글럭이 제시한 '긴 전후'의 문제가 바로 이 '잿더미' 표상을 둘러싼 문제들과 직결된다(キャロル・グラック, 『歴史で考える』).
47) Rosenbaum, op.cit., pp.3-4.

제2장

−

과거가 빙의하는 곳
<20년 후의 도쿄>와 <들개>에 나타난 전재부흥

아시아태평양전쟁 말기 연합국군의 전략폭격으로 일본의 도시부는 막대한 피해를 입었다. 특히 과거 '제국의 수도'였던 도쿄는 그 소실면적만 해도 약 15,867ha에 달했다. 이러한 광대한 초토를 어떻게 부흥시켜야 하는가, 어떤 도시상을 그 위에 세워야 하는가가 패전을 바라보던 도시계획자들 사이에서 긴밀한 과제였다. 재가 흩날리는 구(舊) 제국의 수도를 재건하는 일은 바로 '새로운 일본'의 건설과 국가로서의 재출발을 단적으로 상징하는 사업이자 가장 중요한 과제로 인식되었다. 따라서 부흥계획은 '새로움'으로 단장해야만 했으며, 동시에 점령군에게 인가받을 수 있도록 익찬체제(翼賛体制)*와의 결별을 표현해야만 했다.

하지만 그들이 부흥계획을 생각할 때 참조해야만 했던 것은 과거에 입안되거나 실행되었던 근대 일본의 도시계획이었다. 그리고 그 청사진의 다발

─────────────

* 아시아태평양전쟁 당시 대정익찬회(大政翼賛会)를 중심으로 군부의 방침을 뒤따르고 지지하던 국방 국가체제.

속에는 제국의 '내지'에서 이루어진 것뿐만 아니라 '외지', 즉 과거의 식민지나 점령지에서 채용된 도시계획도 포함되었다. 이러한 도시계획의 역사적 연속성과 '새로움'의 단장이라는 두 개의 상반된 요소가 도쿄의 전재부흥계획에 존재했다. 그리고 전재부흥계획을 사회에 선전할 때, 이 계획이 가진 모순을 은폐하기 위해 다양한 레토릭이 사용되었다.

이 장에서는 도쿄의 부흥계획이 지닌 모순이나 딜레마를 담론적으로 봉합하려 할 때 어떠한 논리를 사용하고 무엇을 은폐했는지 살펴보기 위해, 아시아태평양전쟁 직후의 도쿄를 그린 두 편의 영화를 다룬다. 그리고 그 속에서 그려진 부흥의 양상을, 계획에 잔존하는 제국주의적 측면과 부흥의 장애물로 일컬어진 패전 후 암시장이라는 두 가지 요소로부터 고찰하고자 한다.

1. 〈20년 후의 도쿄〉와 전재부흥계획

봉건제와 '새로운 일본': 다시 국가의 중심이 되는 황거(皇居)

〈20년 후의 도쿄〉라는 한 편의 선전영화가 있다. 이는 1947년 도쿄도(東京都) 도시계획과가 기획한 것으로, 당시 계획과장 이시카와 히데아키(石川栄耀)가 주도하여 입안한 전재부흥계획의 취지를 남김없이 민중에게 전달하기 위한 것이었다. 〈20년 후의 도쿄〉는 다음과 같은 말로 시작된다.

사진 10. 〈20년 후의 도쿄〉, 東京都都市計画課, 1947.

영국의 위생대신이 이렇게 탄식했다고 합니다. "도시는 종이로 만들어지는 편이 좋았을 것이다. 그러면 도시가 시대에 맞지 않을 때 곧바로 태워버리고 다시세울 수 있으니 말이다. 돌이나 철로 만들어진 도시만큼 성가신 것은 없다."
영국의 위생대신이 부러워할 만한 찬스가 우리나라에 찾아왔습니다. 새로운 시대에 상응하는 새로운 형태의 도시를 만들어내기 위한 절호의 찬스. 어느 나라든 바라마지 않던 절호의 찬스. 이 천재일우의 기회를 허무하게보내 버린다면, 우리 일본인은 이번에야말로 정말 구제하기 어려운 열등민족이라고 세계 속의 비웃음거리가 되고 말 것입니다.

이 내레이션은 〈사진 10〉과 같이 불타버린 들판을 상공에서 찍은 영상을배경으로 하여 흘러나온다. 여기서 전해지는 전재부흥계획이란, 1945년 3월의 도쿄대공습 직후부터 내무성 국토국 계획과장인 오하시 다케오(大橋

武夫)의 지령에 따라 검토되기 시작한 '도쿄부흥계획'을 발단으로 한다. 그리고 같은 해 8월 15일 「종전 조서」가 라디오에서 흘러나오기 며칠 전부터 본격적으로 계획 입안이 개시되었다. 그 부흥계획의 중심인물이 이시카와 히데아키이다. 이 장에서는 전재부흥계획 입안의 경위나 계획자인 이시카와 히데아키라는 인물에 대한 상세한 검토는 하지 않지만, 논의의 전제로서 이 계획의 원류에 일본의 도시계획사상 중요한 두 개의 계획이 있다는 점은 확인해둘 필요가 있다.

첫째는 간토대지진 후에 입안된 '제도부흥계획(帝都復興計劃)'이다. 1923년부터 1930년까지 실시된 제도부흥계획은 타이완총독부 민정장관이자 남만주철도(만철)의 초대총재였던 고토 신페이(後藤新平)가 주도한 것이었다. 이 계획에서는 대규모 구획정리를 통한 기존 시가의 개조와 간선도로나 공원 등의 설치를 주안점으로 삼았다. 고토의 경력에서도 알 수 있듯이 일본의 도시계획은 식민지 도시경영과 강하게 결부되어 있다.[1] 이에 대해서는 뒤에서 상세히 논한다.

둘째는 도쿄녹지계획(1932~1939)이다. 이 계획은 도시의 무질서한 확대를 방지하기 위해 시가지의 외곽 지역에 녹지대(green belt)를 설치한다는 구상이었다. 중일전쟁이 격화하고 국내의 총력전체제가 정비됨에 따라, 녹화를 위한 용지 접수가 급격히 진전되었다. 공습으로 인한 화재가 도시로 번지는 것을 방지하기 위해 건물 소개지를 확보한다는 것이 접수 이유로 이용될 때가 많았으며, 특히 '기원 2600년 기념사업'(1940년) 당시에는 746*ha*가

---

1) 고시자와 아키라는 앞의 책 『도쿄 도시계획 이야기(東京都市計画物語)』에서, "고토가 근대일본 도시계획의 발전에 대해 맡은 역할을 생각하면, 식민지 도시계획이라는 것이 근대일본 도시계획의 원류의 하나라고 간주해도 좋다"고 논한다(p.324).

용지로 매수되었다.

패전 후의 전재부흥계획은 위와 같이 전전과 전시에 입안된 두 개의 도시계획으로부터 특히 다음의 세 가지를 계승했다.

① 구획정리에 의한 도시개조
② 간선도로의 설치
③ 하천변이나 철도변, 군용지 등의 녹지대화

〈20년 후의 도쿄〉에서 구획정리와 간선도로, 녹지대라는 전재부흥계획의 세 기둥은 '우애의 수도(①)/즐거운 수도(②)/태양의 수도(③)'로서의 "민주적이고 새로운" 도쿄를 건설하기 위한 구체안으로 제시된다.

위와 같이 명백한 계획의 연속성에도 불구하고 영화의 내레이션은 이 계획이 "봉건적"인 도시에서 "민주적이고 문화적"인 도시로의 이행을 촉진한다고 설명한다. 전쟁의 결과인 도시의 잿더미를 도시 부흥을 위한 백지로 포착하고, 거기에 그려지는 전재부흥계획을 과거와 단절된 새로운 것으로 제시하여 "시대에 부합"하는 "민주적"인 도시계획으로 평가하는 것이다.

하지만 영화에서 사용되는 설명을 잘 들어보면, 전전·전시기 도시계획과의 관련성을 모르더라도 그 내용이 모순됨은 알 수 있다. 예를 들면, 서두의 잿더미 장면 뒤에 일본의 수도 도쿄가 "성 주변을 둘러쌀 뿐"인 봉건적인 도시구조였다고 하면서, 그것이 "비극"을 불러일으켰다고 말한다. 이 '비극'이 무엇을 가리키는지는 구체적으로 이야기될 리 없다. 하지만 바로 전의 잿더미 영상과 겹쳐놓으면, '패전'이나 '전재'의 원인이 도시의 구조에 있다고 말하는 듯도 하다.

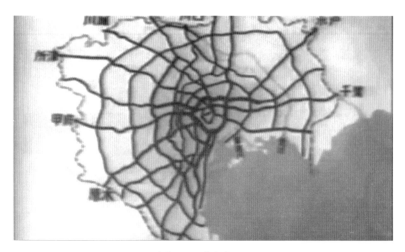

사진 11. 〈20년 후의 도쿄〉

　이 선전영화는 이처럼 '비극'을 부르는 봉건적 도시를 민주적으로 바꾸기 위해 부흥계획을 추진한다는 논리로 전개된다. 가령 '우애의 도시/즐거운 도시/태양의 도시'를 달성하는 구체적인 안을 이야기할 때, 영화는 황거(皇居)를 중심에 둔 공관구(公官區)를 둘러싼 고리형 선과 방사형 도로를 제안한다(사진 11). '영주'들밖에 들어갈 수 없는 '성'을 광장으로 만들어 시민의 교류의 장으로 만드는 것이 '우애의 도시'라고 호소하면서 정작 그 '성'이었던 황거에 관해서는 부자연스럽게 언급을 피한다는 느낌이 든다. 봉건적 도시구조가 비극의 한 원인이라면, 당연히 '성'을 대신하는 '민주적 광장'이 중심에 놓이는 것이 논리적인 귀결일 터이다. 하지만 실제로는 황거가 전재부흥계획 속에서 다시금 수도의 중심에 놓이고, 황거에서 방사형으로 위성도시와 연결되는 도로 건설이라는 중앙집권적 도시구조가 제시된다.

　이처럼 모순된 설명의 배후에는 메이지유신 이후 이상화된 중앙집권적 도시공간을 잿더미라는 '천재일우의 기회'로써 단번에 추진하고자 하는 의도가 있음을 알 수 있다. 대신 및 관료, 그리고 계획자들 사이에서는 효율적인 도시를 꿈꾸다 세상을 떠나간 선조나 동포들에 대한 애도와 그들의 유지를 계승하는 것, 그리고 공명심이 유행했는지도 모른다. 하지만 이것을 '근대적'이라고 부른다면 몰라도 '민주적이고 새롭다'고 부르기엔 무리가 있다.

이처럼 '신일본건설'이라는 표어를 강조함으로써 과거 계획과의 연속성을 덮어버리는 은폐 속에서, 그들 스스로 '비극'이라 부르는 것을 정면으로 마주하기란 어려운 일이다. '비극'을 마주하기 위해서는 거기에 이르는 경위의 재검토가 필요하며, 제국 시대에 구상된 요소가 패전 후의 부흥에 어떻게 계승되는지를 보아야만 한다.

2. 전재부흥계획의 평가와 용지(用地) 접수

어쨌든 '민주적이고 새롭다'고 선전된 전재부흥계획은, 결과적으로 계획 전체가 완전히 실현되지는 못했다. 전재부흥계획이 좌절된 원인이라고 전형적으로 이야기되는 것은 미군을 중심으로 한 GHQ/SCAP(연합국군총사령부)의 개입이라는 사건이다. 구체적으로는 첫째로 전시에 접수한 '녹지계획' 용지가 농지해방의 대상이 되고 민간, 특히 소작농가에 넘겨진 점, 둘째로 패전 후에 나타난 터미널 역 주변 암시장에 대한 대책이 난항이었던 점,

---

* GHQ 경제고문으로 있던 미국 은행가 조지프 도지(Joseph Dodge)가 일본 경제의 안정과 자립을 위해 내린 재정금융에 관한 지시.

그리고 셋째로 1949년 도지 라인(Dodge's line)*에 따른 긴축재정으로 부흥계획 예산이 삭감되거나 삭제된 점이었다.

이러한 역사적 경위에 대해, 예를 들어 도시계획사가인 고시자와 아키라는 다음과 같이 평가한다.

일본이 식민지에서 일본 국내에는 존재하지 않은 고수준의 도시계획을 실시한 것과 반대로 미국은 점령하 일본에서 도시계획의 실시에 극히 냉담했다. (…중략…)
농지해방을 위한 공원녹지의 불하(拂下)는 근대 일본의 도시계획사상 최대의 오점이다.[2] (강조는 필자)

요컨대 위에서 고시자와는 숭고한 계획이 점령군의 몰이해로 좌절되었다고 평가한다. 하지만 현실적으로 점령기의 농지개혁은 소작농이 지주에게 예속되는 방식의 사회제도를 해체하는 역할을 했으며, 미국에 의한 민주화정책의 커다란 기둥으로 평가된다. 또한 농지개혁은 반드시 점령군 주도의 개혁만은 아니었으며 제1차 농지개혁법안은 일본 정부의 자주적인 결정이기도 했다.[3]

하지만 도시계획사에서는 오랫동안 전재부흥계획의 방해물로 점령군의

2) 越沢明, 『満州国の首都計画─東京の現在と未来を問う』(都市叢書), 日本経済評論社, 1988, pp.245-246.
3) 아메미야 쇼이치는 생산자로서의 소작인에 의존하는 식량증산을 위한 "총동원체제의 귀결로서 농지개혁이 있다"고 논한다. 따라서 제1차 농지개혁법안의 작성은 일본 정부 주도로 행해졌지만, 불충분하다고 거부되었기 때문에 정부는 다시금 소작농의 권리확충을 철저히 한 제2차 농지개혁법안을 작성하게 되었다(雨宮昭一, 『占領と改革』(岩波親書「シリーズ日本近現代史」第七巻), 岩波書店, 2008, p.54).

강권성이 거론되었다. 부흥계획이 지닌 식민지주의의 잔재나 그것을 보려 하지 않는 역사가들의 보수성에 대한 비판은 1990년대 이후 이시타 요리후사(石田賴房) 등에 의해 논의되기 시작했으나,[4] 그래도 민주화정책을 적대시하는 시선은 현재의 실무자 층에까지 침투할 정도로 강하게 남아 있다.[5] 거기에는 식민지지배에 대한 무반성, 그리고 바로 거기 기인하는 점령정책에 대한 피해자 의식이 내포되어 있다. 그렇다면 더욱더 여기서 되물어야 할 것은, 도대체 왜 '식민지'에서의 도시계획이 '고수준'의 것이 될 수 있었는가, 또한 그러한 평가는 어떤 관점으로부터 나온 것인가 하는 점이다.

고토 신페이의 '제도부흥계획'이든 전시의 '도쿄녹지계획'이든, 그것들의 최대 과제는 용지 접수였다. 예를 들어 '제도부흥계획'은 당초 계획한 규모보다 축소할 수밖에 없었다. 그 원인은 대규모 구획정리에 대한 대지주의 반대였다. 그리고 '도쿄녹지계획'에서는, 앞에서 말했듯이 총력전체제하의 기념행사를 구실로 용지 매수가 이루어졌으나 그래도 계획에 필요한 토지를 모두 갖출 수는 없었다.

한편 타이완, 조선, 그리고 만주 등의 식민지에서는 용지 매수라는 과제가 식민지정책에 의해 신속히 달성된다. 예를 들어 만주 도시계획의 토대에

---

4) 藤田弘夫, 『都市と権力―飢餓と飽食の歷史社会学』, 創文社, 1991; 石田賴房, 『未完の東京計画―実現しなかった計画の計画史』(ちくまライブラリー), 筑摩書房, 1992 등.
5) 예를 들면 고무라 겐유(甲村謙)는, 「진재부흥·전재부흥의 성과·실패와 그 반성을 돌아보며: 도쿄의 실패를 도호쿠로 가져오지 말라!」라는 동일본대지진 부흥계획에 관한 강연회에서, 〈20년 후의 도쿄〉와 전재부흥계획을 평가하며 GHQ의 정책과 그에 저항하지 않았던 자치체(도쿄도)에 계획 실패의 원인이 있다고 말한다. 1940년의 기념사업에서 접수된 746*ha*를 "소작인에게 불하해버렸다"며 '농지해방'의 부당함을 호소한다. 고무라는 간토대지진 때의 제도부흥계획을 성공 사례로 간주하고, 1923년 당시 천황의 '간토대지진 직후의 조서'가 신속한 대응이었다고 하면서, 동일본대지진의 부흥계획도 이를 본받도록 정부 주도의 '공격'적 태도를 요구한다(国土技術研究センター 編, 『JICE REPORT』第20号, 国土技術研究センター, 2011).

는 철도부속지라고 불린 만철의 선로 양측과 역을 중심으로 하는 구역의 도시경영이 있었다. 이 지역에서 경찰·군사·재판권은 일본 정부의 직할이었고 그 외 일반행정은 만철에 위임되었다. 즉, 철도부속지에서는 용지의 확보가 비교적 용이했다고 할 수 있다. 설령 본래의 토지소유자나 거주자가 있더라도 만철이 획득한 권익을 행사하는 것—쫓아내는 것—이 가능했기 때문이다.

하지만 도쿄에서는 용지 확보가 해결되지 못하고 '제도부흥계획'은 축소되었으며, '도쿄녹지계획'은 달성되지 못했다. 따라서 그 양쪽의 사상을 도입하여 완전히 실시된 만주의 각 도시, 특히 국도(國都)였던 신경(창춘)의 도시계획이 성공사례로서 도쿄전재부흥계획의 참고가 된 것이다. 즉, 원활한 용지 접수의 배경에는 강력한 권력행사가 가능한 정치적 조건(식민지경영, 총력전체제)이 필요했다.

〈20년 후의 도쿄〉에서는 바로 이 용지 확보의 문제가 초미의 과제로 제시된다.

토지, 토지, 첫째도 토지, 둘째도 토지. 또한 그 해결은 먼저 그 소유자들이 사리를 떠나 공공의 이익에 눈뜨는 것입니다.
하지만 우리 눈앞에는 여러 가지 곤란과 동시에 낡은 모든 것이 재로 변했다는 호조건(好條件)이 주어졌습니다. 그리고 우리들이 이 호기를 어떻게 이용할지를 세계 각국과 말없는 자손들이 기대 속에 지켜보고 있습니다. 토지, 토지, 화사한 도시 도쿄의 목마른 외침소리에 귀를 기울여 주십시오.

위의 인용은 영화의 마지막 장면에 보이스 오버로 흐르는 내레이션이다.

뒤이어 "고양이 이마만한 토지"도 내놓지 않는다는 야유를 받은 소유자 중에는 농지해방으로 경작지를 얻은 소작농가도 포함되었을 것이다. 그리고 여기에서 다시금 "모든 것이 재로 변한" 것을 "호조건"으로 포착하는 태도를 반복한다. 소실된 도시를 "낡은" 것이라고 하며 현재와 단절시킴으로써, "새롭고 민주적인 도시계획"과 "사리"에 구애되는 토지소유자들의 구도를 제시하는 것이다.

여기서 사용되는 수사는 과거의 도시계획과 전재부흥계획의 연속성을 담론상으로 단절시킨다. 그리고 패전 이후 농지해방의 결과인 토지 민간불하의 시간적 배치를 반전시켜, 마치 "공공의 이익"에 협력하지 않는 토지소유자를 '낡은' 것 쪽으로 떠밀어 버리는 듯한 어조를 띤다. '민주적'이고 '새롭다'는 말을 사용하여 선전되는 도시계획은, 실제로 그 자체가 '과거'로부터 헤어나지 못했음에도 불구하고 전후의 민주화정책으로 발생한 상황을 '낡은 장애물'로 포착하고 있었다.

앞에서도 말했듯이, 식민지에서 행한 '고수준'의 부흥도시계획과 점령정책으로 인한 전재부흥계획의 '좌절'이라는 도시계획사상의 평가는 계획을 입안하는 입장에서 제시된 것이다. 이러한 태도는 이미 동시대의 〈20년 후의 도쿄〉라는 30분짜리 선전영화에 충분히 표현되었다. 도시계획자의 시점만으로 이루어진 전재부흥계획에 대한 평가는 용지 접수에서 보인 권력의 폭력성을 모두 불문에 부치고 식민지주의에 대해 무반성적인 태도를 드러낸다. 덧붙여 말하면 GHQ로부터 부흥계획 좌절의 원인을 찾는 것은 전후의 도시공간을 미국/일본이라는 관계만으로 이야기하는 것이며, 만주나 조선, 타이완 등과 같은 구식민지에서의 도시계획은 도쿄의 전재부흥계획에 알맞은 사례로 단지 이용될 뿐이다.

그렇다면 이러한 계획자들이 패전 후의 도쿄에서 배제하고자 한 것은 무엇이었을까. 오히려 거기에 주목함으로써 실제로 부흥이 직면한 문제에 접근할 수 있지 않을까.

3. 연속성을 드러내는 공간으로서의 암시장

부흥 '계획'이 아니라 실제의 전재부흥에서 큰 역할을 한 것으로 관점을 돌릴 때 떠오르는 것은, '계획'이 배제하고자 한 암시장의 존재이다.

전시기부터 도심부에서는 생산지로부터 물류가 집적되는 신주쿠(新宿)·시부야(渋谷)·우에노(上野)·신바시(新橋)·이케부쿠로(池袋) 같은 터미널 역주변이 건물 소개지라는 이유로 공지(空地)가 되었다. 앞 절에서도 말했듯이 건물 소개지는 전쟁 중 '도쿄녹화계획'의 용지 접수를 위해 강제로 확보된 곳도 많았으며, 전후 전재부흥계획을 실행하기 위해 중요한 공간으로 여겨졌다.

하지만 패전 직후 그 공지에 노점이 늘어서고 대규모의 시장이 생겨났다. 이러한 시장은 '암시장'이라고 불리며 노점시장에서 상설시장으로 정착했다. 이 때문에 역전을 정리하기 위한 행정 주도의 부흥계획이 지연되었다.

예를 들면 신바시나 신주쿠역 주변의 암시장은 도(都)가 소유한 소개 공지에 패전 직후부터 형성되었다. 농지해방으로 소개 공지가 전전의 토지소유자에게 불하된 후에도 불법점거가 이어지거나, 암시장을 구획하는 '구미

(組)' 조직이 토지소유자와 임대계약을 맺곤 했으며, 또 그 조직 자체가 토지를 불하받기도 했다.[6] 이러한 권리관계의 복잡화 역시 부흥계획에서 용지 확보를 어렵게 한 원인으로 여겨졌다.

암시장은 〈20년 후의 도쿄〉에서 "다섯 평의 토지에 다섯 평의 바라크"라거나, "도쿄는 5년도 지나지 않아 빈민굴이 되어버릴 것"이라는 등 바라크 건축물(가건물―옮긴이)의 영상과 함께 비판적으로 언급된다. 이처럼 암시장은 전재부흥의 '장애물'로 여겨지며 비난의 대상이 되었다.

도시계획사 분야 이외에서도 오랫동안 암시장은 불법적인 고가의 거래나 폭력사태로 행정을 교란하거나 사람들을 괴롭힌 '부당한 것'으로 취급되며 부흥기를 다룬 저작들에 등장했다. 하지만 최근 암시장이 전재부흥에 어떠한 역할을 했는지 재검토하는 연구가 이루어지고 있다. 예를 들면, 하라야마 호스케(原山浩介)는 "생활물자의 배급이 자주 지체되었던 종전 후의 일본에서 암시장이 유통의 조정자 역할을 했음은 사실이다"라고 하며,[7] 그것이 전후 소비자를 둘러싼 환경의 기초를 이루었다고 논한다. 또 하쓰다 고세이(初田香成)는 암시장을 기원으로 한 "시장이 뉴커머를 대도시에 동화시키기 위한 부화기(孵化器) 같은 역할을 했다고 볼 수 있다"고 논하며,[8] 암시장이 전후 개인상점 규모의 경제활동을 육성했다고 고찰한다. 이러한 연구들은 전시에서 전후로의 경제환경 이행을 촉진하는 역할로서 암시장을 바

6) 初田香成, 「新橋―サラリーマン盛り場の誕生」; 石榑督和, 「新宿―ヤミ市から生まれた副都心」, 橋本健二・初田香成 編, 『盛り場はヤミ市から生まれた』.
7) 原山浩介, 『消費者の戦後史―闇市から主婦の時代へ』, 日本経済評論社, 2011, p.11. 하라야마는 꼭 암시장을 무조건적으로 긍정하는 것은 아니지만, 정부의 암시장에 대한 애매모호한 대응이 결과적으로 주부층에 소비자운동을 일으키게 되었으며 그러한 행동을 전개하는 것이 바로 암시장이라는 공간이었다고 논한다.
8) 初田香成, 『都市の戦後―雑踏のなかの都市計画と建築』, 東京大学出版会, 2011, p.117.

라본다. 여기서 다루어지는 경제활동의 주체란 자본가나 정책결정자가 아니라, 이재민을 비롯하여 식민지나 전장에서 돌아온 인양자(引き揚げ者), 복원병(復員兵) 같은 사람들이었다.

또한, 제한된 소지금이나 물자를 가지고 전장이나 식민지에서 귀환한 사람들에게 암시장은 한층 중요했다. 시마무라 타카노리(島村恭則)는 『인양자의 전후(引揚者の戦後)』에서 인양자들이 일본에서의 생활을 재개할 때 집단 거주하며 상업 환경을 형성한 '인양자 시장'에 대해 논하며, 일본 각지에 형성된 시장이 인양자 및 그 가족과 함께 지역사회 부흥에 커다란 역할을 했다고 지적한다.[9] 인양자 시장에서도 공정가격을 따르지 않는 '암거래가'로 규제품이 판매되었으며, 따라서 이 역시 이른바 암시장의 테두리 속에 들어갈 수 있다. 암시장은 패전으로 제국이 와해됨에 따라 해방된 식민지나 점령지로부터 오랜 고난의 길을 건너 돌아온 사람들의 밑받침 역할을 한 것이다.

앞서 〈20년 후의 도쿄〉에서는 암시장의 바라크 건축물이나 그 토지 사용에 대해 비판했다고 말했지만 암시장이 가져다준 것, 즉 패전 후에 새롭게 형성된 번화가에 대해서는 아주 모호하게 표현한다. 오지(王子)·이케부쿠로·고탄다(五反田)·오모리(大森) 등은 신번화가로 소개되며 역전의 영상과 함께 제시되지만, 그 영상에는 암시장임이 분명한 노점상 무리가 다수 비쳐진다(사진 12). 이러한 신번화가의 발생에 대해 〈20년 후의 도쿄〉는 "환영할 만한 현상이라 해도 좋겠지요"라고 말하면서도, 암시장이 그 번화가 형성의 원인임은 언급하지 않는다. 따라서 암시장과 부흥의 관계성에 대해 언급하는 일은 없다.

---

9) 島村恭則, 「引揚者が生みだした社会空間と文化」, 島村恭則編, 『引揚者の戦後』(叢書「戦争が生みだす社会」第2巻), 新曜社, 2013.

사진 12. 〈20년 후의 도쿄〉

　결과적으로, 역전 암시장/신흥 번화가의 정리에 난항을 겪은 것이 한 원인이 되어, 전체적인 부흥계획은 좌절되고 말았다. 하지만 이 계획이 완전히 소멸한 것은 아니고 이시카와 히데아키의 주도 아래 부분적으로 계속되었다. 즉 1949년 이후 '전재부흥 토지구획정리사업'이라 하여, 암시장으로부터 발생한 시장의 이전작업을 노점업자와의 개별적 절충을 통해 실시한 것이다. 〈20년 후의 도쿄〉에서 선전한 행정 주체의 대대적인 '민주적' 도시계획과는 또 다른 형태로, 부흥은 이처럼 민간 상업주가 주체가 되는 이전(移轉) 사업으로 변모했다.[10]

----

10) 이 '전재부흥 토지구획정리사업'에 대해 많은 도시론자가 '단지 이전작업에 그쳤다'고 낮은 평가를 내리고 있지만, 하쓰다 고세이는 앞의 책 『도시의 전후(都市の戰後)』에서 오히려 이 구획정리사업이야말로 전후 도쿄를 형성한 중요한 요소이며 사업자와의 개별 대응을 끈질기게 이행했다는 점에서 이시카와 히데아키에 대한 적극적인 평가의 가능성이 있다고 논한다.

전재부흥이란 전쟁으로 인한 여러 가지 피해로부터 회복하고 새로운 출발을 도모하는 것이다. 거기에는 미래지향성이 마땅히 존재해야 한다. 하지만 재출발의 프로세스에서 과거를 마주볼 것인가 아니면 깨끗이 잊어버릴 것인가, 둘 중 어느 쪽을 택하느냐에 따라 부흥의 실상은 완전히 달라져 버린다. 특히 계획자들 또는 그 계획을 긍정적으로 평가하는 자들에게는 식민자·점령자로서의 과거를 마치 없었던 일처럼 망각하는 쪽이 가장 안락한 선택임은 분명하다. 〈20년 후의 도쿄〉에 흐르는 내레이션이나 부흥도시계획에 대한 종래의 평가는 바로 이 망각에 의한 안락함을 택했다.

하지만 그러한 계획은 좌절되고 만다. 과거를 망각한 뒤에 성립한 안락한 도시는 허상이 되고, 과거와 현재를 잇는 가교로서의 공간인 암시장의 존재는 이 표층적인 안락함에 장애물이 된다. 이 장에서는 여기서 나아가 암시장이라는 공간을 동시대 극영화를 통해 고찰하고자 한다. 암시장이 서 사상의 중요한 공간으로 그려지는 영화작품으로는 구로사와 아키라(黒澤明) 감독의 〈들개〉(1949)가 있다. 이하에서는 이 영화에서 암시장이 맡은 공간적 역할을 분석함으로써, 암시장이 부흥계획에 가져다준 영향만이 아니라 사람들의 재출발에 가져다준 영향에 대해 고찰하고자 한다.

4. 구로사와 아키라의 〈들개〉에 나타난 암시장의 역할

영화 〈들개〉는 1949년 10월에 개봉되었지만 촬영은 1948년 7월경부터 시작되었다. 이 무렵은 마침 암시장의 형태가 노점의 집합체에서 바라크 건축

의 시장 형식으로 이행하던 시기와 겹쳐지며, 영화에는 우에노 아메야요코초(アメヤ横町)의 암시장이 등장한다. 이 암시장을 막 복원한 신참형사 무라카미(村上: 미후네 도시로三船敏郎)가 전차에서 도둑맞은 권총을 찾아 돌아다닌다.

노마 히로시(野間宏)는 〈들개〉 개봉 직후 작품에 관한 평론을 통해 영화가 묘사하는 복원병이 전후 사회에서 지니는 중요성을 강조했다. 노마는 〈들개〉가 "두 명의 복원병을 대등한 위치에 놓음으로써 우리들을 양쪽에서 공격해 들어오고 협공하여 일본의 현재 사회에 불을 지르려 한다"고 논했다.[11] 여기에서 노마가 말하는 '두 명의 복원병'이란, 무라카미, 그리고 그와 거울상 관계에 있는 유사(遊佐)라는 남자이다. 유사는 무라카미의 도둑맞은 권총을 현재 소지하고 있는 자이며, 그 권총으로 인해 강도살인범이 되고 마는 인물이다. 유사와 무라카미는 같은 세대의 인물로 모두 대륙으로부터 온 복원병이며, 복원 직후 도쿄에서 짐을 도둑맞아 무일푼이 된다는 공통의 경험을 지닌다. 하지만 그 후에 선택한 길은 서로 다른 것이었다. 유사는 자포자기로 나쁜 일에 손을 대기 시작하는 반면 무라카미는 거기에서 발을 멈추고 경찰에 취직하는 일을 택한다. 서로 다른 길을 택했지만 무라카미는 자신과 경험을 공유하는 유사를 또 하나의 자신인 것처럼 느끼고, 유사를 형사로서 쫓으면서도 그의 행위에 공감하고 마는 자신에게 갈등을 느낀다. 무라카미는 유사라는 도플갱어를 막다른 곳까지 몰아넣는 동시에 자기분열의 공포에 사로잡힌다.[12]

---

11) 野間広, 「映画『野良犬』の問題」, 『中央公論』, 中央公論社, 1949. 12.
12) 패트릭 맥코이(Patrick MacCoy)는 무라카미와 유사의 도플갱어적 관계를 언급하며 유사를 전후 도덕의 붕괴의 반영으로 파악하고, 무라카미는 전후 일본이 선택한 도덕적 국가 재건을 상징한다고 논하

미쓰히로 요시모토는 이처럼 갈등하는 무라카미와는 대조적으로 그려지는 베타랑 형사 사토(佐藤: 시무라 다카시志村喬)의 윤리관이 초월적이라고 지적한다. 하지만 사토가 지닌 형사로서의 역사성을 생각해 보면 이 초월성이 기만적인 문제를 안고 있다고 그는 논한다. 그 베테랑 형사의 역사성을 고려하며 요시모토는 사토가 집안에 꾸며 놓은 표창장에 적힌 '쇼와 7년'이라는 연호에 주목한다. 이 시대에 높이 평가된 형사였다는 사실로 미루어 그는 사토가 제국 일본이 설정한 악의 배제, 즉 '반정부활동'을 하는 지식인들을 검거하고 박해하는 일을 솔선하여 행했을 것이라고 밝힌다. 그러나 경험이 풍부한 형사라는 사토에 대한 주변의 평가가 전후의 '민주적인' 일본에서도 여전히 변치 않았다는 점에서, 사토는 파시즘을 추종했던 개인으로서의 행동의 책임을 사회의 환경 변화로 전가함으로써 윤리적 추궁을 면하게 된다는 것이다.[13] 요시모토의 논의는 바로 이 영화가 안고 있는 모순의 정곡을 찌르는 것이라고 할 수 있다. 초월적 윤리를 가장함으로써 과거와 단절하고 스스로의 주체적 안정을 도모하고자 하는 사토나 다른 선배 형사들을 비판하며 무라카미의 복원병으로서의 윤리적 갈등으로부터 가능성을 발견해내는 것은 〈들개〉에 대한 설득력 있는 독해라고 할 수 있다.

하지만 그러한 논의에 납득하면서도 한편 묻고 싶은 것은, 복원병을 전후 일본에서 소외된 피해자로서 단순히 자리매김할 수 있는가 하는 점이다. 무라카미든 유사든 전쟁 중에 제국의 병사였다는 사실에는 변함이 없으며,

지만, '전후 일본의 도덕'의 내실에 관한 논의를 특별히 전개하지는 않는다. "Two paths after defeat: postwar mentality and morality in *Stray Dog*," 東洋大学人間科学総合研究所紀要編集委員会編, 『東洋大学人間科学総合研究所紀要』7, 東洋大学人間科学総合研究所, 2007.

13) Mitsuhiro Yoshimoto, *KUROSAWA: Film Studies and Japanese Cinema*, Duke University Press, 2000, p.172.

총을 들고 적을 섬멸하는 역할을 맡고 있었다. 그리고 복원 후에 괴로운 상황에 놓인 끝에 유사가 저지른 범행은 두 명에 여성에 대한 것이며, 그중 한 명은 살해되었다. 또 한 명의 피해 여성은 결혼자금을 빼앗겼다. 이러한 유사의 폭력성을 불문에 부치고 복원병에게서 가능성을 찾을 수 있는 것일까. 또한 '오긴(お銀)'이라고 알려진 소매치기가 권총을 훔친 것을 가지고 무라카미의 남성성을 거세하는 해방된 전후 일본 여성의 표상으로 파악하는 논의 또한 의문을 불러일으킨다.[14] 오긴이든 권총을 인도하는 창구 역할을 하는 여자든, 모두 혼다(本多)라는 남성 딜러에게 이용당하는 존재이다. 무라카미에게 체포된 여자가 경찰서로 연행될 때 "빨리 어디에든 처넣어 달라구…… 왜 이렇게 더운 거야, 여긴 완전 찜통이잖아!" 하고 하소연하거나 마지막에 "별 큰일도 아닌 걸……"[15] 하며 투덜거리는 부분을 보면, 형무소 안이든 밖이든 그녀의 현재 상황에는 별 차이가 없을 것임을 읽어낼 수 있다.

복원병이 피해자로 여겨질 때 그들로부터 피해를 입은 다른 사람들은 망각될 수밖에 없다. 〈들개〉의 마지막 부분 중 사토와 무라카미가 병원에서 나누는 대화 장면을 근거로 무라카미의 유사에 대한 이해 불가능성을 거론하고 이로써 복원병의 윤리적 갈등을 호의적으로 평가할 수 있을지도 모른다. 하지만 결국 무라카미가 유사를 체포함으로써 과거의 사토처럼 경찰 고위층으로부터 표창을 받고 또한 사토의 말을 따라 무라카미가 얼굴을 들어 하늘을 올려다보면서 서사가 종결된다는 점을 상기할 필요가 있다. 그 부분에서는 오히려 무라카미의 행동과 배후에 흐르는 멜로드라마적인 음악이 서로 어우러지며 베테랑 형사 사토의 "유사 같은 놈 따위 자연스레 잊어버

14) *Ibid*, p.175.
15) 黒澤明, 『全集黒澤明』 第2巻, 岩波書店, 1987, pp.173-174.

릴 걸세"라는 말로 서사를 수렴시키는 것처럼 보인다. 자신이 윤리적으로 미숙하고 갈등하는 젊은 복원병이었다는 사실과 그 피해자를 망각하고 성숙한 형사로 성장한다는 결말로 독해될 수 있는 것이다.

이렇게 본다면 〈들개〉라는 작품의 가능성은 어디에 있는 것일까. 그것은 복원병이 전후 사회로부터 소외되는 상황을 그렸다는 점만이 아니라, 오히려 경찰 즉 범죄를 적발하는 쪽에 일단 몸을 둔 무라카미가 범죄자로 적발될지도 모르는 쪽에 동일화되는 과정에 있다고 볼 수는 없을까.

그렇다면 무라카미가 암시장을 배회하는 장면을 분석함으로써 무라카미라는 주체의 변용에 대해 생각해볼 필요가 있다. 우선 무라카미는 권총을 훔친 소매치기 오긴을 추궁한다. 하지만 그녀는 이미 권총을 딜러에게 넘긴 후이며, 딜러가 있는 곳을 묻자 "변두리 번화가 근처를 빈털터리 모양으로 서성이고 있으면 피스톨 상점의 호객꾼이 소매를 잡아끈다는 이야기를 들었다"고 대답한다.[16] 그리고 무라카미는 복원병으로 분하여 암시장을 헤매게 된다.

이러한 무라카미의 탐색은 수십 장의 컷과 무수한 자동차나 전차, 사람들의 목소리, 그리고 가요곡의 몽타주를 통해 표현된다. 와이프나 오버랩, 슈퍼임포지션* 등을 다양하게 사용하고 가지각색의 암시장 컷을 유동적으로 결합함으로써 외잡(猥雜)함과 떠들썩함을 표현한다. 한편, 무라카미의 신체의 단편들, 이를테면 걸어다니는 발이나 번뜩이는 눈을 클로즈업하여 곳곳에 배치함으로써 무라카미의 초조함과 피로를 드러낸다.[17] 사토 다다오

---

16) 같은 책, p.170.

* 슈퍼임포지션(superimposition): 하나의 필름 면에 두 개 이상의 영상을 합성한 화면으로 다중노출이라고도 함.

17) 요시모토는 이 몽타주가 제시하는 무라카미의 신체의 단편화가 "무라카미의 주체의 애매함을 텍스트상에 각인한" 것이라고 논한다. "the sequence inscribes the ambivalence of Murakami's subjectivity," Yoshimoto,

에 따르면 이 장면은 "최초의 예정으로는 하나의 화면을 네 개로 분할하여 그 하나하나에 신주쿠, 아사쿠사, 시부야, 우에노 등의 번화가 뒷면을 담고, 그 중심에 걸어다니는 형사의 모습을 삽입하는 방식"[18]으로 만들고자 했지만 태풍 때문에 예정대로 진행할 수 없었다고 한다. 결국 우에노의 아메야 요코초에서 촬영하게 되었는데, 당시 경계심을 보인 암시장의 영업자에게 "백미 도시락을 나눠주거나 하여" "친해졌기" 때문에 가능한 일이었다고 당시 조감독 혼다 이시로(本多猪四郎)는 말한다.[19] 이러한 일화는 모두 구로사와가 암시장의 이미지를 제시하는 데 강하게 집착했음을 말해준다. 그리고 이러한 특징적인 몽타주는 그것의 기발한 사용법과 상황설정을 위해서라기에는 이상할 정도로 길기 때문에, 많은 비평가들로부터 찬반론을 불러일으켰다.[20]

무라카미는 이 장면에서 원래 형사로서 범인의 단서를 찾고 있지만, 초조함과 폭염 속 배회로 인한 피로감 때문에 점차 암시장을 헤매고 다니는 복원병으로 변모하는 듯하다. 이러한 몽타주는 9분에 가까울 정도로 긴 것인데 크게 세 단계로 나눌 수 있다. 최초의 단계에서는 무라카미가 여기저기를 둘러보는 컷이나 클로즈업된 눈, 암시장의 빛이 이중 노출됨으로써 보는 주체로서의 무라카미와 보여지는 대상으로서의 암시장이 표현된다(사진 13). 다음 단계는 신사의 경내 같은 장소(아마 우에노의 산일 것이다)에 들어

op.cit., p.162.

18) 佐藤忠男, 「作品解題」, 『全集黑澤明』 第2卷, p.338.

19) 「製作余話」, 같은 책, p.379.

20) 사토 다다오는 『구로사와 아키라의 세계(黑澤明の世界)』(朝日新聞社, 1986, p.168)에서 이 몽타주가 영화의 가장 인상적인 장면 중 하나이며 전후 도쿄의 혼돈한 사회에 대한 찬가라고 높이 평가한다. 한편, 도널드 리치는 이를 너무나 긴 불필요한 장면이라고도 한다(Donald Richie, The Films of Akira Kurosawa, University of California Press, 1999, p.63).

사진 13. 구로사와 아키라 감독, 〈들개〉, 東宝, 1949.

사진 14. 〈들개〉

사진 15. 〈들개〉

설 때 무라카미가 길을 잃은 듯이 주변을 두리번거리는 장면에서, 미로처럼 얽힌 암시장을 반쯤 포기한 얼굴로 헤매는 부분까지이다(사진 14). 이 장면에는 암거래꾼인 듯한 남자들이 경관에 쫓기는 영상이 삽입되어 있다. 노점 사이의 좁은 통로를 메운 사람들의 무리 때문에 경관들은 쉽게 남자들을 놓쳐 버리는 듯하며, 이러한 도주극이 일상다반사라는 점이 시사된다. 최후 단계는 무라카미가 여인숙에서 묵은 뒤 다시 암시장으로 나가는 장면이다. 이 장면에서 슈퍼임포지션이 사용되는데, 여기에서는 이중노출이 아니라 삼중노출이 되어 무라카미는 더 이상 보는 주체로서가 아니라 암시장의 공간에 포위된 채 방랑하는 한 명의 복원병으로서 제시되는 것이다(사진 15).

　암시장의 몽타주가 지니는 중요성은 무라카미의 주체의 변용, 즉 제1단계―형사라는 보는 주체로부터 제2단계―암시장 공간에서 허둥대는 존재,

그리고 제3단계―포위된 비주체로 변천해 가는 과정에 있는 무라카미의 모습이 제시된다는 점에 있다. 도중에 다른 경찰관이 무라카미를 발견하고 무라카미가 경찰수첩을 제시하는 장면이 있는데 이 장면은 무라카미가 일단 자신을 경찰관으로서 자각하는 장면으로 읽을 수도 있지만, 동시에 타자의 눈에는 무라카미가 범죄자로 비친다는 사실을 증명하기도 한다는 점에서 양의성을 지닌다. 무라카미가 이러한 양의성을 획득함으로써 나이 어린 건달의 표적이 되고 권총 밀거래에 관한 이야기가 나오며 서사가 전개되는 것이다.

덧붙이자면, 복원병이 된다는 것은 무라카미에게는 단지 분장이 아니라 과거의 자신으로 돌아가는 일이기도 하다. 총을 들고 천황의 병사로서 살았던 과거가 다시 현재의 무라카미의 신체에 머무는 것이다. 그 망령 같은 과거가 빙의하는 공간이 암시장이며, 일련의 몽타주는 그러한 과거의 빙의 의식이라고 할 수 있다. 천황의 병사라는 과거가 무라카미의 신체에 머무는 것이라면, 베테랑 형사인 사토가 과거로부터 일관되게 "솜씨 좋은 형사(Good Cop)"일 수 있었던 것에서 드러나는 가해자성과 함께 무라카미에게도 제국의 병사라는 가해자성이 재귀하는 셈이다. 무라카미가 범죄자로 발견된다는 것은 심판될지도 모를 신체의 재인식이기도 한 것이다. 무라카미가 자신의 분신인 유사에게 집착하는 이유는 같은 복원병이라는 공감 때문만은 아니다. 오히려 유사가 과거로부터 계속해서 가해자로 존재한다는 점에서, 무라카미는 스스로의 가해자성을 발견하고 두려워하는 것이다.

노마 히로시는 앞의 논고에서 다음과 같이 이 영화에 대한 주석을 덧붙였다.

나는 이 영화 속에 전장의 장면을 심리적인 단편으로 길고양이의 불쌍한 모습처럼 여기저기 넣어야 했다고 생각한다. 그러면 저 유사의 통곡은 현재 일본 정부에 있는 사람들의 신체를 격렬히 관통했을 것이다.[21]

노마가 말한 것처럼 '전장의 장면'을 영화에 삽입했다면, 제국주의의 첨병으로서의 유사나 무라카미의 신체가 더욱 현재화(顯在化)했을 것이다. 그것은 결국 가해자로서의 과거가 철저하게 노정됨을 의미한다. 그러나 영화 〈들개〉에는 그러한 과거의 현실적인 영상은 존재하지 않는다. 이것은 작품의 결말에서 무라카미가 "유사를 잊어버리는" 것, 다시 말해 자기의 분신을 잊고 자신이 과거에 제국의 병사였음을 잊은 채 새로운 시대를 살아가겠다고 결의하는 것과 연결된다. 이를 〈들개〉의 서사적 한계로 지적할 수 있을 것이다.

하지만 과연 무라카미는 병사였던 자신의 과거를 잊을 수 있을까. 전시에서 전후에 걸친 병사의 출정과 귀환이라는 이동의 문제와 그 표상을 다룬 가고시마 다케시(神子島健)는 사회로 복귀할 수 없는 귀환병에 대해 다음과 같이 설명한다.

이처럼, 병사들은 전장에서만 변하는 것이 아니라 귀환 후 일반 사회로 어떻게 복귀하고 수용될 것인가에 따라서 모종의 변화를 겪는다. 사회로의 재통합이 잘 되지 않는 경우, 그것은 스스로가 귀환'병'이기 때문이라는 이해 방식이 되기 쉬우며, 한층 귀환병이라는 아이덴티티를 강화하게 될 수도 있

---

21) 野間広, 「映画『野良犬』の問題」.

다. 경우에 따라서는 전장의 자기를 기점으로 하여 지금의 자신에게 실망하거나, 부적응을 주위의 탓으로 돌릴 수도 있다. 전선에서 돌아온 병사들이 사회에 어떻게 진입하는가 하는 점 또한 (옛) 병사들의 자기 이미지를 생각할 때 중요한 논점이 되는 것이다.[22]

　무라카미는 패전 후 형사라는 자기를 획득함으로써 사회에 적응할 수 있었다. 하지만 제대로 적응하지 못할 경우 유사처럼 범죄자가 될 가능성은 언제든지 있는 것이다. 그리고 과거를 공유하는 유사는 무라카미와 거울상 관계로 맺어져 있다. 무라카미는 유사가 있는 한, '전후 일본'에 적응할 수 없었을지도 모를 자신을 항상 의식해야만 한다. 그렇기 때문에 무라카미는 유사의 체포에 심상치 않은 집착을 보인 것이다. 하지만 유사가 사라진다고 해서 무라카미의 과거가 사라지는 것은 아니다. 무라카미가 자신의 전후 사회로부터의 일탈을 느낄 때, 병사로서의 과거는 다시 그에게 돌아올지 모른다.
　과거 제국의 병사라는 가해자성이 무라카미에게 재귀한 것은 암시장을 배회했을 때이다. 암시장이라는 공간은 그를 심판될지 모를 존재로 다시금 위치시킨다. 그것은 암시장이라는 공간이 전시에서 전후로의 가교 역할을 하는 공간이라는 점과 밀접히 결부되어 있다. 이미 〈20년 후의 도쿄〉를 통해 논한 것처럼, 도쿄의 전재부흥계획을 추진할 때 사용된 수사는 과거의 망각/단절을 통해 '새로움'을 연출하는 것이었다. 하지만 그러한 전재부흥계획은 암시장이라는 '장애물'로 인해 그 시행에 차질을 빚는다. 마찬가지로, 〈들개〉에서도 암시장은 무라카미에게 과거의 망각을 허락하지 않고 그

22) 神子島健, 『戦場へ征く, 戦場から還る—火野葦平, 石川達三, 榊山潤の描いた兵士たち』, 新曜社, 2012, p.86.

것을 상기시키는 것으로 존재한다.

전재부흥계획이 이상으로 삼았던 것과 같이 황거를 중심에 두고 방사형으로 뻗은 중심가와 동심원 형태의 고리형 선으로 구성된 정연한 도시공간과 대조적으로, 무라카미가 섞여 들어간 암시장은 미로처럼 그를 에워싸고 현재와는 다른 시공간으로 불러들인다. 그곳은 경찰관이 암거래꾼을 놓쳐버린 것처럼 중앙권력이 전혀 기능하지 않는 공간인 것이다. 〈들개〉라는 영화는 암시장의 몽타주를 통해 그러한 부흥기 도시공간의 실제 모습을 부조한다. 중앙권력이 그 힘의 연장을 목적으로 세운 계획을 아무리 선전하더라도, 현실의 부흥은 그 계획과는 다른 형태로 진행된다. 그러한 모습을 〈들개〉라는 영화는 보여주고 있다.

5. 소결

이 장에서는 패전 직후 도쿄의 전재부흥 양상을 두 편의 영화와 함께 고찰했다. 하나는 도쿄도 도시계획과가 제작한 선전영화 〈20년 후의 도쿄〉이며, 또 하나는 구로사와 아키라가 우에노의 암시장을 무대로 제작한 〈들개〉이다.

〈20년 후의 도쿄〉에서 보여준 것은 '민주적' 도시계획이라는 말로써 제국주의의 경험으로부터 이어진 도시계획의 계보를 은폐하고, 과거와의 단절을 가장함으로써 스스로의 정당성을 호소하는 계획자 측의 태도이다. 하지만 그러한 기획은 실제로 전재부흥을 재촉한 암시장이라는 현상 앞에서 좌절하게 된다.

암시장은 도쿄의 도시공간에서, 전시체제로부터 전후 사회로의 이행을 가능하게 하고 조정하는 역할을 담당했다. 또한 그로 인해 도시부의 새로운 번화가가 탄생하게 되었다. 영화 속에서 제시되는 것처럼 암시장을 도시계획의 장애물로 인식하는 담론은 신흥 번화가의 출현이라는 실태로서의 부흥의 양상을 설명할 적절한 언어를 가지지 못하였으며, 이는 그 후 도시계획의 쇠퇴를 암시하는 것이기도 했다.

한편, 암시장을 무대로 한 영화 〈들개〉는 주인공 무라카미가 암시장에서 헤매는 시퀀스를 보여준다. 그 속에서 무라카미는 자신의 신체에 과거 병사로서의 가해자성이 재귀하도록 하고 그것을 두려워하는 것이다. 그곳에 〈20년 후의 도쿄〉에서처럼 과거를 단절시키고 스스로의 정당성을 확보하려는 기만적인 태도에 위화감을 표명하려는 모멘트가 있다.

이 장에서는 암시장이라는 공간을, 제국주의적 과거를 망각하고자 하는 담론에 위화감을 던지는 것으로서 논했다. 패전 직후의 잿더미가 단지 도시가 불탄 흔적이라는 의미만이 아니라 '신일본건설'의 무대로 재해석될 때, 그것은 거기에 작동하는 내셔널한 코드를 탈구하는 장소로서 존재하게 된다. 아무리 '백지'화하려 해도 타자에 대한 폭력을 포함한 제국의 기억이 얼룩처럼 떠오르고, 바로 그 얼룩진 공간으로서 암시장이 있다. 그것의 표상을 분석하는 일은 과거를 마주보는 일과 연결된다.

제3장
–
암시장과 인종주의
암시장의 구조와 단속 대상의 변천

　암시장(闇市)이란 무엇인가. 이 물음에 대해서는 세 가지의 답변 방식을 상정할 수 있다. 우선 패전 후 일본의 도시공간에서 양산된 실제 상업공간이나 시설의 구조에 대한 것, 다음으로 '암시장'이라는 말(기호)에 대해 고찰하는 것, 마지막으로 '암시장이란 무엇이었는가'에 대한 것, 즉 암시장이 사회에 미친 영향과 그것이 어떻게 기억되어왔는가에 대한 답변이다.

　이 세 개의 답변 방식 중, 이 장에서 다루고자 하는 바는 첫 번째와 두 번째 물음에 대한 것이다. 그런데 첫 번째 물음인 암시장의 구조에 대해서는, 이제까지 발간된 회고록이나 자서전류를 비롯하여, 학술적으로는 문화인류학, 역사학, 사회학, 건축, 도시사 등, 다양한 분야에서 접근한 암시장 관련 서적이 출판되어 있으며, 일차 자료도 방대한 양을 이루고 있다.[1] 이 장에서

---

1) 암시장에 대한 선구적 연구로는 東京焼け跡ヤミ市を記録する会・猪野健治 編, 『東京闇市興亡史』 및 松平誠, 『ヤミ市』; 『ヤミ市 幻のガイドブック』([ちくま新書], 筑摩書房, 1995)을 들 수 있는데, 최근 다시 암시장을 대상으로 하는 연구가 왕성하게 이어지고 있다. 그 예로 初田香成, 『都市の戦後』 및 橋本健

는 기본적으로 기존 연구서에서 밝혀진 내용을 개설할 것이며, 다른 장을 보완하기 위한 정보들을 중심으로 정리해 나갈 것이다. 또한 암시장에 관한 새로운 정보로서 이 장에서 제시할 수 있는 것은 두 번째 질문인 암시장이 라는 말과 암시장의 단속에 대한 것으로, 암시장의 실태를 해명하기에는 단 편적인 내용에 불과할지도 모른다. 그러나 이 책에서는 대단히 중요한 요소 이기 때문에 한 장을 할애하여 고찰하기로 한다. 또한 마지막 물음에 대한 것은 이 책 전체를 통해서 답하여 나가고자 한다.

1. '암시장'이라는 말의 기원

전시 통제경제 속의 '암(闇)'

우선 용어상의 문제부터 생각해보자. 일본어의 암시장(闇市)이라는 말은 '암(闇)'과 '시(市)'라는 두 개의 한자어로 성립되어 있다. 여기서 말하는 '암 (闇)'의 사전적 의미는, "어둡고 질서가 없음"이라는 기본적 의미에서 나아 가 "공정가격 혹은 정규 수속에 의하지 않은 것, 암거래를 하는 것, 또한 그 런 형태의 거래나 상품, 가격 등"[2]을 포함한다. 그리고 '시(市)'는 곧 시장, 그 공간을 의미한다. 이에 따라 암시장 연구에서는 암시장이라는 말을 "경제

二 · 初田香成 編, 『盛り場はヤミ市から生まれた』가 있다.
2) 日本国語大辞典第二版編集委員会 · 小学館国語大辞典編集部 編, 『日本国語大辞典 第二版』第13권, 小学館, 2012.

통제 아래에서 공적으로는 금지된 경로로 유통되는 물자, 즉 야미(ヤミ) 물자를 다루는 시장"이라고 정의하고 있다.[3] 이 정의는 '암시장'을 패전 이후의 것으로 한정하여 정의하고 있지는 않으나, '암/암거래'와 '암시장'이라는 두 개의 말의 사용법은 전전(戰前)으로 거슬러 올라가 보면 확연한 차이가 있다.

1939년에 시작된 통제경제는 이미 존재했던 '공정가격'에 의한 상품가격 통제를 전면적으로 강화하였고, 나아가 주요 식재나 생활용품을 중심으로 배급 제도를 시행했다. 암거래는 통제경제가 시작되기를 전후로 하여 이미 나타나고 있었다(「卸売商中心の闇取引懸念 綿業統制の運用困難」, 『朝日新聞』, 1939. 3. 26). 하지만 '암(闇)'과 관련된 기사가 눈에 띄게 지면을 떠들썩하게 만들기 시작한 것은 1940년대부터라고 볼 수 있다. 아시아태평양전쟁이 말기에 접어들면서 물자는 급속히 곤궁해졌으며, 그런 연유로 자유경제 상황이었다면 분명 높이 치솟았을 가격이 공정가격에 의해 억제되었기 때문에, 생산자들은 배급의 경로가 아니라 자연스레 이익이 발생되는 암거래 경로로 물자를 유통시켰던 것이다. 암거래 경로에서의 유통량이 증가하자 통제경제는 기능부전 상태에 빠져들었으며, 제국의 기둥 역할을 했던 국내 경제가 마비되는 지경에 이르렀다. 신문에서는 빈번하게 암거래가 횡행하는 것을 문제시하였으며, 정부기관도 그에 대한 자숙을 국민에게 호소하였다.

이와 같은 담론에서는 암거래의 횡행을 민중의 문제로 다루는 것이 주류였다. 그러나 실제로는 물자들이 전쟁수행을 위해 군이나 군수공장에 집중되어 있었기 때문에 군이나 정부관계자가 그것을 빼돌리는 일에 관여하

3) 橋本健二, 「ヤミ市—戦後社会の出発点」, 橋本健二・初田香成 編, 『盛り場はヤミ市から生まれた』, p.23.

는 경우가 많았고, 또 그러한 실태를 대부분의 사람들도 인지하고 있었다. 하시모토 겐지에 따르면 전쟁 말기에는 "분명한 형태를 드러낸 암시장"도 출현한 듯하지만, 총력전체제였던 당시에 길 한가운데서 시장의 형태를 이루며 당당히 거래하는 일은 어려웠기에, 대부분이 "내밀한 거래"였던 것으로 보인다.[4] 『아사히신문』, 『요미우리신문(読売新聞)』, 『마이니치신문(毎日新聞)』 등 주요 신문의 기사를 일람해 보면, 많은 기사가 '암(闇)', '암거래'라는 말을 사용하며 그와 같은 정보를 전달하고 있다. 그러나 통제경제가 개시된 이후, 사람들 사이에서 이뤄진 '내밀한 거래'가 '암/암거래'라고 불리게 된 것일 뿐, '암시장'이라는 말이 쓰이기 시작한 것은 기본적으로 패전 이후부터인 것이다.

제국 밖의 '암시장'

앞서 '기본적으로'라는 말을 사용한 이유가 있다. 실제로는 패전 이전에도 '암시장(闇市)'이라는 말을 사용한 신문이나 잡지 기사가 어느 정도 존재하기 때문이다(표 1).

이와 같은 기사들에서 흥미로운 점은 〈표 1〉에서 4번에 해당하는 예를 제외한 모든 기사가 일본의 '내지(内地)' 밖에서 부정한 거래가 이뤄지는 시장을 '암시(闇市)', 또는 '암시장(闇市場)'이라는 말을 사용하여 보고하고 있다는 것이다. 1, 2번은 메이지·다이쇼 시기의 기사인데, 1번은 '개시(開市)'를 '암시(闇市)'로 오기(誤記)하여 등록한 것, 2번의 '양암(諒闇)'은 황제나 국

---

4) 같은 책, p.10.

왕의 사망 이후, 이른바 '애도(喪)' 기간을 가리키는 말로, "암거래가 이뤄지는 시장"을 표현하는 낱말과는 직접적인 관계가 없기에 제외된다.

"암거래가 이뤄지는 시장"이라는 뜻으로 '암시장'이 쓰이게 된 것은 3번 기사 이후로, 대체로 중국의 톈진(天津)이나 충칭(重慶), 상하이(上海) 등의 도시경제 상황을 설명하는 것이다. 이 도시들에서는 일본의 중국침략 이전부터 진입해 있던 구미(歐美) 자본의 잔여와 중국 국민당이 연대하고 있었기 때문에, 일본의 경제통제가 제 기능을 발휘할 수 없었다. 대동아성(大東亞省)이 발간했던 잡지 『정보(情報)』나 『아사히신문』의 기사(1941년 1월부터 9월에 집중되어 있기에, 동일한 아사히신문사 상하이지국 정보원에 의해 작성된 기사로 추정됨)에는 그처럼 혼란스러운 시장을 가리켜 '암시장(闇市場)'이라고 부르고 있다. 1944년 기사에는 나치 독일로부터 해방된 파리에 '암시장(闇市場)'이 횡행하고 있다고 전하며 연합군에 대한 비판을 전개하고 있다.

여기서 중요한 것은 제국의 '내지'에 대해서는 거의 사용하지 않은 '암시/장'이라는 말을 '외지' 또는 외국의 시장을 비판하기 위해서 사용하고 있다는 점이다. 또한 이 말은 제국의 통제경제를 정당화하기 위해 사용되었다고도 볼 수 있다. 한 가지 부언을 하자면 중국어로 부정거래가 이뤄지는 시장은 '흑시(黑市: hēi shì)'이며, 영어로는 'Black Market', 한국어로는 '암시장(暗市場)'이라고 표현하는데, 일본어의 '암시(闇市)', '암시장(闇市場)'은 그러한 외국어의 영향을 받아 만들어졌을 가능성도 있다. 정리하자면 '암시/장'은 제국의 내부를 설명하는 말로서는 거의 쓰이지 않았고, 제국의 외부를 비난하는 배타적인 요소가 내포된 말로 사용되었던 것이다.

표 1. 패전 이전 신문·잡지에서의 "암시장(闇市)의 사용례"

	기사제목	신문명/잡지명	일자	발행형태/출판사
1	타이완 남정록 지룽가의 개시 / 가와히가시 센 특파원(台湾南征録 基隆街の闇市/河東銓特派員)	『요미우리신문』	1895.6.21.	조간
2	양암에 잠긴 조선(諒闇市の朝鮮)	『신조카이 (新女界)』	1912.9.1.	신진샤 (新人社)
3	톈진 조계지 암시장 폐쇄(天津租界闇市場閉鎖)	『아사히신문』	1941.1.23.	도쿄/조간
4	암시장 배격을 위한 간담회(闇市の排撃懇議会)	『요미우리신문』	1941.2.7.	조간
5	〈충칭잡보〉 암시장의 미화 달러 (<重慶雑報> 闇市場に於ける米貨)	『조호(情報)』	1941.5.1.	대동아성 (大東亞省)
6	국부강화와 경제공작(国府強化と経済工作)	『아사히신문』	1941.6.25.	도쿄/조간
7	영미, 법폐에 대한 지지 표명 / 머지않아 안정자금위원회(英米, 法幣支持を表明/近く安定資金委員会)	『아사히신문』	1941.9.9.	도쿄/조간
8	충칭정권의 통화반공(重慶政権の通貨反攻)	『아사히신문』	1941.9.11.	도쿄/조간
9	상하이 무역 2, 3할로 감소, 외국환 공급시행 변법의 영향 심대(上海貿易2, 3割に減少 外国為替供給施行弁法の影響甚大)	『아사히신문』	1941.9.11.	도쿄/조간
10	해외경제주보 상하이, 베를린, 뉴욕, 런던 등 각 지국소식 / 법폐안정위원회의 전도다난 (海外経済週報 上海, 伯林, 紐育, 倫敦各支局発/支法幣安定委員会の前途多難)	『아사히신문』	1941.9.14.	도쿄/조간
11	프랑스의 암시장 박멸책(フランスの闇市場撲滅策)	『외국의 신문과 잡지(外国の新聞と雑誌)』	1944.9.1.	일본독서협회
12	지금 단속을 논하며, 미국지폐 암시장 문제에 이르다(金の取締を論じ 米国紙幣の闇市場に及ぶ)	『조호(情報)』	1944.6.1.	대동아성
13	파리 탈출기 / 파리 입성한 드골에게 적색파 기총세례, 화려한 도시가 살육의 수라장으로(パリ脱出記/入城のド·ゴールに赤色派の機銃洗礼·花の都も殺戮の修羅場)	『아사히신문』	1944.9.6	도쿄/조간

※ 「聞蔵Ⅱ」(아사히신문), 「毎索」(마이니치신문), 「ヨミダス」(요미우리신문), 「잡지기사색인집성 데이터베이스 (雑誌記事索引集成データベース)」를 사용하여 검색함. 단 검색에 노출된 기사라고 할지라도 본문 중에 '암시장 (闇市)'에 관한 내용이 없는 것은 제외하였다.

사진 16. 『요미우리신문』 1945년 9월 14일.

패전 후의 '암시장'

패전 후 '암시장(闇市)'이라는 말이 사용되는 사례가 급증한다. 미군에 의한 점령이 종결되는 1952년까지 신문 및 잡지 기사를 위와 동일한 방법으로 검색해보면, 그 숫자가 수백 건에 다다른다. 패전 이전에는 고작 13건이었던 것과 비교해 볼 때 '암시장'이라는 말이 일반적으로 사용되기 시작한 것이 명백히 패전 이후라는 사실을 알 수 있다. 주요 신문지상에 가장 먼저 '암시장'이 나타난 것은 9월 14일자 「시모노세키, 조선귀국자 홍수에 시달려: 3만인이 역 앞에 운집(下関, 朝鮮帰国者洪水に悩む 三万人駅前に蝟集)」이라는 표제의 『요미우리신문』 기사이다. 이 기사에서는 귀향하기 위해 시모노세키에 모인 조선인들의 모습을 서술하는 가운데, 배를 기다리는 동안에 열린 노천시장을 "역 앞 조선식 노천시장"이라고 칭하다가, 거기서 '암거래'가 행해진다고 설명하며 '암시장'이라고 고쳐 부르기 시작한다. 게다가 사진을 첨

부하여 그 밑에는 "백일하에 시모노세키역 앞에 열린 조선식 암시장"이라는 주석을 달아두었다(사진 16). 이 기사에서 중요한 것은 조선인에 대하여 '암거래'라는 트집을 잡아 차별적 시선을 드리우고 있다는 점이다.

기사에서는 운항이 중지된 부산연락선을 기다리는 조선인을 "비위생적(不衛生)"이고 "졸지에 만들어진 개미의 방렬(放列)"이라고 묘사한다. 나아가 "전시에 일본을 받들어 준 노력에 보답하는 감사의 뜻에서" 편의를 제공한 시모노세키시 직원들을 무시한 채, "백일하에 공연히" 암거래를 자행하는 조선인은 "세계에서 그 유래를 찾을 수 없는 진귀한 매매를 하고 있다"고 말하며 명백히 조소를 던지고 있다. 한편 그들에게 암거래 물자를 불법 유통시킨 일본인의 존재에 대해서는 언급이 되더라도 비난하는 법이 없다. 뒤에서 상세히 논할 예정이지만, 패전 후 '암(闇)'에 대한 책임을 조선인에게 떠넘기는, 이른바 "제삼국인" 담론의 맹아가 암시장이 인식되기 시작함과 동시에 모습을 드러내었던 것이다.

앞서 살펴본 패전 이전의 경우와 비교하여 보면, 전후에도 '암시장'이라는 말 자체에는 외국인에 대한 배타적, 차별적인 함의가 유지되고 있음을 확인할 수 있다. 그러나 바로 어제까지만 해도 같은 제국의 신민으로서 일본인이 되기를 강요했던 조선인들에 대하여, 제국의 붕괴가 시작되자마자 일본인과 분리시켜 외부의 존재로서 바라보는 시선을 드리우고 있다는 점이 중요하다. 기실 암거래가 제국 일본의 중심부에서, 그리고 전후 일본인들 사이에서도 만연했음에도 불구하고, '암(闇)'이라는 부도덕성이 '시(市)'와 결부되어 공간화되고 그것이 주변부(外周部)로 투영되는 구조를 이루고 있었던 셈이다. 특히 전후에는 인종주의적인 뉘앙스가 한층 강화된 '암시장(闇市)'이라는 말이 유통되기 시작했다고 지적할 수 있다.

또 다른 예도 살펴보자. 1945년 9월 23일자 『마이니치신문』의 「대낮 거리에 "암시장"(白晝の街に "闇市場")」이라는 표제의 기사에는 "상식적이라고 볼 수 없는 블랙마켓(闇市場)이 당당히 횡행하고 있다"라고 적혀 있는데, 여기서도 인용부호나 영어, 괄호의 사용에서 짐작할 수 있듯, '암시장(闇市)'이 아직 신기하고 익숙하지 않으며, 외부성(외래성)을 함의한 말로 다뤄지고 있다. 또 그로부터 얼마 뒤인 1947년 5월 『법률신보(法律新報)』라는 잡지에 게재된 「암시장이라는 말(闇市といふ言葉)」에서는 "전쟁으로 만들어진 말이 아닌, 민중의 생활 속에서부터 만들어진" 말로서 '암거래(闇取引)'라는 말이 있으며, "전쟁이 끝나고 나서"는 '암시장(闇市)'이라는 말이 출현하였다고 기술하고 있다.[5] 즉 '암거래'와 달리 '암시장'이라는 말이 패전 이후에 '신어(新語)'로서 등장했다는 사실을 명확히 하였다. 한편 이 기사가 또 다른 의미에서 흥미로운 점은, 암시장이라는 말을 민중들에 의해 만들어진 말로서 긍정적으로 파악하고 있다는 것이다. 앞서 보았듯 패전 직후 '암시장'이라는 말의 이미지는, 단적으로 말해 부도덕성과 외부성이라는 두 가지로 집약된다. 그런데 여기서는 "민중의 생활"이라는 내부적인 것으로 그 이미지가 전환된다. 1945년 여름에서 47년 봄 사이에 걸쳐, 암시장의 이미지를 둘러싸고 무엇이 일어났던 것일까.

마쓰다이라 마코토(松平誠)는 『야미시장 환상의 가이드 북(ヤミ市 幻のガイドブック)』에서 암시장에는 본래 '암(闇)'이라는 한자만이 사용되었으나, 1946년 중반 즈음이 되면 가타카나로 적은 'ヤミ(야미)'가 쓰이기 시작하며, 민중의 생활에 필요불가결한 것으로 긍정적인 인식을 이루게 되었다고 논

5) 古谷網武, 「闇市といふ言葉」, 法律新報社 編, 『法律新報』, 法律新報社, 1947. 5.

했다.[6] 앞서 본 「암시장이라는 말」이라는 기사는 1947년 쓰인 것이기에, (한자인가 가타카나인가라는 표기 문제와는 무관하게) 마쓰다이라가 말한 긍정적 이미지의 '암시장'에 대해 말한 것이라고 볼 수 있겠다. 하쓰다 고세이(初田香成)는 프란게 문고*의 자료를 활용하여 마쓰다이라의 주장을 발전시킨다. 하쓰다에 의하면 '암시장'이라는 말의 사용법이 단순히 '闇'(부정)에서 'ヤミ'(긍정)으로 변화한 것이 아니라, 불법적인 '암시장'과 "데키야(テキ屋)** 두목의 견실한 통제 아래 있는 '도로노점(道路露店)'과의 구별"이 이뤄지게 되는 것으로, 후자를 긍정적인 시선으로 보게 된 것이라고 지적했다. 하쓰다는 이 구별을 다음과 같이 설명한다.

물자가 엄격히 통제되던 당시, '도로노점'에서도 물론 암거래가 이뤄지고 있었을 것이다. 다만 암거래가 거의 공공연하게 이뤄지고 있던 가운데, 암시장이라는 말이 본래의 의미로부터 멀어지며, 어떠한 측면에서 보다 불법적인 성격이 짙은 것과 그렇지 않은 것으로 나뉘어져서 인식되었던 것이다.[7] (강조는 필자)

"어떠한 측면에서 보다 불법적인 성격이 짙은 것"이란 무엇을 가리키는 것일까. 이 의문을 밝히기 위해서는 데키야에 의해 통괄되는 '도로노점'과

---

6) 松平誠, 『ヤミ市 幻のガイドブック』.

* 고든 프란게 문고(Gordon W. Prange Collection): 제2차 세계대전 이후인 1945년부터 1949년까지, 일본에서 출판된 인쇄물의 대부분을 소장하고 있는 특수 컬렉션. 민간검열지대(民間検閲支隊; CCD)가 검열 목적으로 모은 출판물로 구성.

** 데키야(的屋; テキ屋): 장터, 번화가, 축제 등 인구의 이동이 많은 곳에서 노점(露店)이나 흥행(興行)을 운영하는 업자를 가리키는 말.

7) 初田香成, 「東京の戦後復興とヤミ市」, 橋本健二・初田香成 編, 『盛り場はヤミ市から生まれた』, p.23.

그렇지 않은 '암시장'의 차이, 즉 '전후의 암시장'이라고 불리던 것이 어떻게 구성되어 있었는가에 대해 고찰할 필요가 있다.

2. 암시장의 구성

데키야(テキ屋)에 의한 암시장의 통괄

패전 이후 가장 이른 시기에 시작된 암시장의 일례로서, 신주쿠 마켓이라고 불린 신주쿠에 들어선 일군의 노점을 들 수 있다. 전전 시기부터 신주쿠를 기점으로 활동했던 데키야 조직인 오즈구미(尾津組)는 '옥음방송'이 있었던 8월 15일에서 사흘 뒤인 18일에 도쿄의 주요 신문지상을 통해 다음과 같은 광고를 내었다.

전환(転換)공장 및 기업가에게 급고! 평화산업의 전환은 물론, 그 완제품까지 우리 쪽의 자발적인 '적정가격'으로 대량 인수하오니, 희망자는 견본 및 공장원가 견적서를 지참하여 지급히 내담하시길. 요도바시구(淀橋区) 쓰노하즈(角筈) 1-854(우류가 저택 터; 瓜生邸跡) 신주쿠 마켓 간토오즈구미.[8]

군부에 군수제품을 납입했던 공장주들은 일본이 항복한 시점부터 제품

....
8) 猪野健治,「闇市解放区ことはじめ」, 東京焼け跡ヤミ市を記録する会·猪野健治 編, 東京闇市興亡史」, p.18.

의 납입처를 잃어버렸다. 이를 눈여겨보던 것이 오즈구미를 비롯한 데키야들이었다. 새로 열린 '마켓'에서는 군도(軍刀)를 생산했던 이가 부엌칼을 만들고, 군용 헬멧을 만들던 이가 냄비나 프라이팬을 만들어 팔기 시작했다. 암시장에서는 일용품 이외에도 금지 품목으로 지정되어 있던 주식용 식자재를 비롯한 많은 식료품이 거래되었다. 거기서 판매되던 식료품은 도시 교외의 농가에서 직접 들고 나온 것이거나 '가쓰기야(担ぎ屋)'라고 불리던 암상인에게 고용된 젊은이들이 전차를 이용하거나 리어카로 끌어서 운반해 온 것이었다. 이러한 상품들은 정부가 정한 공정가격과는 비교가 되지 않을 만큼의 높은 금액에 거래되었다. 1946년 1월 시점에는 많은 상품이 공정가격의 20배에서 30배에 달하는 가격에 거래되었고, 당시 고급품이었던 비누 등은 공정가격의 백배 가까이 그 가격이 치솟을 정도였다.[9] 당시 생활에 필요한 식품이나 일용품의 경우 자유롭게 매매할 수 없는 금지 품목이었으나, 정부의 배급은 늘 지연되기 일쑤였기 때문에 사람들은 매일의 생활을 암시장에 의존하지 않을 수 없었다. 10월 28일자 『아사히신문』 기사는 근속 18년에 5인 가족을 부양하는 교사가 수입이 1,400엔인 것에 반해, 지출은 2,460엔 60전이었다고 보도하고 있다. 정규적인 직업만으로는 가족을 부양할 수 없었기에, 어쩔 수 없이 암시장에서 부업을 하여 돈을 벌어야만 했던 사람들이 있었음을 짐작할 수 있다.

이렇듯 노점상들은 순식간에 도쿄의 주요 역 주변에 형성되었다. 최성기라고 논해지는 1946년 4월 시점에는 오즈구미, 와다구미(和田組), 야스다구미(安田組), 노하라구미(野原組)가 신주쿠에 각자의 이름을 내건 마켓을 갖게

9) 東洋経済新報社 編, 『戦前戦後物価総覧 昭和23年版』(東洋経済新報臨時増刊), 東洋経済新報社, 1954, pp.167-181.

되었고, 요도바시구(淀橋区; 현재의 신주쿠구 서부) 전체를 통틀어 1,810개의 노점 점포가 들어서게 되었다. 도시마구(豊島区) 이케부쿠로 연쇄상점가·이케부쿠로 전재복구 마켓의 959점포, 신바시에서는 마쓰다구미(松田組)에 의한 신생의 마켓만으로 1,500점포, 가마타구(蒲田区) 1,330점포, 아사쿠사구 1,270점포, 우에노의 히로코지(広小路)와 고가(高架) 주변을 포함한 시타야구(下谷区)의 경우는 2,225점포 등, 도쿄의 주요 역 주변에는 상당한 규모의 암시장이 전개되고 있었다는 사실을 알 수 있다.[10] 도쿄뿐만이 아니라, 교토, 오사카, 나고야, 고베, 요코하마, 센다이 등의 대도시는 물론이고, 일본의 도시공간 대부분에서 이러한 노점상들이 번성하였다.[11] 오사카의 경우 쓰루하시(鶴橋)가 최대급의 암시장으로, 하루만에 500명에서 600명이 새로이 가게를 여는 형국이었다고 전해진다.[12]

이때 암시장은 빈궁한 도시생활자에게 먹을 것을 공급하는 실질적인 역할을 하는 한편, 천정부지로 오르는 암거래 가격은 사람들의 곤궁한 생활을 사실상 더 핍박하는 것이기도 했다. 정부, 자치체뿐 아니라 매스미디어도 사람들이 암거래에 관여하는 것에 대해 자숙을 촉구하였다. 그러나 현실적인 해결책을 갖지 못한 '위'로부터의 목소리는 사람들의 생활을 개선할 수 없었으며, 단지 '암(闇)'을 악덕이라 비방할 뿐이었다.

10) 「東京鰹店商同業組合調べ」, 1946. 4(岩井弘融, 『病理集団の構造—親分乾分集団研究』, 誠信書房, 196, p.104). 신바시의 점포 수는 「露店市のからくり—東京新橋を中心として」, 日本評論新社編, 『日本評論』, 日本評論社, 1946. 7(初田香成, 「東京の戦後復興とヤミ市」)에 정리되어 있다.
11) 일본 전국에서 암시장이라고 지목되던 노점 무리(群)에 대한 일람은 中島和也·石博督和·初田香成·村上しほり, 「地方史誌から見た全国ヤミ市の概要」, 橋本健二·初田香成 編, 『盛り場はヤミ市から生まれた・増補版』, 青弓社, 2016 참조.
12) 大阪·焼跡闇市を記録する会 編, 『大阪·焼跡闇市—かって若かった父や母たちの青春』, 夏の書房, 1975, pp.41-42.

암시장을 비난하는 담론의 근본적 이론으로서는 히가시쿠니노미야 나루히코(東久邇宮稔彦)의 「일억총참회(一億総懺悔)」론을 들 수 있다. 이 유명한 논의는 천황의 「종전 조서」를 수용하여 이뤄졌다. 당시 수상이었던 히가시쿠니노미야는 회견에서 패전의 원인을 묻는 기자의 질문에 대하여 '국민도덕의 저하'를 하나의 원인으로 들었다.

더불어 국민도덕의 저하라는 것도 패전의 원인 중 하나로 생각할 수 있는 것으로, 즉 군(軍)과 관(官)은 드러내놓고, 또 국민은 은밀히 암거래를 하고 있었던 것이다. 작금의 현실에 이른 것은 물론 정부의 정책이 좋지 못했던 탓도 있지만, 국민 또한 도의를 상실한 것이 그 원인의 하나이다. 이런 연유로 나는 군관민, 국민 전체가 철저히 반성하고 참회하지 않으면 안 된다고 생각하며, 전국민이 총참회하는 것이 우리나라를 재건하는 제일보이자 우리나라의 결속을 위한 제일보라고 믿는다.[13]

여기에 "군과 관"도 "드러내놓고" 암거래를 했다고 언급은 되어 있으나, 그것이 마치 "정부의 정책"과는 무관한 일인 것처럼 논해지고 있다. 앞서 살펴본 바와 같이 전시의 암거래는 군수산업을 중심으로 하는 통제경제체제가 만들어낸 부산물 같은 것이었다. 또한 그 경제체제로 인해 '민(民)'의 생활이 곤궁해짐으로써 암거래에 의존할 수밖에 없는 상황이 만들어진 것이었다. 그럼에도 불구하고 일종의 살아남기 위한 행위였던 암거래가 "군과 관"의 그것과 동일하게 취급되며 비난의 대상이 되고, 최종적으로는 "국민

---

13) 『朝日新聞』, 1945. 8. 30.

전체"가 "도의를 상실"했던 것이라며 책임의 소재를 애매하게 한다.[14] 이로부터 암시장을 국민적 도의의 쇠퇴로서 비난하는 신문기사가 남발하기 시작한다.

당연히 전후에도 암거래에 가담했던 것은 '서민'만이 아니었다. 패전 하루 전인 8월 14일 각료회의에서 스즈키 간타로(鈴木貫太郎) 내각은 군이 보유한 물자에 대한 방출을 결정한다. 그 결정에 따라 군수물자는 그것을 각기 관리하던 지방부대의 사령관들에게 전부 맡겨지게 되었다. 형식상에는 지방자치체나 민간에 적절히 배분하기로 되어 있었으나, 민간의 경우는 유상불하를 하면서도 "불하 대금은 당장 전액을 지불할 필요 없음"이라는 애매한 명령이었다. 이러한 명령이 적절히 처리될 리가 없기에, 대량의, 그리고 거액의 군대물자가 정치가, 군인, 고급관료, 군수자본가들에 의해 무단으로 점유되었다.[15] 1년간 정부 총지출의 수십 배에 달하는 가치의 물자가 암시장으로 흘러들어감으로써, 암거래 가격도 더욱 상승하게 되었다. 전시기뿐만이 아니라 패전 후에도 "군과 관" 그리고 "정부"가 암시장에 관여한 것은 분명하였다. 이러한 상황이었기에 행정이나 경찰에 의한 제대로 된 단

----

14) 1946년 1월 1일 각 신문지상에 게재된 천황의 「연두의 조서(年頭の詔書)」에 이르면, '도의(道義)'를 저버린' 책임이 패전 후 국민에게 전가되어버린다. "생각건대 길게 이어졌던 전쟁이 패배로 종결된 결과, 우리 국민은 자칫하면 초조함에 휘둘리거나, 실의(失意)의 늪에 침윤(沈淪)할 우려가 있다. 궤격(詭激)한 풍조가 점차 확산되고 도의의 염(念)이 몹시 쇠락하여, 그에 따른 사상혼란의 조짐이 나타나고 있어 참으로 깊은 우려를 금치 못하는 바이다(惟フニ長キニ亙レル戦争ノ敗北ニ終リタル結果, 我国民ハ動モスレバ焦燥ニ流レ, 失意ノ淵ニ沈淪セントスル ノ傾キアリ. 詭激ノ風漸ク長ジテ道義ノ念頗ル衰ヘ, 爲ニ思想混乱ノ兆アルハ洵ニ深憂ニ堪ヘズ)." 「〈資料2〉新日本建設ニ関する詔書(いわゆる人間宜言)」, 小森陽一, 『天皇の玉音放送』에서 재인용. 강조는 필자.

15) '은닉물자'에 군, 관, 정치가 관여한 사항에 대해서는 ジョン·ダワー, 『敗北を抱きしめて』上, pp.124-134에 상세하다. 또 東京焼け跡ヤミ市を記録する会·猪野健治 編, 『東京闇市興亡史』, pp.32-33도 참고하였다.

속이 실행될 수 없었다.

실질적으로 암시장을 통괄하는 조직은 지역에 따라 다양하였는데,[16] 도쿄 중심에 있는 대규모의 암시장은 오즈구미와 같은 데키야 조직에 의해 통괄되는 경우가 많았다. 암시장이 개시된 당초에는 각기의 마켓이 독립하여 있었기에 서로 연락을 취하는 일도 없었으나, 1945년 10월 16일 경시청의 지도하에 '도쿄노점상동업조합(東京露店商同業組合)'이 결성되었다. 그러나 경시청의 지도가 있었다고는 하지만 경찰이 직접 통제하는 것이 아니라, 실제로는 노점 출점 희망원서 접수를 제외한 모든 관리 업무가 조합에 위임되었다. 조합의 담당자들은 데키야 조직과 친분이 있는 자들로 두루 임명되었으며, 경찰의 관할 하에 놓인 조합지부는 각 데키야 조직이 실질적으로 관리하였다. 경찰은 불법을 단속하지 않고 이 노점상조합 안에서 조직적으로 행해지는 '암거래'를 거의 묵인하는 상태였다.

노점을 짊어진 사람들의 대다수는 초보자였는데, 대부분이 전쟁의 피해로 인해 거리로 내몰린 사람들이었다. 오코우치 가즈오(大河內一男)에 의하면 전체 조합원 가운데 초보자가 79.8%였는데, 이들은 실업자 19.9%, 상업자 8.8%, 공업자 8%, 복원(復員)군인 8.3%, 군인전재유가족 10%, 전재민 36.2%, 기타 2.6%의 비율로 구성되어 있었다.[17] 노점을 시작할 때 신입 노점상은 조합의 조합비와 입회비, 그리고 자치체의 세금을 데키야 조직을 통해

---

16) 예컨대 '모리오카 후생시장(盛岡厚生市場)'의 경우, 이와테현 인양자 후생연맹(岩手県引揚者厚生連盟)이라는 조직이 주체가 되어 시장을 통괄하였고, 고베에서는 '재일외국인'이 조직을 만들어 관리하였다. 도쿄에서도 기치조지(吉祥寺)의 경우는 절과 신사가 암시장을 관리하였다(中島和也, 「引揚者マーケットの商店街形成—盛岡・桜山商店街を中心に」, 橋本健二・初田香成 編, 『盛り場はヤミ市から生まれた』, 村上しほり, 「神戸ヤミ市と繁華街の形成」, 같은 책; 井上健一郎, 「吉祥寺—転機に立つハモニカ横丁」, 같은 책).

17) 大河內一男 編, 『戰後社會の實態分析』, 日本評論社, 1950, p.229.

지불해야만 했다. 또 조합비와 입회비 이외에도 청소비를 의미하는 '진전 (塵錢; 실질적인 자릿세)'이나 '가스리(カスリ)'라고 불리는 공금(貢金)이 징수되었다. 물론 완전히 샐 틈 없는 감시망 속으로 들어가는 것은 아니었으나, 경찰 기능까지 조직에 위임된 상황이었기에, 그처럼 돈이 직접 징수되는 과정에서 부정이 빈번히 일어났다고 전해진다.[18]

이렇듯 '도쿄노점상동업조합'과 같은 노점상 조합조직이 각 지역에 결성되고, 경찰과의 절충을 통해 '공인된 암시장'이 잇달아 성립되었던 것이다.

'재일외국인'과 '제삼국인' 담론

그러나 데키야 조직에 기반한 조합에 속해 있던 사람들만이 암시장에서 장사를 했던 것은 아니다. 오코우치에 따르면 약 7만 6천 명 정도였던 도쿄의 노점상 가운데, 약 6만 명만이 동업조합에 소속되어 있었다고 한다. 나머지는 '모그리(モグリ)'라고 불리던 '감찰(鑑札)'을 지니지 않은 노점상이거나 '외국인(중국인·조선인·타이완인)'이었다. 오코우치는 '외국인'의 노점에 관해서는 조사가 되어 있지 않기에 상세한 사항은 파악할 수 없으나, 당시 그 세력의 크기는 대체로 인지되고 있었다고 전한다. '외국인'이 주체가 되는 도쿄의 노점들에 관해서는 이제까지 그 실태가 명확히 드러난 바가 없다. 그에 관한 전설적인 이야기를 담은 책[19]이나 재일타이완인, 재일조선인의 민족운동에 초점을 둔 연구[20] 등에 암시장에 대한 언급이 나오고는 있으나, 구

---

18) 長田昭, 『アメ横の戦後史―カーバイトの灯る闇市から60年』(ベスト新書), ベストセラーズ, 2006.
19) 七尾和晃, 『闇市の帝王―王長德と封印された「戦後」』, 草思社, 2007.
20) 丸川哲史, 『台湾ナショナリズム―東アジア近代のアポリア』(講談社選書メチエ), 講談社, 2010; 朴

체적인 노점이나 상인의 수 등이 기재된 바가 없고, 전국 규모의 실태조사 라고 불릴 만한 것도 찾아볼 수 없다.

한편 고베나 오사카 등은 당시부터 '외국인'의 노점이 특히 많았던 지역으로 전해지고 있는데, 예컨대『고베시사(神戸市史)』에는 "중국인, 타이완인, 조선인이 주를 이루고 있으며, 그에 일부 일본인이 가담하고 있다"고 적혀 있다. 그러나 불과 몇 페이지 뒤에 효고현 방범과(防犯課)가 1946년 1월 15일과 6월 3일에 실시한 실태조사 결과가 실려 있는데, '제삼국인'으로 불리는 경우가 많았던 타이완인, 조선인의 수를 모두 합쳐봤자 전체의 16%, 중국인을 더해도 20%에 이르지 못했다.[21] 결국 암시장 상인 중 8할 이상이 일본인이었다는 것이기에, 시사(市史)에 기술된 내용 자체 내에서 모순이 발생하는 것이다. 그 외에도 1946년 4월 14일 고베에서 실시된 암시장에 대한 일제 단속을 통해 총 130명이 검거되었는데, 그 내역을 살펴보면 일본인이 79명, 조선인 35명, 타이완인 12명, 중국인 5명이었다.[22]

나아가 오사카의『전재부흥지(戰災復興誌)』에는 오사카역, 아베노하시(阿倍野橋), 쓰루하시 암시장의 "상인 대부분이 조선인이다"라고 기록되어 있다.[23] 그럼에도 불구하고 1946년 7월에 시행된 오사카의 암시장 단속 관련 기록을 보면, 경영자 12,532명의 국적 내역은 일본인 75%, 조선인 21%, 중화민국인(타이완인 포함) 4%로 이뤄져 있다.[24] 일본인이 거의 8할 가까이 되는 수치를 기록하고 있는 것이다.

....
慶植,『解放後在日朝鮮人運動史』, 三一書房, 1989.
21) 神戸市,『神戸市史第3集 社会文化 編』, 神戸市, 1965, p.49·p.53.
22) 兵庫県警察史編さん委員会 編,『兵庫県警察史 昭和 編』, 兵庫県警察本部, 1965, p.420.
23) 大阪市,『大阪市戦災復興誌』, 大阪市, 1958, p.581.
24) 鈴木栄二,『総監落第記』, 鱒書房, 1952, p.16.

물론 당시 전국적인 인구 비율을 생각해 볼 때, 암시장 상인 중 2할 가까이를 차지했던 '외국인'의 존재가 그 공간을 체험한 일본인의 눈에는 유달리 돈보였을지도 모르겠다. 그러나 제국이 붕괴된 이후 차별과 편견으로 일자리가 극도로 제한되었던 구식민지 출신의 사람들이 암시장에서의 장사에 의존할 수밖에 없었다는 사정을 고려한다면, 그 수치는 그다지 놀랄 만한 것은 아니라고 생각된다. 게다가 이 지역들은 특히 '외국인'이 많다고 이야기되는 곳들이다. 그럼에도 불구하고 암시장 상인의 대다수가 일본인이었다면, 다른 지역의 경우는 말할 것도 없다.

게다가 고베에서 번성했던 암시장에 관해서는 최근 무라카미 시호리(村上しほり)에 의한 상세한 검토가 이뤄져, 산노미야(三宮)의 고가도로 주변 '자유시장'에서 발생했던 민족 간 절충의 실태가 밝혀졌다.[25] 무라카미에 의하면 1945년 12월부터 이듬해 봄 사이에 조선인이나 타이완인도 독자적인 민족단체에 기반한 상인조직을 결성하여 고베시나 현 경찰과의 절충을 통해 인가를 받고, 그에 의해 통괄되는 노점시장―조선인자유상인연합회에 의한 산노미야(三宮) 국제마켓, 국제총상조합(国際総商組合)의 산노미야 고가상점가―을 결성하였다고 한다. 이렇듯 유달리 '외국인'이 많았다고 하는 지역에서도 사실상 그들은 소수파였으며, 일본인 조합과 마찬가지로 행정당국 및 경찰과의 교섭을 통해 승인을 얻었다는 사실을 알 수 있다.

그러나 당시에는 조선인이나 타이완인이 GHQ로부터 '해방인민'으로 우대됨으로써, 이를 믿고 암시장에서 폭위(暴威)를 떨치고 있다는 소문이 떠돌게 되었다. 미즈노 나오키(水野直樹)에 의하면, 1945년 말부터 신문지면에

---

25) 村上しほり,「神戸ヤミ市と繁華街の形成」, pp.142-143.

서 중국인, 조선인, 타이완인을 가리켜 '제삼국인(第三国人)'이라는 말이 쓰이기 시작하였고, 1946년 7월경부터는 "정치적·사회적으로 치안을 어지럽히는 존재로서 반복적으로 지목되었다."[26] 예컨대 1946년 8월 17일 중의원 본회의에서는 일본진보당 소속 시이쿠마 사부로(椎熊三郞)가 「밀항단속 및 치안유지에 관한 긴급질문(密航取締並に治安維持に関する緊急質問)」을 통해 '제삼국인의 폭위'라는 인식을 조장하는 연설을 행하였다.

특히 종전 당시까지 일본에 거주하고 일본인으로서 생활하던 타이완인, 조선인 등이, 종전과 동시에 흡사 전승국민(戰勝国民)과도 같은 태도를 하며 그 특수한 지위, 입장을 악용하여 우리 일본의 질서와 법칙을 무시하고 방약무인(傍若無人)한 행동을 감히 이어온 것은, 실로 묵시할 수 없는 것입니다.(박수)(…중략…)
그리하여 그들은 그 특수한 지위에 의거해서 경찰력이 미치지 않는 점을 이용해 암거래를 하고 있습니다. 일본의 암거래의 근원이 그 불령한 조선인 등을 중심으로 이뤄져 있다는 것은 오늘날 일본의 상거래 및 사회생활에 미치는 영향으로 볼 때 가히 놀랄 만한 것입니다. 금지품을 대로에서 밀매한다거나, 노천을 점령한 채 경찰력을 모멸하며 대낮에 당당히 암거래를 하는 등의 행위를 우리는 더는 무시할 수 없는 것입니다.[27] (강조는 필자)

26) 水野直樹, 「「第三国人」の起源と流布についての考察」, 在日朝鮮人運動史研究会 編, 『在日朝鮮人史研究』 第30号, 緑蔭書房, 2000.
27) 「第九十回衆議院本会議三十号」 1946. 8. 17. 国立国会図書館帝国議会会議録検索システム(http://teikokugikai-i.ndl.go.jp/) [2016년 2월 10일 접속]

일본인을 포함한 누구나가 암시장에 관여하며 살고 있던 사실을 암묵적
으로 인정하면서도, 시이쿠마는 "일본의 암시장은 조선인 등이 중심을 이
루고 있다"라고 단언한다. 또 시이쿠마는 조선인이 "흉기를 소지하고 도당
을 꾸리는 등, 놀라울 정도의 흉악성을 발휘"하고 있으며, 콜레라나 장티푸
스, 이질 등의 보균자도 많다고까지 말한다. 이에 대해 당시 내무대신이었
던 오무라 세이치(大村淸一)는 "정부, 특히 치안의 책임자로서 깊은 동감의
뜻을 표합니다"라고 답하였고, 나아가 '제삼국인' 단속 강화에 노력하겠다
고 발언하였다. 이 시이쿠마의 연설에 대해 차별을 조장한다는 비판이 당시
부터 전개되었고, 특히 재일본조선인연맹(이하, 조련으로 약칭)은 도쿄 본부
의 정기대회에서 "조선의 해방을 능욕하고, 생활권을 유린하려는 의도"라
고 비판하며 반대성명문을 제출하였다.[28]

GHQ로부터 '해방인민'으로 우대된 '제삼국인'이라는 인식이 지닌 문제
점에 대해서는 이미 여러 논문에서 지적되고 있으며, 이 책에서도 제9장에
서 재일조선인의 법적 지위 규정에 관해 논의할 예정이기에, 이 장에서는
최소한의 언급만을 해둘 것이다. GHQ는 1945년 11월 1일 공포한 「초기의
기본적 지령(初期の基本的指令)」 제8항에서 조선인·타이완인을 "해방인민
(liberated people)"으로 다루고 있으면서도, 그에 바로 이어서 "필요한 경우"에
는 "적국인(敵国人)으로서"도 다룰 수 있다고 규정한다. 다음 해 4월에도 조
선인과 타이완인에 대한 단속의 권한이 일본 정부에 있음을 확인하는 각서
(SCAPIN912-A)를 내놓았다. 이는 그 해 5월의 「형사재판권 등의 특례에 관한
칙령(刑事裁判権等の特例に関する勅令)」에서 "일본인은 연합국인에 대한 재

28) 朴慶植, 『解放後在日朝鮮人運動史』, pp.119-120.

판권을 갖지 못한다"라는 결정이 알려지기 전에, 연합국인과 조선인·타이완인을 구별 짓고, 후자를 일본의 재판권내에 남겨두도록 만드는 역할을 하였다.[29] 이런 연유로, 조선인·타이완인이 '경찰력이 미치지 않는 특수한 입장에 의거하고 있다'라는 '제삼국인' 담론이 근본부터 완전히 잘못되어 있는 것이다. 이러한 사실을 충분히 알고 있을 만한 입장에 있던 (나아가 그 책임자였던) 내무대신이 '제삼국인'의 단속을 호소했던 것은 무슨 이유에서였을까.

'암시장'을 변별(辨別)하다: '제삼국인'과 '전후 일본'

미즈노 나오키는 일본 정부나 미디어에 의해 '제삼국인'이라는 말이 쓰이게 된 의도를 다음과 같이 말한다.

'제삼국인'은 연합국이나 중립국 등에 속하는 외국인이 아닌, 또 일본인과도 법적 지위가 다른 조선인, 타이완인을 가리키는 말로서 사용되어왔다고 설명하는 경우가 많다. 그러나 일본의 경찰이나 정부의 입장을 감안하자면, 그러한 분류를 지시하는 말이라기보다, 교섭의 당사자성을 부정해야만 하는 존재로서의 '제삼자'를 의미하는 말이었다고 생각할 수 있다. 일본 측은 조선인, 타이완인의 단속, 재판, 과세 등의 권한이 일본에 있다는 것을 명확히 하고자 했는데, 그에 대한 교섭 상대는 조선인, 타이완인(혹은 그 단체)이 아니라, 연합국 혹은 GHQ였다. 일본 측이 조선인·타인완인은 교섭의 당사

29) 姜徹, 『在日朝鮮人の人權と日本の法律』, 雄山閣, 1987, p.70.

자가 아니라는 의식을 품고 있었다는 것을 쉽게 추측할 수 있다. '제삼국인'은 그러한 의미에서 사용된 것이라고 봐야하지 않을까.[30] (강조는 필자)

'암시장'이라는 공간 이미지를 생각해 볼 때도, 미즈노의 이러한 지적은 중요한 참고점이 된다. 이제껏 살펴본 것처럼 암시장의 발생부터 1946년 최성기에 이르기까지, 일본인, '외국인'은 각기 동업자조합·상인조합을 조직하여 행정기관이나 경찰과의 교섭을 이뤄왔다. 이는 암시장의 발생부터 노점상들의 세력 다툼이 각지에서 빈발했기에,[31] 온당한 교섭창구를 확보하기 위한 명목에서였다. 그러나 그러한 사실에 반하여 조선인이나 타이완인을 담론상의 제삼자로 다루는 것은, 경찰 및 행정당국과 암시장(특히 '외국인') 사이의 교섭이 있었던 사실을 철저히 감추려는 의도임에 다름 아니다. 거기에는 '특권을 지닌 제삼국인'이라는 존재를 만들어냄으로써, 암거래 가격 상승에 대한 사회적 불만이 행정(기관)이 아닌 다른 곳으로 분출되도록 만드는 목적이 있었던 것이다. 미즈노가 정확히 지적한 바처럼 "'제삼국인'이라는 단어는 법적인 근거를 지닌 용어가 아니라, 일본인의 차별인식이 만들어낸 애매한 단어에 지나지 않는 것"이다.

그리고 이 차별의 구조는 앞 절에서 언급한 1946년 중반 이후 "데키야에 의해 통괄되는 도로노점"과 그렇지 않은 '암시장'을 구분 짓는 기준인 "어떠한 점에 있어 보다 불법성이 높은 것"의 한 가지 측면을 명확하게 보여준다. 즉 일본인에 의한 암시장이든 '외국인'에 의한 암시장이든 당시의 기준

---

30) 앞의 글, 「「第三国人」の起源と流布についての考察」
31) 일본인 조직과 외국인 조직 사이의 대립도 잦았기에, 1946년 7월 19일, 타이완인 그룹과 데키야 조직의 항쟁이 총격전으로까지 번지는 '시부야 사건(渋谷事件)'이 일어났다.

에서 '불법'이었다는 사실에는 변함이 없으나, '제삼국인'이라는 말이 유포됨에 따라 조선인이나 타이완인이 운영하는 암시장에 '흉악성'이 부여된 것이었다. 이렇듯 '제삼국인'이라는 말이 전후 '암시장'의 어두운 일면을 짊어지게 되는 한편, '부흥(復興) 속 서민의 활력'이라는 긍정적 '암시장'의 이미지는 일본인에 의해 독점되었다고 말할 수 있겠다.

'암시장'이라는 말이 발생 초기부터 지니고 있던 부도덕성과 외부성이라는 요소를 이제껏 제국 내부의 '신민(臣民)'으로 귀속되어 있던 조선인과 타이완인에게 뒤집어씌우는 것, 이는 곧 그들을 '전후 일본'의 외부 존재로서 밀어내는 것이었다고 볼 수 있다. '제삼국인'과 '암시장'의 관계는 '전후 일본'의 '단일민족성'을 설명하는 데 있어 중요한 역할을 떠맡게 된 것이다.

3. GHQ에 의한 암시장 단속

암시장 철거와 냉전의 영향

1947년 이후 암시장은 어떤 추이를 보였을까. 최성기를 보낸 도시공간의 암시장은 수많은 단속의 과정을 거치며 상설 시장으로 정착해갔다. 노점의 군집이었던 시장이 목조 집합건축으로 고정화됨으로써, 신규 노점상이나 임시점포 등이 줄어들고 조합에 의한 통괄이 강화되는 경향을 보였던 셈이다. "시장의 관할을 담당했던 데키야가 불필요"하게 됨으로써, 1947년 여름 즈음부터 데키야의 두목들이 공갈이나 협박 등으로 검거되는 일이 늘었고

경찰의 개입이 용이하게 이뤄지게 되었다.[32]

암시장은 물리적으로는 1949년부터 1960년대에 걸쳐서 전재부흥토지구획정리사업에 의한 대체지로의 집단이전이나 불하 등의 방식으로 정리되어 갔는데, 경제 행정상에서 암시장 단속이 일사천리로 실행에 옮겨진 것은 1948년 초 이후, 즉 GHQ가 본격적으로 자유경제 도입을 개시하려던 시기부터였다. 그 이전에도 암시장 공간에 대한 단속에 지방군정부 차원의 개입이 없던 것은 아니지만, GHQ가 직접적으로 관여하는 방식이 아니라, 대부분이 일본의 경찰조직에 위임하는 방식이었다고 볼 수 있다. GHQ의 경제과학부(ESS=Economic and Science Section)가 1945년부터 1946년 말까지 암시장에 관하여 수집한 정보 안에는 암거래 가격과 공정가격의 차이와 일본군시설에서 유출된 은닉물자의 소재 등이 담겨 있었으나, ESS의 지령으로 암시장에 대한 적발계획이 작성된 흔적은 찾아볼 수 없다.[33]

오히려 점령 초기에는 연합군 병사가 일본인과 거래를 했을 경우의 벌칙 규정이나 실제로 일어난 거래에 대한 판례를 보고하는 문서가 다수 발견된다. 일례로 GHQ 법제국(法制局; Legal Section)이 1946년 7월 16일 발행한 「화폐교환과 암거래에 대한 통제(Control of Currency Exchange and Black Marketing)」라는 문서가 있는데, 이 문서는 연합군 병사가 일본인과 금전 또는 물품을 교환하는 경우, 미국 법률의 어느 부분에 저촉되는지(구체적으로는 군법의 "Trading with the Enemy Act"에 저촉된다는 점)에 대해 해설하고 있으며, 저촉된 경

---

32) 初田香成, 「東京の戰後復興とヤミ市」, p.40·p.44.

33) Supreme Commander for the Allied Powers, Economic and Science Section, "000.5A: Crimes and Offences, Control of Black Market Activities 1945-1946," *Records of Allied Operational and Occupation Headquarters, World War II, 1907-1966* (Record Group 331). 이하 암시장 단속 관련 자료는 National Archives and Records Administration (NARA), Annex in College Park, Maryland에서 수집함.

우의 벌칙에 대해서도 설명하고 있다.[34]

이 시기 GHQ의 관심이 암시장 그 자체에 대한 단속보다도 점령군 병사의 암거래를 단속하는 데에 있었다는 것은 영상자료 속에서도 현저하게 드러난다. 예컨대 도쿄 이케부쿠로의 암시장을 적발하는 장면을 촬영한 필름인 *BLACK MARKET RAID BY THE TOKYO POLICE*에는 일본 경찰이 시장을 급습하여 상인을 검거하는 장면이 있다. 그런데 여기서 점령군 병사는 단지 촬영만을 할 뿐이며, 검거는 일본 경찰에 의해 시행되는 것을 확인할 수 있다.[35] 한편 "Black Marketing in Kyoto"라는 표제의 영상에는 지프차에 타고 있는 점령군 병사가 밖으로 손을 내밀며 일본군에게 담배를 파는 장면이 나오고, 그 뒤로 또 다른 점령군 병사가 이에 주의를 주는 장면이 이어진다. 이는 점령군 병사에게 일본인과의 상거래를 금지하는 것을 목적으로 만든 교육용 영화의 한 장면이라고 생각된다(사진 17).

그러나 1948년 6월경부터 워싱턴에서 검토되기 시작한 경제안정화계획(Economic Stabilization Program)의 수정과 1949년 3월에 발표된, 이른바 '도지 라인'이라는 정책방침은 GHQ의 암시장에 대한 태도를 변화시켰다. 이제껏 조지프 도지에 관해서는 물가상승 저지, 엔/달러 환율 고정화라는 결단의 성과 및 공과가 전후 일본의 경제부흥에 미친 영향을 중심으로 논의되어왔다. 그러나 애초에 도지 라인은 긴장을 더해가던 소련과의 냉전 구조에 일본을

---

34) "16. Violations of the Trading with Enemy Act will be punished by imprisonment for not more than ten (10) years or fine of not more than $10,000, or both." The Supreme Commander for the Allied Powers, Legal Section, "Control of Currency and Black Marketing," July 16, 1946, p.1.
35) "BLACK MARKET RAID BY THE TOKYO POLICE," Record Group 111: *Records of the Office of the Chief Signal Officer, 1860-1985. Series: Moving Images Relating to Military Activities, 1947-1964.*

사진 17. *Black Marketing in Kyoto*

경제적으로 재통합하려는 해리 트루먼의 구상을 배경으로 한 것이었다.[36]
따라서 도지의 기본방침은 자유경제를 일본에 도입하는 것으로서, 통제경제의 철폐와 더불어 화폐의 안정화, 암시장의 철거 등을 추진하게 되었다. 이러한 자유경제의 추진은 점령 초기의 뉴 딜러(New Dealer)들이 세운 '큰 정부(big government)'적 시장개입정책과 충돌을 일으켰고, 또 통제가 철폐됨에 따라 통화공급이 급속도로 감퇴되며 경기를 후퇴시켰기 때문에, 도지에 대한 비판은 당시에도 여러 방면에서 쏟아져 나왔다. 그러나 한국전쟁 발발에 따른 '특수'에 의해 이 자유주의적 정책에 대한 비판은 가라앉게 되었다.

여기서 무엇보다 중요한 것은 암시장 단속 배경에 당시 워싱턴의 외교정

---

36) "The Dodge Line was not just an economic plan, but a diplomatic stratagem to connect Japan's financial potential to the global balance of power"(Marie Thorsten and Yoneyuki Sugita, "Joseph Dodge and the geometry of power in US-Japan relations," *Japanese Studies*, 19(3), 1999, pp.297- 314).

책이 있었다는 점이다. 유럽에서 마셜 플랜(Marshall Plan)이 전개된 것처럼, 동아시아에서도 '철(鐵)의 장막'을 치기 위해 일본에 자유시장을 도입한 것이었다. 이로써 패전 후 통제정책과 그 이면의 암시장이 미국의 극동정책의 일환인 자유주의 경제 안으로 재편되어갔다.

조선인의 밀조주(密造酒)에 대한 단속과 GHQ의 조선인관

냉전의 영향은 앞서 언급한 ESS의 암시장 관련 파일 안에서도 보인다. 1948부터 1949년까지의 자료를 통괄하여 보면, 그전부터 이어져온 일본인과 점령군 병사 사이의 거래에 관한 보고 외에도, 한반도나 중국대륙에서 침입해 들어오는 선박이나 조선인의 밀조주에 관한 보고가 늘어난다.[37] 그 중 밀조주를 둘러싼 일본 경찰과 조선인의 대립에 관해서는 1949년 1월부터 GHQ 내부에서 진행된 논의가 흥미롭다. 우선 조선인의 밀조주에 대해서는, 첩보나 검열의 총본부인 G-2의 하부조직으로서 군사와 형사를 다루는 CIC(対放謀報部)가 다음과 같이 보고하고 있다.

a. 시마네현(島根県) 다카쓰(高津)에 있는 조선인 집락에 일본 경찰이 뛰어들어 밀주를 만드는 수 명의 조선인을 검거했다.
b. 그들 중에는 여성도 포함되어 있다. 오후, 공산당원과 함께 조련의 지방지부 소속의 관리가 경찰서를 방문하여 검거된 조선인의 석방을 요청했으나, 경찰에 의해 거부되었다. 그러자 밤에 약 200명 가까이의 조선인이 경

---

37) ESS "000.5A: Crimes and Offences, Control of Black Market Activities 1948-1949".

찰서를 에워싸고 돌을 던지며 석방을 요청했다. 여러 유리창이 부서졌다. 밤중에 증원된 경찰 인력이 급히 투입됨으로써 시위자들은 해산했다.

c. 경찰과 동행한 군정부 소속의 관리가 위협사격을 위해 두 발의 총을 상공에 쏘았다.[38]

이러한 사건 보고서는 일례에 지나지 않으며, 도쿄나 니가타(新潟)에서 일어난 유사한 유형의 밀조주 단속과 그에 따른 조련이나 공산당원과 경찰 사이의 분쟁을 다룬 보고가 여러 차례 이어진다. 5월 10일 ESS 내에서 이 문제에 대한 대응을 검토하였다. 대장성(大藏省)이 밀조주에 관여한 조선인의 강제송환을 제안한 것에 대하여, ESS는 "법제국(法制局)과의 간단한 협의를 통해, 우리는 일본 정부가 특정 인물을 강제 송환하려는 것을 허가할 법이 존재하지 않음을 확인하게 되었다. 이 제안으로부터 기대할 수 있는 경제안정화 프로그램상의 이점이 정치적으로 중대한 선택을 정당화할 만큼 충분하다고는 볼 수 없다"[39]라고 회신했다. 한편 "종전 이래로 매년 22만 5천 톤의 쌀이 위법적인 주조(酒造)에 쓰이고 있다. 이는 수익 목적으로 허가된 주류산업에 할당된 쌀의 연간배급량에 4배 가까이 된다"라는 것도 G-2에 보고되었다.[40] 이에 대해 G-2는 9월 2일에 "경찰 행동에 대한 항의의 양상은 (조련의 지도하에 있는) 극좌(極左)의 조선인 집단에 의해 곧잘 일어나는 공권력에 대한 반역을 드러내는 방법"이라고 말하며, "G-2는 범죄자의 강제송

38) Supreme Commander for the Allied Powers, Military Intelligence Section, "Korean Disturbances in Shimane Prefecture," Jan 27, 1949.

39) ESS, "Report of Illegal Traffic in Liquor by Koreans Residing in Japan," May 10. 1949.

40) ESS, "Report of Illegal Traffic in Liquor by Koreans Residing in Japan," May 31. 1949.

환이 이 상황에 대처하기 위한 가장 효율적인 방법임에 동의한다"라고 ESS
에 회답하였다.[41]

이 ESS와 G-2 사이에서 교환된 보고서에는 세 가지의 중요한 점이 있다.
첫째, 패전 이후 비합법 주조에 관한 데이터는 단지 암시장에서 거래되던
술(闇酒)의 총 수량을 보여주는 것이었음에도 불구하고, 그 책임의 전부가
조선인에게 있는 것처럼 인식되었다는 점. 둘째, ESS가 조선인의 강제송환
에 대하여 부정적인 것에 반해, G-2는 적극적이었다는 점. 셋째, CIC나 G-2
가 조선인의 항의행동을 '공산당'이나 '극좌집단'의 선동으로 규정하였다는
점이다.

첫 번째 점에 관해 말할 수 있는 것은 1946년 이후 일본 정부가 선언한
'제삼국인'이라는 편견, 즉 암시장의 중심이 조선인이나 타이완인이라는 인
식에 GHQ가 동조하고 있었다는 것이다. 앞서 언급한 미즈노 나오키는 '제
삼국인'이라는 말이 정치나 미디어에서 쓰이기 시작할 시기에는 GHQ가
이 말을 사용하지 않았음을 증명하였다. 그러나 1949년이 되면 '제삼국인'
이라는 말이 쓰이지는 않더라도 그와 같은 인식을 공유하고 있었음을 알 수
있다.

다음으로 ESS와 G-2의 강제송환에 대한 인식 차이는 GHQ 내부의 대립
을 보여준다. ESS는 원래 점령 초기에 재벌 해체 등의 경제개혁을 추진한 기
관이며, 그 인원은 GHQ 안에서도 특히 리버럴한 색채가 강한 뉴 딜러들을
중심으로 구성되어 있었다. 한편 민간첩보를 담당한 G-2는 공화당계 반공
주의자인 C. A. 윌로비(Charles Andrew Willoughby)가 부장으로 있었기에 민주당

41) G-2, "Report of Illegal Traffic in Liquor by Koreans Residing in Japan," July 2. 1949.

계 리버럴파를 견제하는 등, GHQ 내부에서도 당초부터 대립이 있었다. 국제정세 변화와 함께 1946년 중간선거로 민주당에 대승한 공화당이 반공 태세를 강화하였고, 일본 점령군 내부의 세력구도 또한 그와 함께 변화해갔다.[42] 게다가 이 시기에는 이미 조지프 도지가 경제고문이 되어 경제 부문에서도 반공산주의가 표면화되었다. ESS는 자신들의 관할 문제가 정치적인 문제를 낳는 것을 회피했던 반면, G-2는 적극적으로 이를 이용하려 했던 의도가 보인다. 그리고 이 대립구조가 세 번째 점의 특징으로 연결된다.

고바야시 사토코(小林知子)는 G-2가 1948년경부터 조선인을 '공산주의에 지배된 자'로서 인식하기 시작했다고 밝혔다.[43] 한반도에 남북으로 두 개의 국가가 형성되었고 일본의 식민지시대부터 독립운동에 가담해온 지식인 대부분이 북쪽의 인민공화국을 지지했다. 일본의 조련도 그러한 운동가들에 의해 조직된 것이었기에, 재일조선인들의 생활권 보호를 위한 운동도 공산주의를 일본에서 확장하기 위한 방식으로 전개되었다. 1947년 3월 이후 밀주의 양조와 판매를 이유로 검거된 재일조선인의 수가 증대하기 시작하는 것을 확인할 수 있는데, 이는 겉으로는 밀조주 단속이었으나, 실제로는 공산주의자에 의한 선동이라는 혐의가 덧씌워진 민족운동에 대한 탄압으로 기능했던 것이다.[44]

이와 같은 암시장에 대한 GHQ의 대응을 통해 어떠한 결론을 이끌어낼

---

42) 竹前栄治, 『GHQ』(岩波新書), 岩波書店, 1983, p.101·p.198;『占領戦後史』(岩波現代文庫), 岩波書店, 2002, p.178.

43) 小林知子, 「GHQの在日朝鮮人認識に関する一考察—G-2民間諜報局定期報告書を中心に」, 朝鮮史研究会 編, 『朝鮮史研究会論文集』第32集, 朝鮮史研究会, 1994.

44) 李杏理, 「「解放」直後における在日朝鮮人に対する濁酒取締り行政について」, 朝鮮史研究会 編, 『朝鮮史研究会論文集』第51集, 朝鮮史研究会, 2013. 민족운동과 밀조주 단속에 관한 내용은 이 책의 제9장에서 논의한다.

수 있을까. 이제까지의 논의를 정리하자면, GHQ가 암시장 단속에 관여하게 된 배경에는 미·소 대립이 표면화된 동아시아에서 공산주의에 대항할 체제 구축이 필요하게 되었다는 점을 들 수 있겠다. 미국이 주도하는 자유주의 진영의 일원으로 거듭나기 위해 통제경제가 폐지됨에 따라 규제품이 없어졌기 때문에, 시장에 늘어선 상품들도 더 이상 암거래 상품이 아니게 되었다. 이렇게 암시장에서 영업하던 사람들은 그대로 상업자로 남아 전후를 살아가게 된 것이다.

한편 암시장의 또 하나의 측면으로 제시된 '제삼국인'을 둘러싼 부도덕성(흉악성)과 외부성의 이미지는 냉전구조 내에서 재편됨으로써 정치화되었다고 말할 수 있다. 1947년 '2·1 제너럴 스트라이크(二・一ゼネスト)'[*] 이후 GHQ가 초기의 민주화정책에서 반공주의에 의거한 보수정책으로 전환하는, 이른바 '역코스(逆コース)'[**]의 흐름이 일어났다. G-2는 그 흐름의 중심에 위치하여, 내무성과 공동으로 공산주의자들에 대한 탄압을 활발히 전개했다. 이미 말한 바처럼 1946년경부터 내무성은 '제삼국인' 담론을 적극적으로 이용하여 국민의 불만을 정부가 아닌 다른 편으로 돌려놓았는데, G-2에게도 이 담론은 조선인 공산주의자를 단속하는 데에도 유용했을 것이다. 이미 담론화된 '제삼국인'에 '정치적 선동'이라는 이미지를 덧씌움으로써, 재일조선인이 떠안고 있던 문제들을 일본 국외의 문제로 슬쩍 바꿔치기해버린 것이라고도 볼 수 있겠다.

---

[*] 1947년 2월 1일에 실행이 예고되었던 총동맹파업. 요시다 시게루(吉田茂) 정권을 타도하고 공산당과 노동조합 간부에 의한 민주인민정부의 수립을 목표로 했으나, 연합국군 최고사령관 맥아더의 지령에 의해 중지되었다.
[**] GHQ가 최초에 추진했던 '일본의 민주화·비군사화'라는 기치에 역행하는 정치적, 경제적, 사회적 움직임을 가리키는 말.

4. 소결: 일본의 외연(外緣)으로서의 암시장

다시 암시장이란 무엇인가라는 물음으로 되돌아가보자. 이 장에서는 '암시장(闇市)'이라는 말이 패전 후에 일반화되기 이전부터의 사용법을 살펴봄으로써, 이 말이 부도덕성과 외부성이라는 두 요소를 내포하였음을 확인했다. 그리고 이 말은 일단 패전 후에 '국민의 도의쇠퇴'를 상징하는 것으로 비난을 받으며, '암시장'의 일본화가 진행되었다. 그러나 1946년 암시장 최성기에 이르면 암시장 자체가 조직화됨으로써 행정조차도 그 조직에 의존하게 되었다. 치솟는 암시장 물가가 서민의 생활을 압박하고 경제상황에 대한 사회적 불만이 축적되자, 행정은 그 책임을 다른 곳으로 돌리고자 했다. 거기서 창출된 것이 '제삼국인'이라는 말이었다. '제삼국인이 그들의 특권을 이용하여 암시장을 석권하고 있다'라는 소문은 일본인을 부도덕의 허물로부터 구출하는 것이었으며, 그와 동시에 증오의 화살을 구식민지 출신 사람들에게로 돌리는 것이다. 즉 패전 이후 일본 속에서 또 다시 외부로서의 '암시장' 이미지가 만들어진 것이다. 미·소의 대립구도가 고착화됨에 따라 GHQ도 이 흐름을 이용하게 되었다. 일본을 재구축하여 서방세계 국가 속에 편입시키기 위해, 방해물이 될지도 모를 조선인을 외연으로 밀어내었던 것이다.

이러한 흐름을 다른 틀에서 보자면, '오족협화(五族協和)'나 '일선동조론(日鮮同祖論)'과 같은 다민족성을 지향했던 제국이 붕괴하고, 점령기를 통해 '단일민족'에 의한 '전후 일본'으로의 변신을 꾀하던 바로 그 전환점에 암시장이 있었던 것이다. 이제까지 암시장은 서민의 경제적 자립이나 계급이동을 촉진하는 공간, 즉 전후의 도시공간을 결정짓는 공간으로서 논의되어왔다. 반면, 여기서는 암시장을 국가를 구성하는 인종적 상상력이 다양성으로부터 단일성으로 전환하던 시기에 일본의 외연으로서 기능한 공간으로 제시하고자 한다.

그러나 배제된 측의 입장을 통해 보면, 암시장은 그러한 시대의 흐름에 저항한 장이기도 했다. 이하의 장에서는 암시장에서 살아온 사람들의 시선으로 패전 후 일본을 바라볼 때 비로소 드러나는, 제국 일본에서 '전후 일본'으로의 이행이라는 거대 서사 속 뒤틀림에 주목하고자 한다.

제4장
–
서사 속의 암시장

1. '전후 일본'과 암시장 표상

일본 각지의 황폐한 도시공간, 즉 '잿더미'를 새로운 도시를 그려나가기 위한 백지(白紙)로 기호화함으로써 과거를 봉인하는 것, 나아가 황거(皇居)를 중심으로 하는 근대 도시를 도쿄에 재구현하고자 한 것, 이는 곧 천황의 전쟁책임을 묻지 않음으로써 천황제를 유지하고, 신헌법 제1조에 '일본국민 통합의 상징'으로 천황을 위치시키는 '전후 일본'의 기본적 정신구조를 단적으로 보여주는 것이다. 만일 부흥도시계획이 완전히 달성되지 못한 채 좌절되었더라도, 황거가 도쿄 중심에 위치한다는 것은 메이지 이래로 변하지 않은 사실이며, 또 상징천황제가 '전후 일본'이라는 시대인식을 유지시키는 기능을 해온 것도 이미 알려진 바와 같다.[1] 그러한 의미에서 황거는 롤

---

1) 최근의 것으로는 야스마루 요시오(安丸良夫)·간 다카오키(菅孝行), 『근대 일본의 국가권력과 천황제 (近代日本の国家権力と天皇制)』(御茶の水書房, 2014)가 가장 간결하게 이 논의를 정리하고 있다. 특히

랑 바르트가 말한 것처럼 단순히 "공허한 중심"이 아니었다고 볼 수 있다.[2]

이렇게 메이지 이래 근대 일본의 궤적이 다양한 형태로 존속하게 되었지만, 역시나 패전의 의해서 무언가가 결정적으로 변해버렸다. 더군다나 그것이 항간에 선전되고 있던 '국민주권'이나 '민주주의'의 이상과는 동떨어진 무엇이라는 것쯤은 이미 많은 사람들이 직감하고 있었다. 천황제라는 근대 일본의 중심을 유지하면서도 그 너머에 더 큰 중심이 있다는 것, 패전 후 점령된 일본에서 살아간다는 것은 그러한 복잡성을 의식하는 일이었다고도 볼 수 있다. 점령이 종료되고 패전으로부터 세월이 흐름으로써 '전후 일본'이 껴안고 있던 복잡성은 차츰 의식의 저편으로 가라앉게 되었다. 그렇지만 전후 역사의 여러 대목에서 '평화국가'의 이념이 흔들릴 때마다 '전후의 기원'에 대한 되물음은 반복적으로 변주되어왔다. 암시장 표상의 역사는 그러한 '전후 일본'에 위화감을 표출한 것들의 집적이라고도 말할 수 있겠다. 이 장에서는 문학의 암시장 표상을 개괄적으로 검토함으로써, 암시장이라는 공간이 서사상에 제공하는 '전후 일본'이라는 시대인식을 비판적 관점에서 검토하고자 한다.

「전후 국가에서의 천황·천황제, 그 연명의 근거(戦後国家における天皇·天皇制、その延命の根拠)」에서 1960년대 이후의 논의를 정리하는 한편, 이데올로기 장치로서 상징천황제의 기능을 설명한다.

2) "내가 지금 말하는 도시(도쿄)에는 중요한 역설이 있다. 이 도시에는 중심부가 있지만 그 중심부는 텅 비어 있다. 이 도시 전체는 금지된 중립의 공간을 빙 둘러싸고 있다. 이곳은 나뭇잎 뒤에 숨겨져 해자의 보호를 받고 있으며, 아무도 본 적이 없는—말하자면 문자 그대로 그가 누구인지 아무도 알지 못하는—천황이 사는 곳이다. 매일 총알처럼 빠르게 정력적으로 달리는 택시들도 이 원형의 공간은 피해가며, 보이지 않는 것을 가시화한 형태인 낮은 용마루 장식은 신성한 '무(無; rien)'를 숨기고 있다." ロラン·バルト、宗左近訳、『表徴の帝国』(ちくま学芸文庫)、筑摩書房、1996, p.54(롤랑 바르트, 김주환·한은경 옮김, 『기호의 제국』, 산책자, 2008, pp.46-47).

2. 패전 직후의 문학과 암시장

'새로운 일본'에 대한 위화감

아시아태평양전쟁 패전을 계기로 그전까지 유지되었던 총력전체제는 붕괴된다. 그러나 1945년 8월 15일 정오, 이른바 '옥음방송'을 경계로 해서 일본이 갑자기 새로운 국가로 탈바꿈한 것이 아니다. 사람들은 과거의 연속으로부터 생활을 이어나가야만 했던 것이다. 패전 직후라는 시기는 정치나 경제 등 제도적인 것만이 아니라, 일본군의 은닉물자의 유통이나 구식민지 출신의 사람들에 대한 처우, 그리고 공습으로 인한 건물 소개지의 이용 등, 제국 일본의 잔여와의 절충이 물리적으로 일어났던 시기이기도 했다. 그리고 무엇보다도 '귀축미영(鬼畜米英)'이라고 외치며 싸웠던 점령군의 병사들이 존재했고, 그들은 물질적 풍요를 동반하고 있었던 것이다.

암시장이란 그처럼 제국의 잔해와 냉전을 배경으로 한 점령상황의 절충이 명백히 드러나는 공간이라고 볼 수 있다. 이러한 암시장이 지근거리에 있던 시대에 이 공간을 무대화한 작품 중에서, 최우선적으로 거론하지 않을 수 없는 작품이 이시카와 준의 「잿더미의 예수(燒跡のイエス)」[3]이다. 이 작품에 관해서는 제6장에서 상세히 논하겠으나, 여기서는 일단 지식인의 역사인식 양상을 동시대의 작품과 비교하며 고찰하고자 한다.

「잿더미의 예수」의 무대는 1946년 7월 그믐날, 우에노의 고가도로 밑 거리―현재의 아메야요코초―이다. 그 다음날로 예정된 '8·1 숙정(肅正)'이라

---

3) 石川淳, 「燒跡のイエス」, 新潮社 編, 『新潮』, 新潮社, 1946. 10(『石川淳全集』 第2卷, 筑原書房, 1989).

고 불린 전국 규모의 노점 일제단속에 대비하여, 노점상은 당일 벌이를 채우고자 동분서주하게 되고 암시장은 왁자지껄해진다.

작열하는 태양 아래, 숨이 가빠지는 흙먼지 속에, 잡초가 무성한 것처럼 한 무더기, 발(葦簀囲)을 억세게 늘어뜨린 가게들. 땅바닥 위에 이런저런 잡화(雜貨)를 늘어놓은 곳도 있고, 의료(衣料) 등을 판매하는 곳도 있으나, 대개가 먹을 것을 파는 노점들로, 그것도 주식거리를 서슴지 않고 꺼내 놓았다. 장사치는 내리쬐는 햇빛으로 시뻘게진 얼굴에 구슬땀을 흘리면서 "자, 금일 한정입니다요. 오늘 하루뿐, 내일이면 없어요"라고 소리치고, 여자의 새된 목소리도 섞이며 마구잡이로 떠들어대는 것이 살기(殺氣)가 돋을 만큼 무시무시한 광경이었다.[4]

주인공인 '나'는 야나카(谷中) 묘지로 가는 길에 암시장을 구경하고 있었다. '나'는 암시장과 거기서 일하는 사람들의 모습을 바라보며, "이전 세기(世紀)에서 살아남은, 예의 군자 나라의 백성이라고 할 만한 사람은 어디에도 보이지 않고, 어느 사람이든 간에 이 땅에 움을 트자마자 맹렬한 기세로 어른이 되어버리는, 신규 발명된 인간세계는 오늘날 이 땅의 명산물이라고 할 만하다"라고 말한다. 먹을거리를 구하러 모여든 사람들의 모습은 마치 동물의 그것과 같고, 시장은 그야말로 혼돈의 와중이다. 거기서 '나'는 "누더기와 종기, 고름"에 뒤덮인 부랑 소년을 발견하고, 그가 시장을 당당히 활보하는 모습에 경탄한다. 초라한 외양과는 다른 소년의 태도에, '나'는 소년

4) 같은 책, p.467.

이 "이제부터 잿더미의 신개지(新開地)에 만연할 인간의 시초, 즉 '사람의 아들'이라는 역할을 도맡게 될지도 모른다"라는 생각에 이른다.[5]

「잿더미의 예수」는 암시장을 서사의 무대로 그린 소설 중에서도 가장 초기의 작품으로서, 암시장이라는 공간을 통해 패전 직후 일본사회의 실태를 드러낸 작품으로 알려져 있다. 이 작품을 논해온 많은 논자들도 작품 속에서 암시장이 지니는 의미를 고려하지 않을 수 없었던 것이다. 주인공인 '나'는 부랑아를 '예수'에 빗대어가며, 암시장이라는 혼돈의 공간에서 새로운 세계의 모습을 본다. 그리고 '나'는 "인간의 시초"를 바라보며 황홀함을 느낀다. 이제까지 이 서사에 대한 대다수의 해석은 서술자인 '나'의 주관을 답습하여, 암시장을 전후 일본이 시작되는 장(場)으로서 논의하는 경향을 보이고 있다.

그러나 이 소설의 구조는 그리 단순하지 않다. 역사적 변혁의 장을 목격하게 되었다는 감상에 젖어 멍하니 있던 '나'는 부랑아가 일으킨 소동에 휘말리게 되고, 결국 암시장으로부터 추방된다. 앞서 말한 대로 패전 직후란 전시 익찬체제에서 전후체제로의 이행이라는 사회 개변(改變)의 경계에 걸친 시기이며, 암시장은 그 경계성을 무엇보다도 잘 드러내는 것이었다. 소설 속에서도 암시장에 널린 물자는 "구시대의 유물로서 이전 세기로부터 인계된" 것이라고 지적하는 부분이 있다. 그럼에도 불구하고 지식인을 자임하는 '나'는 그 암시장에서 역사의 새로운 시작을 발견하려 한다.

앞 장에서 살펴보았듯 패전 직후란 '새로움'에 호소하는 문구가 선전되던 시대이기도 했다. 광고에서 정치적 담론에 이르기까지 그것은 모든 곳에

---

5) 같은 책, p.471.

서 등장하는 낱말이었다. 이 '새로운 일본'의 상(象)은 전쟁에 매진했던 과거의 일본과 거리를 두기 위한 (또는 단절하기 위한) 발판이 되었으며, 이 발판은 '초국가주의'로 전향했던 과거로 인해 양심의 가책을 짊어지고 있던 많은 지식인들에게도 절실하게 필요한 것이었다. 그러나 '새로움'을 강조하는 것은 패전 이후에도 여전히 존속하고 있는 전전(戰前)·전중(戰中)의 잔여들을 은폐해버리는 것이 되고 만다.

「잿더미의 예수」의 주인공 '나'는 이러한 지식인의 모습을 상징하는 인물이라고 볼 수 있다. 암시장이라는 시대의 경계 영역을 무리하게 "인간의 시초"가 등장하는 장으로서 규정하려는 시선이 원인이 되어, '나'는 암시장 밖으로 추방되어 버리는 것이다. 작가 이시카와 준이 암시장이라는 공간을 통해 국가의 파탄에도 불구하고 끝까지 살아남으려는 사람들의 생명력을 드러내었다는 것은, 앞서 인용한 생생한 묘사에서도 확인할 수 있다. 그런데 그는 이를 신시대가 시작되는 장으로 역사화하려는 시선의 기만성에도 주목하고 있었던 것이다.

동시대의 다른 작가의 작품, 예컨대 오다 사쿠노스케(織田作之助)의 「세상(世相)」[6]은, 또 다른 형태로 암시장을 그린다. 「세상」의 서술자인 '나'는 패전한 해에 출판사로부터 의뢰받은 소설의 원고를 쉬이 집필하지 못하고 있는데, 어느덧 마감일자가 다가온다. 그때 '나'를 암시장으로 이끄는 역할로서 소학교 시절의 동급생인 '요코보리(横堀)'가 등장한다. 1945년 12월 28일 깊은 밤, 요코보리는 갑자기 '나'를 찾아온다. 그는 중국에서 돌아온 복원병으로, 12월 15일 오사카 역에 당도한 뒤로 역의 동쪽 출구 앞 암시장을 배회

6) 織田作之助, 「世相」, 鎌倉文庫 編, 『人間』, 鎌倉文庫, 1946. 4. 본문에 인용된 부분은 『織田作之助全集』第5巻(講談社, 1970)에 의거함.

하며 살길을 모색하고 있었는데, 사기도박에 걸려들어 5엔짜리 지폐 한 장만이 수중에 남은 신세가 되어버린다. 그러던 중에 문득 '나'를 떠올리게 되어 하룻밤 잠자리를 부탁하고자 찾아온 것이었다. 다음 날, '나'가 겨울옷과 2백 엔의 돈을 건네자, 요코보리는 그 돈을 밑천으로 사기도박을 벌일 생각으로 "자, 두고 보라고. 나도 진짜 남자가 되어 올테니"라고 큰소리를 치며 암시장으로 향했다. '나'는 요코보리가 도박에 실패할 것을 예상하고 그것을 소재로 삼아 소설 창작을 시도하지만, 이러한 낡아빠진 소설의 수법이지금 세상과 어울리지 않는다는 기분이 들어, 그만 집필을 단념해버린다. 그 후, 대 그믐날(12월 31일)에 '나'가 암시장으로 찾아가자, 요코보리는 호언장담한 대로 도박을 벌이고 있었으며, '나'의 예상과는 달리 그 도박장은 번성하고 있었다.

「잿더미의 예수」와 비교해 보면, 「세상」에서는 '역사'나 '인류'라는 추상적인 개념이 이야기되지 않고 오히려 '나'의 일상적인 모습이 그려져 있다. 암시장이 새로운 사회현상인 것처럼 이야기되는 것에 반하여, '나'는 그것을 표층적이고 "그다지 다를 바"가 없는 것, 즉 "진부한" 것이라고 생각한다. 그러나 그러한 암시장을 소설의 소재로 그리려는 자신의 시선이야말로, 영락없는 구시대의 유산임을 깨닫게 되는 것이다. 암시장을 '새로운' 것으로 바라보려는 「잿더미의 예수」 속 '나'와, 예전과 '그다지 다를 바'가 없는 것으로 바라보는 「세상」 속 '나'의 시선은 상반되는 것이다. 그렇지만 암시장이라는 눈앞의 있는 공간을 '새로운 것/변함없는 것'이라는 프레임 안에서 파악하려는 것, 그리고 그 프레임의 기만적인 성격이 서사의 진행과 함께 드러난다는 점에서 양자는 공통점을 지닌다.

이시카와 준이나 오다 사쿠노스케와 함께 동시대에 활약했던 작가인 다

자이 오사무(太宰治)의 전후 단편소설들에도 암시장이 등장한다. 「화폐(貨幣)」(『婦人朝日』1946. 2), 「메리 크리스마스(メリイクリスマス)」(『中央公論』1947. 1), 「비잔(眉山)」(『小説新潮』1947. 3), 「여류(女類)」(『八雲』1948. 4) 등이 그에 해당한다. 또한 다자이의 유작이자 미완성 작인 「굿바이(グッド・バイ)」(『朝日評論』1948. 4)에도 암거래상으로 이름을 널리 알린 여성 인물이 등장한다. 그리고 이러한 다자이의 작품들도 이시카와의 「잿더미의 예수」나 오다의 「세상」처럼 역사인식의 기만성을 드러내고 있다. 예컨대 「메리 크리스마스」는 다음과 같은 문장으로 시작한다.

도쿄는 애처로운 활기를 띠고 있었다, 라는 문장을 글의 맨 처음에 쓰게 되지 않을까 생각하며 도쿄로 다시 돌아왔건만, 내 눈에는 그 이전과 무엇 하나도 변함없는 '도쿄 생활'처럼 비춰졌다.[7]

주인공인 소설가 '가사이(笠井)'는 소개지로부터 도쿄에 막 돌아온 참인데, 소개지에서 들은 도쿄의 소식으로 인해, 이전과는 전혀 다른 정경을 보게 될 것이라고 예상하고 있었다. 그리고 그 변화된 모습을 소설의 소재로 쓰고자 마음먹고 있었음을 위의 인용을 통해 확인할 수 있다. 그러나 예상과는 달리 노점이나 포장마차(야타이)가 즐비한 '역 앞의 번화가'와 마주하자, 가사이는 "도쿄 생활"이란 "변함없는" 것임을 발견하게 된다.

이러한 가사이의 시선은 앞서 「세상」 속 '나'의 시선과 공통되는 것이라고 볼 수 있다. 게다가 「세상」의 '나'가 요코보리의 예상 밖 행동으로 인해

7) 太宰治, 「メリイクリスマス」, 『太宰治全集』第10巻, 筑摩書房, 1999, p.3.

자신의 잘못된 시선을 고치게 되는 것과 마찬가지로, 「메리 크리스마스」의 가사이도 전전부터 가깝게 지내던 귀부인의 딸과 우연히 만나게 됨으로써, 진정 "변함없는" 것은 사회를 바라보는 자신의 태도였음을 깨닫게 된다. 다만 「세상」과 다른 점은 패전 직후 사회의 상실감을 드러내고 있다는 것이다. 가사이는 그 딸이 어머니 이야기를 꺼내지 않는 것에 대해, 그녀가 자신에게 마음을 품고 있기에 어머니를 질투하는 것이라고 지레짐작한다. 그러나 사실 그녀의 어머니는 히로시마의 공습으로 이미 사망한 것이었다. 결국 제 멋대로 망상을 했다는 사실에 가사이는 부끄러워한다.

이렇듯 「메리 크리스마스」에는 과거로부터의 변화가 상실로서 제시된다. 그리고 그러한 상실을 직접적으로 가져온 것이 미군의 공습이었음에도 불구하고, 포장마차에 앉아 "전혀 센스라고는 없는 농담"을 내뱉던 신사가 돌연, 길을 걷는 미군 병사에게 "헬로, 메리 크리스마스"라고 말을 거는 모습을 본 가사이는 "해학의 웃음만이 뿜어져 나왔다." 강자에게 자학적으로 보일 만큼 아부하고 재빠른 임기응변에 능한 모습—여기서 가사이가 보았던 것은 '새로움'이라는 표층 아래에 놓인 "변함없음"이며, 그 "변함없음"은 이제까지 상실해온 것들의 무게를 망각함으로써 성립하는 것이었다. 그처럼 "센스 없는 농담"에 가사이는 도저히 웃지 않을 수가 없었던 것이다.

패전 직후의 문학작품들이 그린 암시장은 당시 선전되던 '새로운 일본' 담론에 균열을 일으킨다. 이는 과거와의 절충이 눈앞에서 일어나고 있음에도 불구하고, 그것을 '새로움'으로 덮어씌워 감추려는 사회 풍조에 대한 통렬한 비판이었다. 여기서 거론한 작품 이외에도 그러한 시대와의 어긋남을 드러내었던 작품들이 다수 존재한다. 예컨대 시이나 린조(椎名麟三) 소설 「심야의 주연(深夜の酒宴)」(『展望』 1947. 2)의 주인공 '나'는 먹을거리를 구하러 시장으로 향하였는데, 비가 오는 탓인지 하나둘 장사를 접고 있었다. 여기에 그려진 암시장 풍경은 물자가 범람하는 암시장 상(象)과는 다른, 공허한 공간인 것이다.

기존에 공산당원으로서 투옥되었던 경험이 있는 '나'는, 패전 후 '데모크라시'라는 '사상'에 놀아나고 있는 사회에 절망한다. "인간이 사상을 갖는 것은 그저 그것이 편리하기 때문인 것이지요. …… 사상 따위야 돼지에게나 먹이면 그만이지. 사상 따위, 그저 변소 간의 휴지조각이 될 겁니다."[8] '나'의 이러한 주장은 '사상'을 버리고 '육체'를 존재의 근거로서 삼을 것을 선언한 다무라 다이지로(田村泰次郎)—이 책의 제5장 참고—에게로 이어진다고 볼 수 있다.

패전 직후의 세상에 동조하지 못하고 저 홀로 남겨져버린 것만 같은 감각을 드러낸다는 점에서 「심야의 주연」은 앞의 세 작품과 공유하는 지점이 있으나, 그 세상을 희극적인 무대로 그릴 수 있을 만큼 대상화하고 있지는 않다. 그렇기에 암시장은 '나'의 공허한 내면을 반영하는 공간으로 그려지고 마는 것이다.[9]

히라바야시 다이코(平林たい子)의 「종전일기(終戦日記)」(초간 당시의 제목은 「종전일지(終戦日誌)」였음. 『中央公論』 1946. 2), 그리고 제7장에서 다룰 미야모토 유리코(宮本百合子)의 『반슈평야(播州平野)』(『新日本文学』 1946. 3-7)는 패

---

8) 椎名麟三, 「深夜の酒宴」, 『椎名麟三全集』 第1巻, 冬樹社, 1970.
9) 안도 히로시(安藤宏)는 다자이 오사무나 이시카와 준, 그리고 사카구치 안고(坂口安吾) 등, 이른바 무뢰파(無頼派)와 제1차 전후파(第一次戦後派)를 가르는 분기점으로서 '자기(自己)'를 파악하는 방식과 그에 입각한 시간의 차이를 지적하였다. 그들에게 패전 후의 풍속이란 '8·15 이전'부터 주시되어온 것이었다. 그에 반해, 전후에 자신들의 입각점을 구축해야만 했던 시이나 린조, 노마 히로시(野間宏)와 같은 전후파 작가들에게 전후 풍경은 자기 내면에서 격투를 벌이고 있는 대상이었기에, 메타적 차원에서 묘사할 수 있는 대상일 수 없었다. 安藤宏, 「交差する「自己」」, 『近代小説の表現機構』, 岩波書店, 2012.

전 이후 군 기지나 관련시설로부터 군수물자가 유통되는 상황과 그 유통과
정에 끼어들지 못하는 미망인을 그리고 있으며, 동시에 '해방'을 맞이하여
한반도로 향하는 조선인들의 행렬에서 들려오는 환성을 그리고 있다. 그야
말로 제국의 붕괴가 초래한 사람과 물자의 이동이 암시장과의 연관 속에서
제시되고 있는 것이다. 하야시 후미코(林芙美子)의 「시타마치(下町)」(『別冊小
説新潮』 1949. 4)에는 시즈오카 차(静岡茶)를 팔고 다니는 리요(りよ)라는 전
쟁 '미망인'이 주인공으로 등장한다. 그녀가 차를 파는 것, 그리고 아사쿠사
암시장에서 가까워진 남성과 식사를 하는 것은 국민의 도의쇠퇴를 상징하
는 행위가 아니라, 그다지 특별할 것 없는 일상생활의 한 장면일 뿐이다. 리
요는 홀로 자식을 떠맡게 된 미망인으로서 갖은 고초를 겪지만, 이를 견디
며 살아 나아가지 않으면 안 된다. 리요의 존재가 '암(闇)'인 것이 아니라, '전
후'라는 시대가 그녀를 '암(闇)'의 일부로서 바라보게끔 만든 것이다.

　재일조선인 작가 김달수가 패전 직후의 사회를 그린 「8·15 이후」(『新日本
文学』 1947. 8)라는 소설을 일본인 작가들의 것과 비교해보면, 또 다른 암시
장의 모습이 나타난다. 이 소설의 서두는 패전을 기점으로 제국 일본으로부
터 '해방'된 조선인들이 한반도로 귀향하는 장면인데, 하카타(博多)나 시모
노세키(下関)에서 수송선을 기다리는 사람들을 상대로 암시장이 열린 모습
이 다음과 같이 묘사되어 있다.

거기에서는 이미 떠돌이 생활에 이골이 난 사람들에 의해, 불탄 들판(燒野
原) 위에 판자나 거적으로 벽을 세우고 그을린 함석지붕을 덮어, 긴급한 수
요에 응하려는 음식점이 늘어서기 시작했다. 그리고 흥에 취한 사람들의 돈
이 그곳으로 빨려 들어가고 있었다. 그러나 그 돈을 벌어들이는 쪽도 흥에

취해 있기는 마찬가지였다. 이익 따위는 사람들의 안중에 없었다. 배가 오면 이 사람들도 뒤에 올 사람들에게 가게를 그대로 넘긴 채, 만세 소리를 들으며 현해탄을 건넌 것이다.[10]

암시장은 해방의 기쁨을 품고 조국으로 향하던 사람들이 마지막으로 밟은 일본의 땅이었던 것이다. 그러나 귀향한 사람 중에는 한반도의 정세불안이나 생활고로 인해 일본으로 되돌아온 사람들도 있었다. 소설의 마지막에 주인공인 '이영용(李英用)'은 "흉악, 2인조 권총강도 체포"라는 신문 기사에서 "도쿄도 요도바시구 ××초 12 서두용(23세)"이라는 이름을 발견한다. 요도바시구는 현 신주쿠구의 일부에 해당하는 지역으로, 거기에는 도쿄 최대 규모의 암시장이 있었다.

"암시장·범죄·조선인"이라는 이미지의 조합은, 패전 이후 이른바 '제삼국인'이라는 말이 등장함으로써 형성된 것이었다. 이를 통해 암시장에서 일어난 다양한 범죄행위를 조선인이나 타이완인에게 결부시키는 편견이 확산되었다.[11] 이영용은 암시장 속에서 살아갈 수밖에 없는 자기 동포들의 암담한 장래를 생각하며, 눈물을 흘리면서 소설의 막을 내린다.

이 소설에서 암시장은 앞서 다룬 소설들과는 또 다른 의미를 지닌 공간으로서 제시되어 있다고 볼 수 있다. 즉 일본과 조선 사이, 그 틈새로서의 암시장인 것이다. 일본의 패전 이후 재일조선인에게 암시장이란, 국가들─일본과 한반도에 형성될 두 개의 국가─사이에 머무르며, 법적 보장을 받지 못하는 "떠돌이 생활"을 이어나가기 위해 의지할 수밖에 없는 곳이었다. 김

---

10) 金達寿,「六·一五以後」,『金達寿小説全集』第1巻, 筑摩書房, 1980, p.144.
11) 이 책 제3장의 '제삼국인 신화'에 관한 논의를 참고 바람.

달수의 작품에 그려진 암시장과 재일조선인의 관계를 살펴보는 것은, 제국
일본에서 전후 일본으로의 이행이 이뤄질 때, 그 '새로운 국가'에서 배제된,
고달픈 생활을 피할 수 없었던 민족의 문제에 대한 고찰로 연결된다.[12]

GHQ/SCAP에 의한 검열

이 절의 서두에서 패전 직후라는 시대가 제국의 잔여와 점령이라는 상황
이 절충을 이룬 시대였다고 말하였으나, 문학에서 그러한 절충이 명백하게
드러나는 것은 점령군이 시행한 검열과 문학 표현의 갈등일 것이다. GHQ/
SCAP에 의한 검열은 1945년 9월 19일에 교부된 프레스 코드(Press Code)[13]에
따라 실시되었고 1949년 말까지 계속되었다. 점령 당초부터 검열의 실시가
검토되기는 하였으나 소규모로 이뤄질 예정이었다. 그러나 신문지상에 점
령군에 대한 비판적 기사가 다수 게재된 것을 위험하게 여긴 GHQ/SCAP는
점차 검열 대상의 규모를 확대해간다. 최종적으로는 모든 출판물과 방송,
영화, 그리고 우편, 전화 등에 이르기까지 검열이 행해지게 되고, 특히 출판

---

12) 해당 작품의 민족 문제에 관한 내용은 제8장에서 구체적으로 검토한다.
13) 프레스 코드는 이하의 10항에 의거해서 성립되었다(인용은 津田正夫, 『日本新聞年艦 昭和23-24
年』, 日本新聞協会, 1948). 1. 뉴스는 엄격히 사실에 부합하지 않으면 안 된다. 2. 직접적이든 간접적이든
간에, 공공의 안녕을 어지럽히는 사항을 게재해서는 안 된다. 3. 연합국에 관한 허위기사나 파괴적 비판
을 해서는 안 된다. 4. 연합국 점령군에 대해 파괴적 비판을 가하거나, 점령군에 대한 불신 또는 원한을
초래하는 사항을 게재해서는 안 된다. 5. 연합군부대의 동정에 관해서는 공식적으로 발표되지 않은 것
인 이상, 발표 또는 논의해서는 안 된다. 6. 뉴스 기사는 사실대로 기재하고, 편집상의 의견을 완전히 불
식한 것이어야만 한다. 7. 뉴스 기사는 선전 노선에 따라 각색되어서는 안 된다. 8. 뉴스 기사는 선전의
기획을 강조하거나 전개하기 위해 침소봉대를 해서는 안 된다. 9. 뉴스 기사는 중요 사실 또는 세부를 생
략하여 이를 왜곡해서는 안 된다. 10. 신문 편집상에서 뉴스 기사는 선전의 의도를 부추기거나 전개시키
기 위해 특별히 어떤 사항을 부당하게 드러내어서는 안 된다.

물의 경우는 원고를 CCD(Civil Censorship Detachment; 민간검열국)에 제출하고 인가를 받기 전까지는 출판할 수 없었다. 패전 이전에는 내무성에 의한 검열이 실시되었기에, 그 검열의 대상이 되었던 자들은 패전을 기점으로 자유로운 집필활동이 재개될 것을 기대하며 기뻐하였으나, 그것도 잠시였을 뿐, 점령군에 의한 '해방'이 아닌, 새로운 속박이 그들을 옥죄게 되었다. 그러나 내무성의 경우와는 달리 GHQ의 검열은 복자(伏字)를 사용하지 않았다는 것, 즉 부적절하다고 판단된 부분을 원고에서 완전히 삭제해버림으로써 권력이 개입한 흔적 자체를 드러나지 않도록 했다는 특징이 있다. 많은 논자들이 지적한 바처럼, 포츠담 선언 제10항에 '표현의 자유(Freedom of Speech)' 확보가 규정되어 있었기 때문에, 눈에 띄는 형태로 검열을 시행할 수가 없었던 것이다.[14] 오히려 이로 인해 패전 직후의 담론공간은 점령에 의한 다양한 사회적 영향이 언표화될 수 없는 영역이 되었다. 그리고 암시장이라는 제재를 다루는 것 또한 '점령정책에 방해'가 될 소지가 있는 것으로 여겨져, 암시장과 점령군을 연관 지어 표현한 부분—설사 그것이 본문 내용과는 무관한 삽화일지라도—은 엄격한 검열을 받아야만 했다[15](사진 18). 또한 점령군 병사와 일본인 여성의 성적인 관계를 암시하는 부분도 '원한을 부채질하는 것'으로 간주되어 삭제의 대상이 되었다.

이 두 가지가 모두 적용된 사례로서는 이시카와 준의 「황금전설(黃金伝説)」(『新潮』 1946. 3)이 유명하다. 이 작품 말미에는 주인공이 애타게 연모하

---

14) 점령기의 검열에 관해서는 江藤淳, 『閉ざされた言語空間―占領軍の検閲と戦後日本』, 文藝春秋, 1989; 山本武利, 『占領期メディア分析』, 法政大学出版局, 1996을 선구적 연구로서 들 수 있다.

15) 榊原理智, 「「敗戦後」への想像的読みに向けて」, 山本武利・川崎賢子・十重田裕一・宗像和重 編, 『表現される戦争と占領―1946・8-1947・7』(占領期雑誌資料大系 文学編 第2巻), 岩波書店, 2010.

던 여인이 "괴이할 정도로 그 피부색이 검은, 한 완강한 병사"의 가슴팍에 "꼭 파묻혀 있었다"라는 부분이 있다. 이것을 이유로 이 작품은 표제작임에도 불구하고, 단행본 『황금전설』(中央公論社, 1946)에 수록되지 못하는 사태를 겪어야 했다. 그 외에도 이 소설에는 여성 인물이 암시장의 판자 점포에 늘 어놓는 핸드백 속 물건들을 "럭키 스트라이크(담배)"나 "초콜릿 등, 이 나라의 것이라고는 볼 수 없는 물품"이라고 묘사한 부분이 있는데, 이 또한 삭제의 대상이 되었다. 암시장과 점령군의 연관

사진 18. 암시장 묘사 밑에 첨부된 미국산 담배의 삽화가 삭제 대상 처리가 된 모습(『S』). 프란게 문고 소장.

성을 시사하는 것이기에 삭제된 일례라고 볼 수 있을 것이다(사진 19).

후나하시 세이치(舟橋聖一)의 「드러누운 영애(横になった令嬢)」(大元社, 1946)나 「하얀 손목(白い腕)」(鹿水館, 1947)의 경우도 마찬가지로, 여성의 성매매를 비롯한 암거래와 점령의 연관성을 다룬 부분이 삭제 처리되었음을 프란게 문고에 소장된 검열 원고를 통해 확인할 수 있다.[16] 이처럼 검열에 의한 명백한 삭제 지정을 확인할 수 있는 것도 있지만, 도에다 히로카즈(十重

16) 「드러누운 영애」(大元社, 1946)에서는 "전쟁이 끝났으니, 바쁜 것은 장사꾼들이지. 언니도 그럴 생각이 있다면, 이제부터 안내해 줄게"(p.284), 「하얀 손목」(鹿水館, 1947)에서는 여주인공의 후원자인 재벌가의 거물이 아직 점령군에 의해 검거되지 않았다고 언급한 부분(p.41), 그리고 "아카사카(赤坂)에서는 미국 대사관만이 덩그러니 남아 있고, 나머지는 모두 불타 있었다"(p.56) 등이 삭제되었다.

田裕一)가 지적한 바처럼 "이 시기 모든 출판물이 미군의 점령 하에서 발표된 이상, 본문 내용에 따라 GHQ/SCAP의 직접적, 또는 간접적 개입을 염두에 두는 것이 불가결했다."[17] 즉 점령기에 출판된 작품, 특히 삭제 대상이 되기 쉬운 암시장을 그리는 일은 검열의 영향을 고려하지 않을 수 없었다. 이는 앞서 거론한 모든 점령기 소설들에도 해당하는 이야기일 것이다.

1948년 7월 이후에는 예의 프레스 코드가 미디어에도 '침투'해 들어간다. 달리 말하면 미디어나 작가가 '자숙(自肅)'

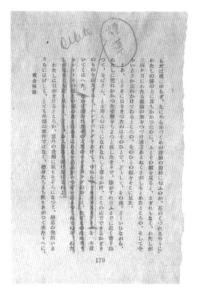

사진 19. 아시카와 준 「황금전설」의 검열 원고. 프란게 문고 소장.

이라고 불린 내부검열(혹은 자기검열)을 시행하게 된 것이다. 점령군의 프레스 코드를 내재화함으로써, 신문을 비롯한 많은 매체가 사전검열에서 벗어나 사후검열로 이행해간다.[18] 그럼에도 불구하고 점령군 비판으로 비춰질

---

17) 十重田裕一, 「橫光利一の著作に見るGHQ/SCAPの檢閱─『旅愁』, 『夜の靴』, 『微笑』をめぐって」, 早稻田大學大學院文學硏究科 編, 『早稻田大學大學院文學硏究科紀要』 第57卷, 早稻田大學大學院文學究科, 2011.

18) 十重田裕一, 「內務省とGHQ/SCAPの檢閱と文學─1920-40年代日本のメディア規制と表現の葛藤」, 鈴木登美·十重田裕一·堀ひかり·宗像和重 編, 『檢閱, メディア, 文學─江戶から戰後まで』, 新曜社, 2011, p.92. 도에다 히로카즈는 에토 준(江藤淳)이 점령기의 출판공간을 "폐쇄된 언어 공간"이라는 일컫는 것에 대하여, 프레스 코드를 이용하는 검열자뿐 아니라, 피검열자에게도 자기검열이라는 보이지 않는 형태의 내적 억압이 기능함으로써 "해방되는 동시에 폐쇄되는, 분열된 담론공간의 양상을 보였다"고 논하였다(p.94). 이렇듯 도에다는 점령 하에서의 검열과 미디어, 그리고 표현자라는 삼자의 절충 양상을 작품분석에 도입하는 방법론을 통해, 점령기 소설 독해에 새로운 지평을 열었다.

가능성이 있는 것, 혹은 점령이라는 사태를 비언어적으로라도 암시하는 표현은 점령이 종료될 때까지 엄격한 사전검열이 시행되었음을 확인할 수 있다. 특히 재일조선인이 발행했던 미디어의 경우는, 일본의 많은 종합잡지에 대한 검열이 줄어들었던 것에 반비례하여, 1947년 말까지 수정, 삭제, 나아가 발간금지 처리가 증가하였다는 사실이 밝혀졌다.[19]

이렇듯 점령기의 검열은 문학 표현에 지대한 영향을 미쳤다. 특히 당대를 살았던 사람이라면 누구라도 당연하게 알고 있었을 점령군과 암시장의 직접적인 영향관계가 지면상에는 드러나기 어려웠다. 그래도 소설은 암시장을 당대의 시대상으로 묘사하는 한편, 그 묘사 속에서 '새로운 일본'에 대한 위화감을 드러냈다. 이 위화감이야말로 '전후 일본'이라는 프레임에서 배제된 것들과 이어져 있는 통로인 것이며, 검열의 존재를 의식하며 암시장의 표상을 고찰할 때 비로소, 패전 직후라는 공간의 새로운 경관이 드러날 수 있는 것이다.

이 책의 제2부에서도 문학 작품을 분석하며 검열의 문제를 다룰 예정이지만, 이 장에서는 구체적인 작품 분석은 잠시 미뤄두기로 하고, 패전 직후 이후의 암시장 이미지에 대해 검토하고자 한다.

---

19) 이 사태에 관해서는 이 책의 제9장에서 재일조선인 작가 김달수의 작품을 다루면서 상세히 검토할 예정이다. 한편 재일조선인 발행의 출판물에 관한 중요한 선행연구로서는 小林知子, 「GHQの在日朝鮮人認識に関する一考察」; 「GHQによる在日朝鮮人刊行雑誌の検閲」, 在日朝鮮人運動史研究会 編, 『在日朝鮮人史研究』, 第22号, 緑蔭書房, 1992; 小林聡明, 『在日朝鮮人のメディア空間—GHQ占領期における新聞発行とそのダイナミズム』(ブックレット <アジアを学ぼう>), 鳳響社, 2007; 高榮蘭, 「占領民族·検閲という遠近法—「朝鮮／韓国戦争」あるいは「分裂／分断」, 記憶の承認をめぐって」, 紅野謙介·高榮蘭·鄭根植·韓基亭·李恵鈴 編, 『検閲の帝国』 등이 있다.

3. 오에 겐자부로의 『만엔 원년의 풋볼』

1967년은 암시장과 문학이 새로이 결합되는 해였다고 말할 수 있을 것이다. 오에 겐자부로(大江健三郎)가 『만엔 원년의 풋볼(万延元年のフットボー_ル)』(『群像』 1967. 1-7)을 연재하는 한편,[20] 노사카 아키유키(野坂昭如)는 암시장을 자신의 고향이라고 칭하며, 이를 그린 대표작 「아메리카 히지키(アメリカひじき)」(『別冊文奏春秋』 1967. 9)와 「반딧불이의 묘(火垂るの墓)」(『オール読物』 1967. 10)를 발표했다. 1967년이라는 해를 생각해보면, 3년 뒤의 미일안보조약의 자동연장을 앞두고 전공투(全学共鬪会議) 운동이 본격화되기 직전이며, 또 새로운 투쟁을 위해 1960년 안보조약에 대한 재검토가 중요한 과제가 되어 있었다. 1960년 안보투쟁 당시 수상이었던 기시 노부스케(岸信介)는 우익 테러집단을 시위대에 대치시켰는데, 그 우익집단 안에는 패전 직후 신주쿠에서 거대한 오즈(尾津) 마켓을 통괄했던 두목인 오즈 기노스케(尾津喜之助)가 있었다. 그가 자민당의 뒤를 봐주던 고다마 요시오(児玉誉士夫)의 부름을 받고 조직편성에 가담한 사실은 마루야마 마사오(丸山眞男)의 「일본의 내셔널리즘」을 통해 잘 알려져 있다.[21]

『만엔 원년의 풋볼』에서 주인공 '미쓰사부로(蜜三郎)'의 동생인 '다카시(鷹四)'도 '60년 안보(ロクジュウネンアンポ)' 시기 우익으로 전향하여 폭력단에 참가하게 된다. 다카시는 "슈퍼마켓의 천황"이라고 불리는, 미국식 슈퍼

---

20) 본문 인용은 大江健三郎, 『大江健三郎小説3—『万延元年のフットボール』』(『われらの狂気を生き延びる道を教えよ』)(新潮社, 1996)에 의거함.

21) 丸山真男, 「日本におけるナショナリズム」, 『丸山真男集 第5巻 1950-1953』, 岩波書店, 2003. 고다마 요시오(児玉誉士夫)에 관해서는 竹森久朝, 『見えざる政府—児玉誉士夫とその黒の人脈』, 白石書店, 1976; 有馬哲夫, 『児玉誉士夫 巨魁の昭和史』(文春新書), 文藝春秋, 2013 등을 참조.

마켓 체인사업으로 성공한 재일조선인 경영자와 미국에서 사귀게 되고, 그에게 증조부가 지은 저택인 '곳간채(倉屋敷)'를 팔아넘기려 한다. 선조로부터 전래된 곳간채 근처에는 전시에 강제노동에 의해 형성된 조선인 부락이 있었고, 일본의 패전 이후 그 땅은 한 조선인에게 불하되었다. 그 조선인 경영자는 동포들의 토지를 독점적으로 사들임으로써, 현재의 경제적 지위를 얻게 된 것이었다. 다카시는 '골짜기(谷間)'라고 불리는 마을의 경영이 그 슈퍼마켓에 의해 독점되어 왔으며, 그 마을 사람들이 불만을 품고 있다는 것을 알게 되자, 태도를 전환하여 슈퍼마켓을 습격할 계획을 세우게 된다. 그러나 아이러니하게도 그 습격의 주체로서 조직된 골짜기 마을 청년들의 풋볼 팀은 "슈퍼마켓의 천황"에게 곳간채를 팔아넘긴 돈으로 창설된다. 이 습격은 단지 슈퍼마켓을 약탈하는 행위였으나, 다카시는 그 행위를 과거 골짜기 마을에서 증조부의 동생이 주도하여 일으킨 농민봉기와 연결시킴으로써, 자신의 폭력을 영웅시하고 또 정당화한다.

다카시가 주동한 습격사건에 참가한 마을 사람들은 그의 선동에 놀아나며 조선인에 대한 증오를 더욱 강화해간다. 곳간채의 과거 사용인이자 현재의 관리인인 '진(ジン)'은 이렇게 말한다.

이 분지에 조선인이 오고 나서부터 골짜기 마을 사람은 계속 피해만 입었어요! 전쟁이 끝나자 조선인은 골짜기의 토지도 돈도 골짜기 마을로부터 뺏어가 좋은 신분이 되었잖아요! 그것을 조금 되찾으려는데 어째서 조선인을 동정해야 하는 거지요?[22]

22) 大江健三郞, 『大江健三郞小説3』, p.166(오에 겐자부로, 박유하 옮김, 『만엔 원년의 풋볼』, 웅진지식하우스, 2007, p.350).

이 직후에 미쓰사부로가 진의 편견을 바로잡는 것처럼, 패전 직후 골짜기 마을 사람들은 조선인 "암거래 집단"으로부터 쌀을 구매하여 절박한 고비를 넘긴 바 있다. 이때 진 그 자신조차도 조선인들과 쌀을 암거래하기 위해 "교섭을 벌이는" 역할을 했던 것이다. 게다가 조선인에게 학살되었다고 알려진 미쓰사부로와 다카시의 둘째 형인 'S형'은, 사실은 마을의 "무법자 패거리"가 조선인을 학살한 것이 발단이 되어 일본인과 조선인 사이에 벌이진 항쟁에 말려들어 사망한 것이었다. 결국 "자신들의 쇠퇴해버린 생활의 비참"에 안주하던 골짜기 마을 사람들은 별안간 시작된 "슈퍼마켓의 천황"(성공한 조선인) 습격 계획에서 "전전·전중 시기, 조선인에 대해 우월감을 맛본 기억"을 되새김질했던 것이다.

앞서 살펴본 조선인에 대한 '제삼국인' 담론의 구조가 바로 여기에 구현되어 있다고 볼 수 있다. 그 후 "슈퍼마켓의 천황"이 다카시 패의 습격을 불문에 부치기로 함으로써, 골짜기 마을 사람들은 그들이 행사한 폭력과 그로써 얻은 "전리품"에 대하여 "참담한 죄책감"을 느끼지 못하고, 그것을 그대로 잊어버린 채 살아가게 된다. 고모리 요이치(小森陽一)는 여기에서 1965년 한일/일한기본조약의 구조를 읽어낸다.

'한일조약'/'일한조약'을 체결함에 있어, 일본은 한국에게 무상 증여 3억 달러, 정부차관 2억 달러를 지불하였으나, 이는 전쟁과 식민지지배에 대한 배상이나 보상이 아닌, '독립 축하금'이라는 이름의 경제협력 자금이었다. 스스로 자행한 폭력에 대하여 아무런 책임도 지지 않았던 것이다.[23]

23) 小森陽一, 『歷史認識と小説―大江健三郎論』, 講談社, 2002, p.163.

한국 전쟁에 의한 '특수(特需)'를 경험한 일본이 급속히 경제를 회복하고, 그 경제력의 위용으로 한국에게 식민지지배의 책임을 묻지 못하도록 압박한 것이, 골짜기 마을 사람들에 의해 그대로 형상화되고 있는 것이다. 『만엔 원년의 풋볼』은 스스로 저지른 폭력에 대한 일본인의 망각과 그 망각을 통해 발현되는 자기연민의 추악함을 골짜기 마을 사람들과 조선인 부락의 관계 속에서 그려낸다. 그리고 그 관계의 중추에는, 패전 이후 '암거래 쌀'을 둘러싼 항쟁이 놓여 있던 것이다.

4. 전재(戰災)와 책임의 기억: 노사카 아키유키, 이노우에 히사시

노사카 아키유키는 「아메리카 히지키」와 「반딧불이의 묘」, 이 두 작품으로 1968년 나오키상(直木賞)을 수상했다. 「반딧불이의 묘」는 1988년 스튜디오 지브리에 의해 애니메이션 영화로 만들어진 이후 텔레비전 방송으로도 여러 차례 방영되었기에, 사람들에게 종종 회자되는 작품이다. 이 소설은 고베시 산노미야(三宮) 고가도로 아래 암시장에서 '세이타(淸太)'가 숨을 거두는 장면으로 시작한다.

산노미야 철교 밑에는 9월로 접어들자마자 암시장이 열렸는데, 암시장은 처음에 불에 타 시커메진 설탕을 물에 녹여 커다란 드럼통에 담아 놓고는 한 컵 가득 퍼서 50전에 파는 데서 시작하더니, 이내 삶은 고구마 가루를 묻힌 경단 주먹밥 팥고물을 넣은 둥근 떡 단팥죽 만두 우동 튀김덮밥 카레라이스가 차례로 등장하고, 쌀 설탕 튀김 소고기 우유 통조림 생선 소주 위스키 배 자몽 고무장화 자전거바퀴 튜브 성냥 담배 작업화 기저귀 덮개 군용 담요 군화 군복 부츠 등 고급 물자까지 차례로 거래되기에 이르고, 암시장이 열 리는 사이사이 그날 아침 마누라가 싸 준 보리밥 도시락을 통째로 내놓고는 "에—10엔, 에—10엔" 하는 사람이 있는가 하면, 신고 있던 다 낡은 단화를 벗어 손가락에 걸어 돌리면서 "20엔, 20엔" 하며 외치는 사람도 있었다.[24]

인용문에서는 1945년 9월 초순부터 세이타가 숨을 거두게 되는 21일까 지, 산노미야 고가도로 아래에서 서서히 형성되어가는 암시장의 모습이 그 려져 있다. 쉼표를 극히 제한적으로 사용한 위 문장 속에 열거된 먹을거리나 물자 등은, 아사 직전의 몸을 이끌고 화장실까지 엉금엉금 기어 이동하는 세 이타의 시선에 비춰진 사물인 것처럼 묘사된다. 여기저기로 시선이 이동하 고, 공복이 그 시선의 이동을 가속화시키는 것처럼 표현되어 있다. 앞서 살펴 본 「잿더미의 예수」의 인용부와 비교해 보면, 주인공의 신체감각이 한층 더 강조되어 있으며 세이타가 바라보는 풍경이 '지금 여기'의 현실인 것처럼 독 자 앞에 펼쳐진다. 이 아사 직전에 이른 소년의 눈앞에 펼쳐진, 비정할 정도 로 생생한 암시장의 현실성은 이 서사가 어째서 세이타의 목숨을 '종결'시키 고 난 뒤에 시작하는 것인가라는 구조적 문제와 연관 있어 보인다.

「반딧불이의 묘」는 작가 노사카 아키유키의 자전적 체험을 쓴 소설로서, 작가 그 자신이 세이타의 모델인 셈이다. 그러나 노사카는 살아남은 것에

24) 野坂昭如,「火垂るの墓」, 野坂昭如·五木寛之·井上ひさし, 『野坂昭如·五木寛之·井上ひきし 集』(筑 摩現代文学大系 第92巻), 筑摩書房, 1967(노사카 아키유키, 서혜영 옮김, 『반딧불이의 묘』, 다우출판사, 2003, pp.16-17에서 인용 후 일부 수정).

반해, 세이타는 암시장에서 아사해버린다. 그 차이는 작가가 전쟁의 기억을 대하는 태도에서 기인한다. 나오키상을 수상할 당시 발표한 「잿더미·암시장파의 변(燒跡闇市派の弁)」[25]에서 노사카는 스스로를 '잿더미·암시장파'라고 규정한다. 그는 공습이나 암시장은 단순히 역사의 일회적인 사건이 아니라, 그를 키워낸 모든 것들이 '잿더미·암시장'에 있었으며, 그렇기에 자신의 작품에서는 "잿더미·암시장으로의 회귀가 새의 울음소리처럼 반복"되는 것이라고 말했다. 즉 노사카에게 전쟁의 기억은 모두 '잿더미·암시장' 안으로 수렴되는 것이다. 그가 이토록 '잿더미·암시장'을 칭송한 까닭은 전쟁이 야기한 해악이 거기에서 노골적으로 드러나기 때문이었다. 여기에는 그가 여동생을 아사시키고 자신만이 살아남았다는 사실까지도 포함된다. 따라서 그의 작품에서는 암시장이 끊임없이 재생산되어야만 한다. 노사카에게는 그것이 곧 진혼(鎮魂)의 의식이었던 것이다. 「반딧불이의 묘」와 동시 수상작인 「아메리카 히지키」의 경우에도, 패전으로부터 20년이 흘렀지만 주인공 '도시오(俊雄)'의 머릿속에는 그가 패전 직후 암시장에서 행했던 행동이나 보았던 광경이 반복적으로 플래시백(flash back)된다. 이렇듯 머릿속에서 끊임없이 재생산되는 암시장이 도시오의 전후 생활을 속박하고 있는 것도, 예의 그 진혼 의식에 기초한다고 볼 수 있다.

　「반딧불이의 묘」에서 암시장이 세이타의 '지금 여기'라는 신체성을 통해 묘사되고 있는 까닭은, 노사카의 기억 속에서 '지금 여기'란 1967년이 아닌, 패전 직후의 암시장이기 때문이다. 세이타란 전쟁을 둘러싼 노사카의 기억이 의인화된 존재이며, 그의 기억은 암시장으로 수렴된다. 그렇기에 세이타

---

25) 野坂昭如, 「燒跡闇市派の弁─直木賞を受賞して」, 野坂昭如·大庭萱朗 編, 『野坂昭如エッセイ·コレクション2 燒跡闇市派』.

는 암시장에서 숨을 거둬야만 했다. 「반딧불이의 묘」가 그리는 암시장은 곧 기억의 종착지로서의 암시장인 것이다.[26]

이렇듯 노사카가 전쟁 기억의 종착지로서 그린 암시장의 이미지는 이노우에 히사시에 의해 비판적으로 계승되었다고 볼 수 있다. 노사카의 소설로부터 또 다시 20년의 세월이 흐른 뒤, 이노우에 히사시는 연극 '쇼와서민전(昭和庶民伝)' 3부작을 상연했다. 그중 두 번째 작품에 해당하는 〈야미에 피는 꽃(闇に咲く花)〉[27]과 그것의 모태가 되는 작품인 〈꽃보다 탱고(花よりタンゴ)〉[28]가 암시장을 무대화한다. 〈꽃보다 탱고〉에는 패전 직후 신바시 암시장에서 연합군 병사를 상대로 기념품점을 운영하여 벼락부자가 되었다가, 이제는 몰락해버린 쓰키오카(月岡)라는 옛 화족(華族) 가문의 네 자매가 등장한다. 그리고 이 네 자매 앞에 과거 그녀들의 집안에서 운전수 노릇을 하던 '다카야마 긴타로(高山金太郎)'라는 남성이 나타난다. 네 자매는 댄스홀을 경영하고 있는데, 경영난으로 댄스홀을 긴타로에게 빼앗길 위기에 처하고 만다. 한편 〈야미에 피는 꽃〉에서는 아이쿄이나리신사(愛敬稲荷神社)의 신주(神主)인 '우시키 기미마로(牛木公麿)'가 등장한다. 기미마로는 신사를 운영하면서 동시에 완구용 가면 공장도 경영하고 있는데, 가면 공장만으로는 생활을 이어가기가 어려워서, 공장에서 일하는 네 명의 여성과 함께 지방으

<hr />

26) 이가라시 요시쿠니(五十嵐恵邦)는 「回帰する敗戦のトラウマ―野坂昭如の戦争と戦後」(『思想』, 岩波書店, 2005. 2)에서 "「반딧불이의 묘」는 주인공의 죽음에서 시작하여, 죽음으로 끝난다. 그 죽음의 테두리 안에서 전개되는 서사는 주인공의 죽음을 과거에 대한 동경 속에 가둬둠으로써 전후라는 시간을 거절한다"라고 지적하며, 이 작품의 기억 문제를 논하였다.

27) 〈闇に咲く花―愛敬稲荷神社物語〉. 초연: こまつ座, 新宿紀伊国屋ホール, 1987. 10. 9(초간: 『小説現代』, 講談社, 1999. 1).

28) 〈花よりタンゴ―銀座ラッキーダンスホール物語〉. 초연: こまつ座, 新宿紀伊国屋ホール, 1986. 9. 17(단행본: 井上ひさし, 『花よりタンゴ―銀座ラッキーダンスホール物語』, 集英社, 1986).

로 가서 암거래 물자를 매입해오는 일도 하고 있다.

긴타로와 기미마로 모두 암시장 속에서 암거래를 하면서, 패전 직후의 곤궁해진 생활을 헤쳐 나가는 활기찬 인물들이다. 그러나 이 둘은 전시에 적극적으로 주위 사람들을 총력전체제 안으로 밀어 넣는 역할을 했던 인물들이기도 했다. 긴타로는 지방의 경방(警防) 단원으로서 '비국민(非國民)'을 단속하였고, 기미마로는 신주로서 출정 장병들을 신토(神道)의 이름 아래 전장으로 보냈던 것이다.

이노우에는 이 두 작품 속에서 암시장에서 살아가는 사람들이나 필사적으로 살아가는 서민의 생활을 유머러스하게 그리고 있으나, 그 생활 속에 묻혀 가는 서민들의 전쟁 책임, 그리고 망각의 문제를 가시화한다. 여기에서 『만엔 원년의 풋볼』과 상통되는 지점을 발견할 수 있을 것이다. 물론 긴타로, 기미마로라는 성인 인물들과 「반딧불이의 묘」에 등장하는 세이타 소년이나 여동생 세쓰코와 같은 어린아이들을 동일한 지평에서 논의할 수 없다는 지적이 있을지도 모르겠다. 그러나 노사카가 「반딧불이의 묘」에서 제시한 전쟁 기억의 종착지로서의 암시장 이미지가 1980년대에도 살아남아 있던 과거 전쟁지도자들이나 일본이라는 국가에 의해 위장막처럼 이용되는 것에서, 이노우에 히사시는 위기감을 느꼈던 셈이다. 즉 세이타나 세쓰코처럼 전쟁의 피해자인 '무구한 서민'의 존재가 강조됨으로써, 일본국민 전체가 전재(戰災)가 낳은 '피해자', 즉 잿더미에서 살아간 '피해자'로서 기억되고 일반화되는 것이다. 이 일반화는 메이지시대 이후 일본이 자행했던 식민지 지배와 이를 지탱했던 서민의 존재를 손쉽게 망각시켜버린다. 이러한 이노우에의 문제의식은 기미마로의 아들인 '우시키 겐타로(牛木健太郎)'가 기억 상실에서 회복된 뒤, 과거 식민지인들에게 학살행위를 했던 C급 전범으로 재판에 회부되어, 심판을 앞둔 채 남긴 다음과 같은 말로 대변된다.

아버지, 이전에 있었던 일들을 잊어버리면 안 됩니다, 잊어버린 척을 해서는 안 됩니다. 과거의 실패를 기억하지 않고서는 인간의 미래는 어둡습니다. 왜냐하면 같은 실패를 또 반복할 것이 불 보듯 빤하기 때문이지요.[29]

기미마로에게 던져진 이 말은 전쟁을 둘러싼 기억을 암시장 속에 매몰시켜 망각해버리는 것에 대해 경종을 울린다. 노사카의 「반딧불이의 묘」가 애니메이션 영화로 공개되기에 앞서 이노우에 히사시의 연극작품이 상연된 것도 결코 우연이 아닐 것이다. 1970년대 『일본인의 배꼽(日本人のへそ)』나 『열한 마리의 고양이(十一びきのネコ)』에서 '전후 일본'이라는 역사인식 자체를 의문시했던 이노우에 히사시가 1980년대에 주목했던 것은, 전쟁책임을 묻기 위한 장으로서의 '암시장'이었던 것이다.

5. 기억의 원점으로서: 아사다 지로, 양석일

그 이후 암시장을 다룬 소설들은 어떠한 암시장의 상을 제시하고 있을까. 『지하철을 타고(地下鉄に乗って)』[30]는 1994년에 출판된 아사다 지로(浅田

29) 본문 인용은 井上ひきし, 「花よりタンゴ―銀座ラッキーダンスホール物語」, 『井上ひきし全芝居 その四』, 新潮社, 1994에 의거함.
30) 浅田次郎, 『地下鉄に乗って』, 徳間書店, 1994.

次郞)의 소설이다. 주인공 '고누마 신지(小沼眞次)'는 경제계의 전설적 인물인 '고누마 사키치(小沼佐吉)'의 아들임에도 불구하고, 형 쇼이치(昭一)의 자살로 인한 불화로 아버지와 절연하고, 작은 속옷회사의 초라한 영업사원으로 살아간다. 그러던 중 그는 우연하게도 형의 기일에 열린 동창회에 참석한 뒤 귀가하던 길에, 아카사카미쓰케역(赤坂見附駅) 지하도에서 수상한 출구를 발견한다. 그 출구를 통해 밖으로 나오자, 신지는 자신이 형이 자살한 당일, 즉 도쿄올림픽이 있었던 1964년, 지하철이 개통한 날의 신나카노역(新中野駅)으로 시공간을 초월하여 이동해왔다는 사실을 깨닫게 된다. 신지는 형의 죽음의 진상을 파헤쳐가던 중에, 아버지 사키치의 '기억의 기점'인 암시장 시대로까지 이동하게 된다. 신주쿠역 앞이나 긴자(銀座)·유라쿠초(有楽町) 사이에 펼쳐져 있던 암시장에서 맹렬하게, 그러나 정의롭게 살았던 아버지 사키치의 모습을 발견하고, 전에 알지 못했던 아버지의 고뇌와 가족의 역사를 알게 된다.

아버지의 영향 아래서 자란 아들이 아버지와의 결판을 통해서 자신의 인생을 살아가게 된다는, 이 일종의 오이디푸스적 '부친살해'의 서사 자체에는 그다지 특별할 것이 없다. 이 소설이 높은 평가를 받고 인기를 얻었던 이유는 그러한 전형적 플롯 때문이 아니라, 가족 서사의 배경을 이루는 '전후 일본'의 흐름이 명료하게 묘사되어 있기 때문일 것이다. 버블 붕괴가 시작되던 1990년대의 경제상황 속에서, 이 소설은 점령기의 혼란으로부터 부흥의 상징인 도쿄올림픽을 거쳐 고도경제성장을 이룬 일본의 부활 서사를 그린다. 이는 곤란한 시대를 살아가기 위해 내셔널 아이덴티티의 확립을 그린 서사라고도 말할 수 있겠다. 사키치의 '기억의 원점'인 암시장은 "모르는 나라, 모르는 동네의 추위와 배고픔에 뒤덮인 시장"이라는 말로, 일견 무국적의 장소인 것처럼 표현되지만, 거기서 활동하는 사키치의 표정에서는 "많은 일본인들이 가지고 있었으나 번영과 함께 잃어버린, 재생하는 민족의 표정"을 읽을 수 있는 것이다. 그것이 곧 이 서사의 모티프인 셈이다. 나아가 이 소설은 2000년에 뮤지컬, 2006년에 만화 및 영화로 재생산되는데, 이 또한 버블 이후 '암흑의 20년'을 참고 견뎌야 했던 일본인들에게 교과서적인 역할을 했던 것이 아닐까.

그러나 이러한 수용과 재생산 양상의 이면에, 이 텍스트가 '전후 일본'의 서사를 상대화하는 측면이 있음을 지적하지 않을 수 없다. 쓰키시마(月島)의 도박꾼과 게이샤(계모)를 부모로 둔 사키치가 암시장에서 성공하여 동상(銅像)이 세워지고, "여기서는 사장이 곧 법이다", "사장이 곧 신이다"라고 말할 정도의 인물이 된 것, 그리고 사키치의 일대기를 다룬 책에 "나쁜 것은 단 하나도 쓰여 있지 않았다"는 말처럼 과거의 어두운 일면을 묻어버린 채 신격화된 것, 이를 쇼와 천황의 모습과 겹쳐 읽는 것이 과연 억지스러운 일일까. 나아가 사키치와 '팡팡(パンパン)'*이었던 그의 애인 도키코 사이에서 태어난 아이 이름이 '미치코'인데, 그에 대해 "요 몇 년 동안 태어난 여자아이들은 모두 미치코(ミチコ)라는 이름이 붙여졌다"라는 부연설명이 달려 있다. 이렇듯 당시 황태자의 결혼이 사회적 붐을 일으키게 되고, 그에 따라 여자아이의 이름이 황태후의 그것과 같은 '미치코(みち子)'로 정해지는 것도 간과할 수 없는 지점이다.

또한 도쿄올림픽을 앞두고 달아오르던 사회를 "풍경이 지독하게 볼썽사납고 정취도 없어 보이는 것은, 그 모든 것들이 반년 후에 있을 장대한 부활

---

* '팡팡(パンパン)' 또는 '팡팡걸(パンパンガール)'이란 한국의 '양공주'와 유사한 비하 표현으로서, 패전 이후 일본에서 재일미군을 상대로 매춘을 했던 여성들을 가리킨다.

의 의식을 위해, 부산스럽게 준비된 것이기 때문이다"라고, 냉정히 거리감을 갖고 묘사하는 것 또한 무비판적으로 부흥의 서사를 그린 것이라고는 볼 수 없다. 즉 과거를 망각함으로써 기능하는 천황의 재중심화라는 허구(상징 천황제)와 이를 통해 부흥을 꾀하는 일본사회를 가족 서사라는 틀을 통해 재현함으로써 희화화했다고 말할 수 있는 것이다.

신지를 과거로 이끄는 자가 과거 만주에서 일본군에게 버려진 개척단(開拓団)의 인솔자였던 '놋페(のっぺい)'라고 불리는 노인이라는 점도 서사의 단일한 해석을 용납하지 않는 중층성을 더한다. '일본 부흥'의 서사를 상대화함에 있어, 작가 아사다 지로가 의식적인 태도를 취하고 있었는지의 여부와는 무관하게, 여기서 암시장이 '전후'의 '기억의 원점'으로 이야기되고 있다는 것은 명확하다. 이러한 서사구조는 『지하철을 타고』와 마찬가지로 1990년대에 발표된 양석일(梁石日)의 연작 단편소설인 「꿈의 회랑(夢の回廊)」, 「거꾸로(さかしま)」[31]와도 상통하는 면이 있다.

양석일의 작품 중에서 사람들에게 가장 많이 회자되는 것은 아마도 『피와 뼈(血と骨)』(『サンサーラ』, 1996. 7-1997. 4)일 것이다. 『피와 뼈』는 전전에서 전후까지 한 재일조선인 남성의 욕망과 폭력에 물든 장렬한 일대기를 그리고 있다―이 작품은 2004년에 최양일(崔洋一) 감독, 기타노 다케시(北野武) 주연의 영화로 만들어져 큰 반향을 일으켰다. 그 다음 해에 출판된 「꿈의 회랑」, 「거꾸로」는 『피와 뼈』에 비하면 그다지 알려진 작품은 아니지만, 『지하철을 타고』와 흡사한 서사구조, 즉 '기억의 원점'으로서 암시장을 그리고 있다는 것에서 명확한 공통점을 드러낸다.

---

31) 梁石日, 『さかしま』, アートン, 1999. 인용은 「夢の回廊」(幻冬舍文庫), 幻冬舍, 2006.

「거꾸로」는 패전 직후 오사카 쓰루하시 암시장을 무대로 하여, '남양(南洋)'에서 돌아온 복원병인 '니시오카 요지(西岡洋次)'라는 남성이 연쇄살인을 범한 경위가 과거 병사시절의 이야기와 뒤엉키며 제시된다. 「거꾸로」에 나타난 과격한 죽음과 그로테크스한 삶의 묘사는 「꿈의 회랑」에서는 암시장 시대에 소년이었던 한 재일조선인 남성의 악몽으로 나타난다. 이들 소설에는 '전후 부흥'의 서사나 새로운 시대를 향한 발걸음과 같은 낙관적인 낭만주의가 개입할 여지가 없다. 즉 『지하철을 타고』가 연착륙했던 '전후 부흥'이라는 내셔널한 독해 코드 안에서는 재일조선인의 존재가 배제되기 십상인 것이다. 그렇다면 양석일이 그린 암시장은 어떠한 콘텍스트와 함께 읽어야 할 것인가. 이미 말한 바처럼 「거꾸로」에 그려진 암시장의 공간은 현실감을 동반한 악몽이 되어, 「꿈의 회랑」 속 '나'를 반복하여 덮쳐온다. 이러한 강박적인 성격을 지닌 암시장은 다음과 같은 장소로서 위치하게 된다.

"벤텐(弁天) 시장 양측에는 조선인들의 나가야가 밀집해 있지. 이 조선인들의 나가야를 둘러싼 모양으로 일본인들의 나가야가 있어. 조선인 아이들은 그다지 용돈을 쥐고 있지 않으니, 일본인 나가야 근처 장소를 고르는 편이 좋아. 그러면 용돈을 쥐고 있는 조선인 아이들도 자연스레 그림 연극을 보러 오지. 공짜로 보여주는 것은 절대로 안 돼. 버릇이 나빠지거든. 공짜로 보려고 드는 녀석들은 정해져 있다구."

인용은 그림 연극으로 장사를 하는 가게의 두목이 주인공 니시오카에게 영업장소를 지시하며 말한 내용이다. 일본인들의 나가야에 둘러싸인 조선인들의 나가야라는 미시적인 공간에 '재일소년'이었던 '나'의 기억이 머물러 있다는 것은 재일조선인이 놓인 전후 사회가 사방이 꽉 막힌 상태였음을 시사하는 것이며, 그것이 곧 이 소설을 지탱하는 문제의식인 셈이다. 이는 앞서 살펴본 패전 직후 김달수의 작품과 공유된 것이자, 그러한 문제가 1990년대에 이르기까지 해결되지 못하고 방치되어왔음을 보여준다. 이렇듯 암시장이 낳은 강박적인 공포는 1990년대 재일조선인들이 떠안고 있던 문제를 파악하는 데 중요한 실마리를 제공해 주는 것이다.

1990년대는 아시아태평양전쟁과 일본의 식민지지배를 둘러싼 기억이 다시 사회의 표면으로 부상했던 시기였다. 그 계기가 되었던 것은 '종군위안부'를 둘러싼 문제였다. 소설 「거꾸로」에서는 주인공 니시오카가 '남양'의 전장에서 현지 소녀를 강간하고 식인(食人)을 했다는 사실이 밝혀진다. 니시오카의 죄는 그가 암시장에서 남모르게 사망함으로써 묻혀버리지만, 「꿈의 회랑」 속 재일조선인 남성 인물의 꿈을 매개로 하여, 1990년대 일본 사회에서 다시 파헤쳐진다. 두 편의 단편소설을 잇는 이 연관은 '종군위안부' 문제로서 과거 일본군의 죄가 폭로되었던 당대의 상황과 겹쳐지는 것이다. 그리고 이러한 기억의 부상은 '해방'으로부터 50년 동안 '일본인'에게 '둘러싸여' 무시되어온 구식민지 출신자들이 새롭게 인지될 수 있는 기회이기도 했다. 양석일의 「꿈의 회랑」과 「거꾸로」는 전후 50년간 보이지 않는 존재로서 여겨져 온 재일조선인들의 고난을, 암시장의 기억을 기점으로 하여 현재로 이어진 '회랑' 속에서 그렸던 것이다.

아사다 지로의 『지하철을 타고』와 양석일의 「꿈의 회랑」, 「거꾸로」는 각기 암시장의 기억을 기점으로 해서 전후 일본의 50년을 그린 작품이다. 그러나 이들은 모두 비대칭적인 겉과 속으로 이뤄져 있다. 한편에서는 패전을 기점으로 고도성장을 거쳐 대국의 지위로 복귀한 '전후 일본'의 거대 서사가 재현되고 있으나, 또 한편에서는 악몽이라는 강박적인 기억의 단편이 그 서사에 편입되지 못한 시퀀스로서 반복되고 있는 것이다.

6. 미스터리로서의 암시장

지금까지 패전 직후부터 근래의 문학작품에 이르기까지 암시장이 어떻게 그려져 왔는가에 대해 논의했다. 다만 암시장에 관한 중요한 표상이 하나 더 남아 있다. 그것은 미스터리 서사의 무대로서 암시장이다. 1950년경이 되면 암시장이라고 불리던 공간은 그 자취를 감추게 되거나 다른 공간으로 바뀌게 된다. 이러한 시대적 추이 속에서 암시장에서 일어났던 범죄에 대한 기억도 어둠 속에 묻혀버린 것이다. 거기에 묻힌 것은 은닉물자나 전쟁의 기억, 또는 생과 사의 기록이었는지도 모른다. 이처럼 과거가 묻힌 공간으로서의 암시장은 추리나 미스터리 소설에 알맞은 무대가 되었다.

암시장을 무대화한 추리·미스터리 소설의 대표적 예는, 아마도 그 이후 동류 소설들의 원형이 되는 『제로의 초점(ゼロの焦点)』(1959년 연재 개시)을 비롯한 마쓰모토 세이초(松本清張)의 작품일 것이다. 그에 이어지는 예로서는 유키 쇼지(結城昌治)의 『종착역(終着駅)』(中央公論社, 1984)을 들 수 있을 것이며, 앞서 본 아사다 지로의 『지하철을 타고』도 가족의 기억을 풀어 헤친다는 의미에서 이 범주에 속한다고도 볼 수 있다. 또한 보다 최근의 것으로는 교고쿠 나쓰히코(京極夏彦)의 〈백귀야행(百鬼夜行)〉 시리즈(講談社, 1994~), 데이비드 피스(David Peace)의 『Tokyo Year Zero』(海井武志 訳, 文藝春秋, 2007)로 시작되는 〈Tokyo Trilogy〉 시리즈를 들 수 있을 것이다. 이 작품들은 서사의 도입부에 일어난 사건의 원인을 추적하던 중에 암시장의 시대에서 그것의 진상을 발견하게 된다는 줄거리를 취하고 있다. 암시장이 패전 이후부터 지금까지 미스터리의 무대로서 재생산된 것은 암시장 표상을 고찰함에 있어 중요한 시사점이 된다. 미스터리의 무대로 그려지는 암시장은 서사의 서두에서 수상쩍은 물자나 사람들로 가득한 혼돈의 공간으로 제시된다. 패전 직후에 암시장이라고 불린 공간이 실제로 그러했는지가 중요한 것이 아니라, 그것이 종잡을 수 없는 카오스의 공간으로서 그려지고 있다는 사실 그 자체가 중요하다. 그러나 서사가 전개됨에 따라, 즉 사건의 진상이 드러남에 따라, 암시장이라는 공간은 최초에 제시된 무질서한 카오스가 아니라, 사람들이 일상을 살아가는 공간으로서 나타나게 된다. 즉 미스터리하게 보였던 것이 원인과 결과가 해명됨으로써 이치의 세계, 즉 사회 그 자체로서 새로이 제시되는 것이다.

이로써 확인할 수 있는 것은, 일반 사람들에게 암시장이란 내부구조가 불분명하기에 다양한 억측과 의혹의 대상으로 기억되었으며, 그로 인해 무의식적인 차별의 시선이 드리워졌던 것이다. 그러나 이제껏 살펴본 바와 같이, 이 장에서 다룬 서사 속의 암시장은 그러한 무지(無知)로부터 야기되는 기만(欺瞞)을 전복한다. 암시장을 단지 혼돈의 공간이 아니라 인간이 살아온 장(場)으로 재현함으로써, 일본사회가 망각하려는 과거의 폭력 및 그에 따른 책임과 마주하게 되고, 그로부터 '전후 일본'이라는 역사인식을 상대화하려는 서사의 운동 또한 전개될 수 있는 것이다.

2010년대에 들어서도 여전히 다양한 매체가 암시장을 다루고 있다. 예를 들면 만화 잡지에서는 우라사와 나오키(浦沢直樹)의 『BILLY BAT』(『モーニン

그림 1. 浦沢直樹, 『BILLY BAT』 第1卷, 講談社, 2009, p.88.

グ』, 講談社, 2009~), 긴구 곤타(王欣太)의 『ReMember』(『モーニング』講談社, 2011~), 야마다 산스케(山田参助)의 『저것이야, 별의 무리(あれよ星屑)』(『コミックビーム』, エンターブレイン, 2013~) 등, 현대를 대표하는 만화가들이 암시장을 그린 작품을 잇달아 연재하고 있다. 특히 『BILLY BAT』와 『ReMember』에서는 암시장을 과거의 망각과 현재의 지배구조—일본의 정치가나 과거 군인들의 미국 종속, 그리고 그 배경에 있는 역사의 반복성—를 엿볼 수 있는 공간으로서 명확히 그리고 있다. 또한 NHK 연속극 TV소설은 이른바 '여자의 일대기'를 곧잘 다루는 경향이 있는데, 특히 2010년대에 들어선 이후 이 드라마 시리즈가 패전 직후의 시대를 다룰 경우, 암시장과 관련된 이야기가 빈번히 나타남을 볼 수 있다.[32] 거기서 암시장은 이전과 같은 혼돈이나 비일상성의 상징이라기보다는, 오히려 과거에서 현재

_____

32) 〈게게게의 아내(ゲゲゲの女房)〉(2010년 상반기), 〈해님(おひさま)〉(2011년 상반기), 〈카네이션(カーネーション)〉(2011년 하반기), 〈우메짱 선생(梅ちゃん先生)〉(2012년 상반기), 〈잘 먹었습니다(ごちそうさん)〉(2013년 하반기), 〈맛상(マッサン)〉(2014년 하반기) 등, NHK 연속극 TV소설에서는 거의 매년마다 패전 직후를 서사의 무대로 삼고 있으며, 거기에는 암시장, 암거래 상인, 밀조주 등이 등장한다.

로 연속되는 일상의 시간이 흐르거나, 전쟁에 의한 불가역적인 상실(가까운 사람의 죽음이나 변절)이 드러나는 장으로서 묘사되고 있다. 양측의 경우 모두 '전후 일본'이라는 국가 단위의 거대 서사에 의해 가려져 있던 것들을 개인 시선으로 확인하고 역사적으로 재구성하려는 자세를 보이고 있다. 3·11(동일본 대지진) 이후 전후 원자력 발전 대책의 실태가 분명히 드러났음에도 불구하고, '힘내라 도호쿠(がんばろう東北)'라는 구호와 올림픽 개최를 통해 모든 것을 애매모호하게 만드는, 방사능 피해의 조직적 은폐가 진행되었다. 게다가 2012년 이후 자민당의 복권과 입헌주의의 유명무실화, 헤이트 스피치로 대표되는 배외주의와 편협한 내셔널리즘의 발흥 등은 일본이라는 국가의 모습을 명확히 변화시키고 있다.

이러한 시기에 암시장을 다시금 그리려 하는 것은 전쟁과 패전, 그리고 그 이후의 사회를 재고해야 할 필요성이 요청되고 있기 때문일 것이다. 서사 속 암시장이라는 표상은 그야말로 '전후 일본'에 대한 위화감과 밀접히 연관된다. 암시장 표상은 '전후 일본'을 성립시킨 다양한 담론 가운데서, '파열점'으로서의 역할을 담당한다고 말할 수 있을 것이다.

제2부

전후 일본에서 냉전기 일본으로
국민적 경관과 이향(異鄕)

제1부에서는 패전 직후 도쿄의 도시공간이 미디어나 행정, 그리고 영화나 문학작품 안에서 어떻게 파악되어왔는지에 관하여 고찰해보았다. 전쟁에 의해 황폐해진 토지, 이른바 불타버린 들판에 대해서 다양한 태도가 제시되었다. 어떤 이는 과거 제국도시의 무참한 모습과 대면하길 거부하며 이를 회피해야 할 것으로 여겼고, 또 어떤 이는 그것을 새로운 시대를 묘사하기 위한 백지로서 포착하려 했다. 이처럼 과거로부터의 유산을 거부하고 주변으로 내모는 한편, '새로운 일본'이라는 허위의 베일로 본토의 공간을 둘러싸버리는, 그러한 인식의 존재 양상을 '잿더미'의 논리로서 파악하였다.

　제2부에서는 제1부에서 얻은 지식을 기초로 삼아 다양한 공간 이미지를 개별 텍스트를 통해 분석하겠다. '야케아토(잿더미)'의 베일을 걷어냈을 때, 어떤 공간이 드러날까. 제5장에서는 그 첫 분석 대상으로서 「육체의 문」을 다루겠다. 암시장이라는 공간은 '전후 일본'이라는 새로운 시대로부터 떠밀려 나간 사람들이 향한 공간이며, 동시에 그 시대의 모순을 부각시킨 장(場)임을 텍스트의 독해를 통해 제시하겠다.

제5장
–
다무라 다이지로의 「육체의 문」론
'신생'의 서사와 잔여로서의 신체

1. 「육체의 문」의 '쓸 수 없는 영역'

다무라 다이지로의 「육체의 문」(『群像』, 大日本雄弁会講談社, 1947. 3)은 패전 후 사회의 혼란을 여실히 보여준 작품으로 자주 언급된다. 이른바 패전 후 문학 정전의 하나인 것이다. 「육체의 문」이 그 지위를 획득한 데에는 전작 「육체의 악마(肉体の悪魔)」(『世界文化』, 日本電報通信社, 1946. 9)와 더불어 '육체문학'의 대표작으로 손꼽혀온 것이 한몫을 했다. 전시기에 '위로부터의 사상'에 의해 억압을 받아온 세대의 한 사람인 다무라가 전후에 정신의 의지처로서 '육체'를 칭양하겠노라 선언한 사실은 당시 젊은이들에게 커다란 충격과 함께 동조를 불러일으켰다. 발표 당시는 동세대의 젊은이들만이 아니라 이토 세이(伊藤整)나 나카노 시게하루(中野重治), 아오노 스에키치(青野季吉)와 같은 문학자들로부터도 긍정적인 평가를 얻을 수 있었으나,[1] '육

---

1) 青野季吉·伊藤整·中野好夫, 「創作合評会」(2), 『群像』, 講談社, 1947. 5.

체문학'이라는 과격한 단어 사용과 선정적인 육체 묘사는 점차 과잉의 에로 티시즘이라는 비판을 받게 되면서 결국 최근까지 '통속소설'이라는 꼬리표가 붙게 되었고, 일종의 저급문학 취급을 받아온 감이 강한 작품들이었다. 하지만 2000년대 이후 문화연구의 관점에서 동시대의 정치·사회 상황이 짙게 반영된 문학작품으로서 재검토되기 시작했다.[2] 그런 다무라와 '육체문학'의 재평가 흐름 안에서 소설 「육체의 문」에 대한 충실한 개별론도 오니시 야스미쓰(尾西康充)[3]나 아마노 지사(天野知幸)[4] 등에 의해 발표된 바 있다.

예를 들어 아마노는 다무라가 작품 중에서 그린 본질적인 문제의식이 무대화라는 재생산의 과정을 통해 통속적인 욕망과 동일시되고 대중화되어 간 사실을 밝히고 있다. 그리고 다무라 본래의 의도는 약자여야 할 '거리의 창녀'를 강자로 그림으로써 '패전'이라는 기억을 텍스트에 새겨 넣어 패전 직후의 "제도를 상대화해서 보여주려 했던" 것이라고 평가하고 있다.[5]

이 장에서도 아마노와 같이 「육체의 문」을 개별로 다루고 그 등장인물 사이에 존재하는 역학을 중심으로 텍스트를 독해하겠다. 그리고 그 역학이 서사가 전개되는 도시공간과 어떻게 관련되는지를 고찰해보겠다.

먼저, 서사의 모두에서 "유라쿠초(有楽町)에서 가치도키바시(勝鬨橋)까지

2) 田村泰次郎, 秦昌弘·尾西康充 編, 『田村泰次郎選集』第3卷, 日本図書センター, 2005; 濱川勝彦·半田美永·秦昌弘·尾西康充 編, 『丹羽文雄と田村泰次郎』(学術叢書), 学術出版会, 2006; 尾西康充, 「田村泰次郎の戦争文学―中国山西省での従軍体験から」, 笠間書院, 2008 등에서 다무라의 사상이나 작가상을 재검토하는 시도를 하였다.

3) 尾西康充, 「田村泰次郎研究―「肉体の門」自筆原稿の検討」, 三重大学日本語学文学研究室, 2005.

4) 天野知幸, 「<肉体>の増殖, 慾望の門―田村泰次郎「肉体の門」の受容と消費」, 日本近代文学会編集委員会編, 『日本近代文学』第75集, 日本近代文学会, 2006; 「'救済'される女たち―被占領下で観られた「肉体の門」」, 『丹羽文雄と田村泰次郎』.

5) 天野知幸, 「'救済'される女たち―被占領下で観られた「肉体の門」, p.270. 다만 아마노는 '거리의 창녀'를 '강자'로서 그린 것은 '왜곡된 것'이라 하여 거리를 두고 있다.

의 구역"이라 설명하는 장소성에 대해서 생각해보자.[6] 신바시(新橋)·유라쿠초 주변은 신주쿠에 버금가는 속도로 암시장이 발생한 지역이기도 하다. 이 암시장은 규모로는 신주쿠를 능가하고 도쿄권내에서는 최대 규모였으며 물건도 대량으로 취급되고 있었다. 그렇기 때문에 영역을 넓히려는 암거래상이나 야쿠자 등과 같은 조직들끼리의 항쟁이 격화하였고, 총격전도 자주 벌어지게 되었다.[7] 또한 이 지역, 특히 유라쿠초는 그 명칭 속 즐거울 '락'자를 따서 속칭 '라쿠초(ラク町)'라 불리며, '어둠의 여자'들의 발상지라고 일컬어질 정도로 매매춘이 성행했던 장소였다.[8] PX(군매점) 등의 점령군 관련 시설이 많이 존재했던 긴자(銀座)와 근접해 있었기 때문에 그녀들은 미군을 손님으로 맞이하는 일도 많았으며, 주로 일본인을 상대하던 신주쿠의 '거리의 창녀'와 구별하여 '양팡(洋パン)'이라고 불리고 있었다.

그렇지만 「육체의 문」에서는 점령군 병사가 한 명도 등장하지 않을 뿐더러 그 존재를 낌새 차릴 만한 어떤 묘사도 없다. 이런 '미국의 부재'에 관해서는 마루카와 데쓰시(丸川哲史)[9]나 가와사키 겐코(川崎賢子)[10]가 이미 논한 바 있다. 당시 점령군 병사와 일본인의 성적 관계에 관한 묘사는 점령군의 보도 통제(Press Code for Japan)로 금지되었기 때문에 다무라 자신이 '자기 검열'을 한 것이라고 여겨지고 있다. 가와사키는 그것이 다무라의 '시대 풍속에 대한 무비판 무자각'으로부터 나타난 결과가 아니라, 의식적인 것이었음에

6) 본문 p.31. 이하 본문은 秦昌弘·尾西康充 編, 『田村泰次郎選集』 第3卷에서 인용.
7) 松平誠, 『ヤミ市 幻のガイドブック』, pp.25-29.
8) 高橋和男, 「闇の女たち」, 『東京闇市興亡史』, p.256.
9) 丸川哲史, 「冷戦文化論(3)「肉体」の磁場」, 早稲田文学編集室 編, 『早稲田文学』, 早稲田文学会, 2003. 1.
10) 川崎賢子, 「GHQ占領期の出版と文学—田村泰次郎「春婦伝」の周辺」, 昭和文学会編集 委員会 編, 『昭和文学研究』 第52卷, 昭和文学会, 2006.

도 불구하고 '쓸 수 없는 영역'이었다고 논하였다. 일부러 유라쿠초를 서사의 무대로 설정한 점에서도 다무라 자신이 점령군 병사와 '양팡'인 여성들의 관계를 알아차리지 못했다고는 생각되지 않는다. 또한 작자의 의도 이전에 유라쿠초라는 지명 자체가 점령군 병사와 '거리의 창녀' 사이의 매매춘과 결부되어 인식되고 있었다는 점을 고려한다면, 텍스트상에서는 드러나지 않는 그 '쓸 수 없는 영역'이야말로 이 서사를 성립시키는 배경이라고 의식적으로 분석하지 않으면 안 될 것이다. 따라서 이 책에서도 결론에 이르는 과정에서 점령군과 성(性)에 관해서 생각해보고자 한다.

2. 다무라 다이지로의 '육체'관과 소녀들

그렇다면 구체적인 텍스트의 분석에 들어가기 전에 우선 '육체'라는 말에 대해서 검토해보자. 다무라 다이지로가 「육체의 문」의 발표 두 달 후에 잡지 『군상』에 발표한 「육체가 인간이다」[11]라는 에세이에는 다음과 같이 쓰여 있다.

오늘날 '사상'은 머리로부터 우리들을 단지 위협하고 억압하려 할 뿐이다. 일본민족 안에서는 '사상'은 강권적인 색채를 띤 전제정치로 오랜 시간 이어왔지만, 지금에서야 육체는 그에 대해서 분명히 반역하려 하고 있다. '사

11) 田村泰次郎, 「肉体が人間である」, 『群像』, 講談社, 1947. 5.

상'에 대한 불신은 철저하다. 우리들은 지금에서야 스스로로부터 육체 이외 그 무엇도 믿지 않는다. 육체만이 진실인 것이다. 육체의 고통, 육체의 욕망, 육체의 분노, 육체의 도취, 육체의 유혹, 육체의 잠, 이런 것들만이 진실이다. 이런 것들이 존재함으로써 우리들은 비로소 자신이 살아 있음을 자각하는 것이다.

다무라는 이 에세이에서 전시기 경험적 실감을 동반하지 않은 '사상'의 취약성을 오랜 전장 체험을 통해 절감했다고 말하면서, 패전 후 또 다시 '사상'을 거론하는 사람들에게 강한 혐오감을 드러낸다. 그와 같이 표면적이며 곧바로 교환 가능한 '사상'이란 자신이 경험했던 전쟁터라는 위기상황에도 또한 지금 직면하고 있는 패전의 빈곤과 혼란 중에도 그 어떤 도움이 되지 않고, '육체'만이 인간이 살아가기 위한 근거인 것이라고 주장한다. 이러한 육체관, 즉 전중·전후에 제각각 거론되던 '사상'을 상대화하기 위한 '육체'에 대한 철저한 신뢰를 배경으로「육체의 문」의 서사 세계가 구축되어 있다.

「육체의 문」에 등장하는 '거리의 창녀'들은 기쿠마 마치코(菊間町子)라는 이오지마(硫黄島)의 전투에서 남편을 잃은 23세의 '미망인'을 제외하면 18세, 19세의 의지할 곳 없는 소녀들이다. "아직 정욕의 신비를 모르는 그녀들"에게 육체를 판다는 것은 "살아가기 위한 필사의 장사"(강조는 원문)라고 쓰고 있다. 이런 기술은 '정욕의 신비'를 모르기 때문에 소녀들의 '필사의 장사'가 성립한다(＝정욕이 있으면 장사가 아니게 된다)는 전제가 이 서사를 지배하고 있음을 나타내고 있다. 이런 전제는 소녀들이 자발적인 성욕을 증오한다는 사실의 이유로서도 초반부터 제시되어 있다. 스스로를 '고마사(小政)의 센(せん)'이라고 칭하는 아사다 센(浅田せん)은 집단의 리더적인 존재이

다. 서사는 그녀가 문신사에게 '간토고마사(関東小政)'라는 한자 네 글자를 새기도록 하는 장면을 시작으로 전개된다. 이 문신사는 어느 야쿠자 두목 애인의 등에 새긴 목단 문양의 문신이 걸작이라고 알려진, 전전(戰前)부터 유명세를 떨친 인물로 설정되어 있다. 하지만 아사다 센은 문양이 아니라 간테이류*의 문자를 왼쪽 팔뚝에 새기도록 했다. 아사다 센은 이런 '간토고마사'라는 네 글자로 그녀들의 영역을 침범하는 다른 '거리의 창녀'들을 위협하는 것을 꿈꾸고 있는 것이다. 그녀는 성적인 흥미로 몸을 파는 '얌전한 아가씨인 양하는 팡팡걸'을 증오하고 있다. 이후 장면에서 동일하게 아사쿠사의 게이샤(芸者)가 넓적다리에 거미 문신을 새겼다는 이야기를 들은 아사다 센은 "너무 징그러워"라며, 문양이 암시하는 게이샤의 관능성 과시에 대해서 혐오감을 나타낸다.

아사다 센만이 아니라 다른 소녀들도 또한 남자를 유혹하듯 행위를 하는 여성들을 증오하고 있으며, 그 때문에 동료인 '미망인' 마치코와 거리를 두고 있다. 이런 그녀들의 관능에 대한 증오는 '협동생활체'로서 행동할 때의 '규율'에 기인하는 것이다.

예를 들어 정당한 대가를 받지 못하고 자신의 육체를 상대에게 파는 자가 한 사람이라도 있으면 그것은 자신들의 협동생활체의 파괴자인 것이다. 왜 냐하면 그런 행위는 자신들이 장사를 위협하는 것이 되기 때문이다.

그러나 이와 같은 관능에 대한 증오의 감정은, 한편으로는 선망과 표리

---

* 간테이류(勘亭流): 가부키 프로그램과 간판 등을 적을 때 쓰는 둥글둥글하고 굵은 글씨체.

일체의 것으로서 그려지기도 한다. 어느 중년 남성과 사랑하는 사이가 된 마치코는 규율을 어긴 제재로 다른 소녀들로부터 린치를 당한다. 그러나 한참 린치를 가하던 중에 소녀들은 "마치코의 원숙한 육체" 앞에 쩔쩔맨다. 소녀들 중 한 사람인 보르네오 마야는 마치코의 '육체'에 폭행을 가하면서도 그런 행동을 부추기는 증오의 감정이 "자신이 이해하는 한계를 넘어서는 것에 대한 공포와 숭배가 뒤섞인 복잡한 기분"인 것을 뚜렷하게 자각한다. 마치코의 '육체'에 대해서 소녀들은 왜 쩔쩔맸던 것일까. 그것은 마치코의 '육체'가 그녀들에게는 결락(缺落)되어 있는 '육체의 의미'를 드러내는 것이기도 하기 때문인 것이다. 「육체의 문」이라는 소설에서 '육체의 의미'란 즉 성교의 쾌락을 아는 것이다. 이런 '육체의 의미'는 복원병인 이부키(伊吹)가 마치코와 소녀들을 구별할 때 이야기된다.

의식적으로 마치코에게 아첨하는 것이 아니었지만 마치코의 넘쳐나는 관능미를 보면, 평소 마야 패거리에 대해 품고 있던 육체의 의미조차 모르는 주제에 잘난 척하는 그녀들을 향한 꼴도 보기 싫은 마음이 저절로 겉으로 드러났던 것이다.(강조는 필자)

마치코와 다른 소녀들의 신체는 '관능'의 유무에 의해서 구별되어 그려지고 있으며 그것은 더 나아가 인간과 동물을 구별하는 경계선이기도 하다. 텍스트상에서 '관능'을 모르는 소녀들은 거듭 '짐승'으로 표현된다.

모두 인간의 소녀라기보다도 마치 짐승과 같다. 그것도 산고양이나 살쾡이 같은 작은 몸에 날렵한 맹수인 것이다. 그런 맹수들이 먹잇감을 노리고 밤의 정글을 헤매는 것과 다를 바 없다. 필사적인 생존 욕망에 이끌려 그녀들은 어두운 거리를 서성이는 것이다. 양복을 입은 샐러리맨이든, 옛 군복을 걸친 암거래상이든, 무허가 공장의 늙은 사장이든 모두 이 맹수들의 먹잇감이다.

이에 대해서 성교의 쾌락(='육체의 의미')을 알고 있다고 여겨지는 '미망인' 마치코는 소녀들에게서 차별화되어 있다. "마치코에게는 세간의 눈이 신경 쓰였다. 실제야 매춘부일지라도 다른 사람들 눈에는 보통의 부인으로 보이고 싶었다"(강조는 원문)고 했던 것처럼 마치코는 사람들 눈을 신경 쓰지 않는 소녀들과 같이 '금수성(禽獸性)'을 띨 수는 없었다. 마찬가지로 서사의 후반부에 이부키에게 능욕을 당한 마야는 '육체의 쾌락'을 알게 되고, "지금 자신이 비로소 이 세상에 태어났음을 느낀" 후에 '탄생'의 행복을 느끼면서도 "이 같은 볼꼴 사나운 알몸"을 돌아온 이부키에게 보여주는 것이 "부끄럽다"고 생각하게 된다. 이부키와의 성교 이후 마야는 '관능'의 감각을 얻음으로써 '육체의 의미'를 알게 된다. 그로써 마야의 안에 수치심이 생기고 다른 소녀들이 지닌 '금수성'을 떨쳐버리게 된다.

이상과 같이 「육체의 문」에서 소녀들의 이야기는 '육체의 의미'='관능'이라는 전제를 근거로 그려지고 있다. 다무라의 작품에 대해서 비교적 호의적으로 논한 도가에리 하지메(十返肇)는 다른 한편에서는 이런 전제로 인한 작품의 한계를 지적한다.

육체의 승리가 성욕 관능을 의미한다는 점에서 나는 우리 남성의 에고이즘

이 노정되어 있음을 부정할 수 없다.[12]

또한 도가에리는 다른 저작에서도 "남성의 봉건제를 통해 여성을 자기 편리한 대로 생각하는 제멋대로인 점이 있다는 것은 부정할 수 없다"고 비판한다.[13] 도가에리가 지적했듯이 「육체의 문」에서 여성의 '육체의 의미'가 이성과의 성교에 의한 쾌락에만 결부되는 이상, 이 작품은 명백히 여성 차별적인 것이며, 그것이 다무라의 '육체주의'라는 주장의 한계이기도 하다. 그러나 그 명확한 결함은 일단 차치해두고, 이 텍스트를 '신생'하는 소녀의 '육체'라는 단일적 서사에 수렴시키지 않는 방식으로 읽어보고자 한다. 이를 위해 다음 절에서는 이부키라는 남성의 신체 묘사에 대해서 고찰해보겠다.

3. '금수성'의 신체

이부키 신타로(伊吹新太郎)는 아사다 센의 문신이 완성된 날 밤에 소녀들의 침상이 있는 불 탄 건물의 지하실로 굴러들어온다. 그는 경찰에 쫓겨 대퇴부에 한 발의 총탄을 맞고 부상을 입은 상태였다. 부상이 나을 때까지 소녀들과 함께 지내게 되는데, 점차 그녀들은 이부키에게 이끌리게 되고, 그를 중심으로 움직이기 시작한다. 이부키는 사나운 표정의 스물서너 살의 젊

---

12) 十返肇, 「文芸時評―堕落論と肉体主義の超克」, 『早稲田文学』, 早稲田文学社, 1948. 2.
13) 十返肇, 『贋の季節―戦後文学の環境』, 大日木雄弁会講談社, 1954.

은이로 전시에는 중국 전선[14]의 아수라장을 뚫고 살아온 복원병이다. 그 경험으로부터 부상당한 상처가 "자연적으로 치유될 것이라고 의심의 여지없이 믿고 있다." "육체의 악착같음에 대한 자신감을" 가지고 있는 이부키는 실제 "짐승과 같이 쾌조의" 회복을 보여준다.

이부키는 전쟁터에서 살아 돌아온 경험에 의해서 획득한 자기 '육체'에 대한 '자신감'을 가지고 있기 때문에 '육체의 의미'를 모른 채 "세간의 표리를 알기라도 하는 듯한 말투"의 소녀들에 대해서 증오의 감정을 품고 있다. 이부키는 그 소녀들에 대한 증오를 거리에서 만난 마치코(이 시점에서는 마치코는 소녀들의 그룹에서 이미 내쫓겨난 상태이다)에게 다음과 같이 토로한다.

저 년들을 미워한 것은 내가 처음이지 않을까. 아직 새파랗게 어린년들이 이해한다는 듯한 표정을 지을 때면, 구역질이 나와. 목이라도 졸라 죽이고 싶을 정도다.

특히 이부키가 화가 나서 소녀들에게 호통 치는 이유는 '감시(しけてん; 見張り)'나 '담배(えんた; タバコ)' 등을 가리킬 때 '은어'를 사용하는 것에 대해서이다. '은어'를 사용함으로써 자신을 세간과 차별화하는 소녀들의 말투를 이부키는 참을 수 없던 것이다. 이부키는 그 증오 때문에 "당신을 죽이고 나도 죽을래요"라며 달려드는 소녀들 중 한 명인 마야를 거꾸로 깔아 눕히고 능욕한다.

---

14) 이부키가 중국에 있었다는 사실은 소를 도살하는 에피소드에서 이부키 자신이 중국 북부에 있었다고 말했던 것과, 술에 취해 황하를 건너려 했다고 이야기했던 것에서 알 수 있다. 또한 이부키와 다무라를 전기적 독해를 통해서 겹쳐 본다면, 다무라가 중국 전선에 종군하고 있던 것도 참고할 수 있을 것이다.

이부키는 건방진 소녀들을 괴롭히고 또 괴롭히며 끽소리도 안 나올 정도까지 괴롭히지 않으면 자신의 증오는 진정되지 않을 것임을 직감했다. 전선에서 기관총을 조작하던 때의 투지와 본능적인 공포 속에서 정신이 아찔해질 정도로 생명의 충실감과 같은 감각을 지금 그는 느낀다.

이부키의 소녀들에 대한 증오와 마야에 대한 능욕 장면에서 이야기되고 있는 이부키의 '육체'관이란 전시의, 특히 한창 전투 중인 '투지'와 '본능적인 공포'를 느끼고 있는 '육체'임을 알 수 있다. 이 '육체'에 새겨진 경험을 믿고 그것에 의지하며 폭력에 의해서 타인을 굴복시키려 함으로써 이부키는 자신의 '육체'를 재확인하는 것이다. 이부키의 '육체'가 전시중에 획득된 신체인 것은 다른 장면에서도 알 수 있다. 그것은 이부키의 신체를 묘사하는 아래의 장면이다.

권총에 의한 총상은 찰과상에 불과하지만, 오른쪽 대퇴부를 예리한 칼과 같은 것으로 푹 도려낸 것처럼 나 있다. 그래도 대륙의 전장에서 가슴에 한 번과 오른쪽 장딴지 위쪽에 한 번 관통총상을 입은 적이 있는 그에게는 그런 상처쯤은 대수롭지 않았다.

이부키의 신체에는 전쟁에서 얻은 총상이 각인되듯 새겨져 있다. "마야에게도 가슴과 팔뚝, 그리고 대퇴부에 총상이 있는, 제대로 발달한 이부키의 육체는 눈이 부실 지경이었다"고 쓰여 있듯이, 이부키의 총상은 후반부의 술자리 장면에서 다시금 그의 신체를 상징하는 것으로서 그려진다. 과거 병사였던 사실을 각인하고 있는 이 총상을 어떻게 해석할 수 있을까.

마에다 아이는 『도시공간 속의 문학』의 「초토의 성성(聖性)」이라는 장에서 아사다 센이 문신을 새기는 에피소드가 텍스트 초반에 이야기되는 것에 대해서 "마야의 육체와 대조적인 효과를 의도했음이 틀림없다"고 진술하고, "아사다 센이 왼 팔뚝에 새긴 '간토고마사(関東小政)'의 문자는 억압된 육체의 표징 그 자체인 것이다"라고 지적한다.[15] 문자에 의해서 '억압된 육체'라는 것은 앞서 인용한 다무라의 에세이 중 "오늘날 '사상'은 머리로부터 우리들을 단지 위협하고 억압하려 할 뿐"이라는 문장과 그대로 일치한다고 생각할 수 있다. 그렇기 때문에 마에다의 이런 지적에는 설득력이 있다. 그렇다면 이 점과 함께 이부키의 총상을 어떻게 연관시킬 수 있을까. 여기에서는 이부키가 소녀들의 침상을 처음 찾아온 것이 아사다 센의 문신이 완성되던 그날 밤이었다는 점을 상기해보자.

마에다는 아사다 센의 문신이 '문자'인 점에 주목하고 그것을 '사상'과 결부시켰는데, 문신이 새겨질 때의 묘사에 주목하자면, 문신이 지니는 또 하나의 요소를 발견할 수 있다.

먹물을 머금은 세 묶음의 실을 꿰어 넣은 바늘이 쑤욱, 쑤욱 피부를 깨무는 고통에 이를 꽉 깨물며 견디면서 혼잣말로 [다른 거리의 창녀들을 위협하는 말을—필자] 중얼거리고 있자면, 어느새 고통도 잊고 즐거워지기 시작한 것이다.

인용문에서 그려지고 있듯이 아사다 센의 문신은 단지 '문자'를 살갗에 쓴 것이 아니라 살갗의 표피에 상처를 내고 거기에 먹물을 삽입하기를 반복

15) 前田愛, 『都市空間のなかの文学』, 筑摩書房, 1982(인용은 ちくま学芸文庫版 제3판, 筑摩書房, 1996, p.532).

함으로써 '문자'가 된다. 즉 문신은 '문자'이기 전에 신체에 새겨진 상흔인 것이다. 마에다가 문신을 "억압된 육체의 표징"이라고 한 것이라면, 그 문신이 '문자'인 동시에 육체의 상흔이라는 사실도 중요한 것이다. 그렇다면 아사다 센의 문신과 마찬가지로 이부키의 신체에 새겨진 총상도 또한 '육체'를 억압하는 표식, 즉 '사상'이라고 생각할 수 있지 않을까.

또한 이부키의 신체는 또 하나의 특성을 지닌 것으로서 묘사된다. 그것은 '금수성'이다. 이부키는 '육체의 의미'를 알고 있음에도 불구하고, 그 신체는 소녀들과 마찬가지로 '짐승'과 같이 묘사되고 있다.

상처 입은 맹수가 당장은 동굴 깊숙이 숨어서 상처의 치유를 기다리고 있지만, 조금만 좋아지면 바깥 세계에 나가 자유롭고 흉포한 생활로 돌아가고 싶어 하는 것과 마찬가지인 것이었다.

이후 이부키를 의식하게 된 소녀들이 그를 중심에 두고 생활하는 모습이 "흡사 한 마리의 수컷 개를 가운데 두고 네 마리의 암컷 개들이 서로 노려보고 있는 듯"이라고 표현되어 있다. 이부키는 소녀들에게 증오심을 품고 있음에도 불구하고, '육체의 의미'를 모르는 소녀들의 공동체에 짐승으로서 동화되어 있는 것처럼 묘사된다. 반복하지만, 이부키가 소녀들을 증오하는 것은 소녀들이 창녀들의 '은어'를 사용하기 때문이며, 이부키에게 소녀들의 '은어'는 '육체'를 동반하지 않은 표면적인 것이다.

그러나 소녀들이 사용하는 '은어'는 아사다 센의 문신과 마찬가지로 자기 자신을 다른 사회로부터 차별화하기 위한 언어이기도 하다. 앞서 밝혔듯이 소녀들은 마치코처럼 행동하는 것을 모멸한다. "겉만 그럴듯하게 꾸미려 하는 그런 분별이 그녀들에게는 왠지 꺼림칙하고 불순하게" 여겨진 것이다. 즉 그녀들도 '추잡'하면서도 표면만을 꾸미려 하는 다른 여성들을 증오하는 것이다. 이부키의 '은어'에 대한 증오와, 소녀들의 '관능'에 대한 증오는 표면적인 위장에 대한 증오라는 점에서 동질적인 것임을 알 수 있다.

정리하자면, 이부키가 소녀들의 '은어'에 특히 감정적으로 대응한 것은 그것이 언어나 문자(문신)='사상'에 의해 '육체'를 속박하는 것이기 때문이다. 그러나 그 증오는 그대로 이부키 자신의 '사상'(총상)이 각인된 신체로 튕겨오는 것이다. 즉 이부키 신체의 금수성이란 '육체의 의미'를 아는지 모르는지와 상관없이 '사상'에 결박된 신체가 발산하는 것이며, 그것은 소녀들의 금수성과 닮아 있는 것이다.

이렇듯 이부키의 신체에서 '사상'과 '금수성'의 관계성이라는 측면에서 볼 때, 「육체의 문」이라는 텍스트는 작자인 다무라 다이지로의 「육체가 인간이다」라는 에세이가 내세운 '육체'관과는 어긋나는 면이 있다. 일견 이부키는 '육체의 의미'를 전장에서 실감하고, 그 때문에 소녀들을 모욕하고, 더 나아가서는 마야에게 '육체의 쾌락'을 부여한 일종의 초월적 인물로서 파악할 수 있다. 그러나 다무라가 에세이 안에서 주장한 것처럼 '육체'와 '사상'의 이항대립적인 도식은 이부키의 신체상에서는 성립하지 않는다. '육체의 의미'를 이야기하고 있는 이부키의 신체 그 자체가 오히려 '사상'에 의해서 결박된 신체로서 텍스트상에 나타나고 만 것이다.

이러한 다무라의 '육체'관과 이부키의 신체 묘사 사이의 뒤틀림은 서사의 절정인 마야의 '신생' 장면에서 필연적으로 이부키를 홀연 떠나도록 만든다. 전술했듯이 이부키가 마야를 능욕함으로써 그 자신의 '육체'를 실감한 사실은 텍스트상에 그려져 있다. 그러나 그것이 이부키의 신체에 그 어떤 변화도 일으킬 리는 없다. 이 장면의 직후, 이부키는 남긴 소고기의 처분을 위해서 암시장으로 사라지고, 서사가 끝날 때까지 다시 등장하는 일은 없다. 마야가 이부키와의 성교 후 '육체의 의미'를 깨닫고 '신생'하는 것과는 대조적으로 이부키의 신체에 대해서는 아무것도 이야기하지 않은 채 서사는 막을 내린 것이다.

이부키가 서사에 등장하고부터 마야의 능욕 장면에 이르기까지 이 소설의 3인칭 화자는 비교적 이부키에 의거한 시점을 지니고 있다고 할 수 있다. 이부키의 소녀들에 대한 증오를 묘사하는 장면도 그러하며, 이부키의 심리는 화자에 의해서 세밀하게 묘사되어왔다. 그러나 마야가 '육체의 의미'를 얻는 순간, 화자는 이부키로부터 떠나고 만다. 이렇게 화자의 비중이 이동함으로써 이부키의 신체 문제는 그대로 남겨둔 채 「육체의 문」은 마야의 '신생' 서사로서 독자에게 강한 인상을 줄 수 있는 것이다.

4. 금수성·사상·육체

지금까지 다무라의 에세이에 담긴 육체관을 근거로 「육체의 문」에서 묘사된 신체를 고찰했다. 분명 서사 속에서 육체에 대한 신뢰는 이부키의 입을 빌려서 진술되고 있으며 그것에 대한 실감과 희망과 같은 것은 마야의 '신생'을 통해서 이야기되고 있다. 하지만 동시에 아사다 센을 비롯한 소녀들과 이부키의 신체 묘사에서 나타난 금수성과 사상의 문제 등, 다무라가

에세이에서 말하는 '육체'와 「육체의 문」이라는 텍스트상의 신체가 반드시 일치하는 것이 아님을 알 수 있다.

처음부터 '금수성'을 가지지 않던 마치코나 금수성을 버리고 육체로 '신생'하는 마야가 그 육체를 소지하기 (혹은 획득하기) 위한 조건으로서 들 수 있는 것은 '육체의 쾌락'=관능을 아는 것이다. 이것이 없기 때문에 다른 소녀들은 앞서 두 사람과는 구별된다. 그러나 이부키는 전쟁터에서의 경험으로부터 '육체의 의미'를 알고 있다고 이야기되면서도 그의 신체는 '육체의 의미'를 알지 못하는 소녀들과 마찬가지의 금수성을 지닌 신체로 그려지고 있다. 그렇다면 「육체의 문」에서 이부키와 (마야를 제외한) 소녀들의 신체가 이질적인 것으로서 남게 되는 것은 왜일까.

이미 살펴본 것처럼 마치코·마야적인 '육체'는 '육체의 쾌락', 즉 도가리가 말한 '애욕관능'의 경험을 갖고 있다. 또한 이 '육체=애욕관능'이라는 텍스트상에 설정된 정식이 시간이나 공간적인 규정에 구속되지 않는 보편성을 띤 것인 점에도 주목하지 않으면 안 된다. 서사의 중반부에서 마치코의 '육체'가 다른 소녀들의 신체와 차별화되어 '공포스러운 신비'로 파악되고 있는 것은 다름 아닌 마치코가 이미 '애욕관능'을 경험하고 있기 때문이다. 즉 마치코가 '여성의 육체'를 획득한 것은 전시에 생전의 남편과의 성교를 통해서라는 것이다. 또한 마야는 그런 마치코를 증오하면서도 선망하고 있으며, 실제로 그녀가 금수성을 지닌 신체로부터 '여성의 육체'로 '신생'하는 것은 전후였지만, 마치코의 '육체'와의 시간적인 차이는 그려지고 있지 않은 것이다. 마치코·마야적인 '육체'가 보편적이며 탈역사적이기 때문에 소녀의 '신생' 서사로만 읽어버리는 것이다.

한편, 이부키나 다른 소녀들의 '금수성'을 띤 신체는 앞서 밝힌 것처럼

'사상'에 의해서 억압된 신체인 것이다. 그렇다면 여기에서 말하는 '사상'이란 무엇인가. 이부키의 신체에 각인되어 남아 있는 총상은 병사로서의 신체 표식인 것이다. 전시하 중국 전선에 있던 이부키는 '대일본 제국'의 제국주의적인 확대라는 '사상'을 실현하기 위한 신체를 획득했다. 그가 자신도 소지하고 있다고 주장하는 '육체'란 전선에서 사투를 반복한 병사의 신체를 가리키는 것이다. 그러나 패전하여 '대일본 제국'이 사라진 전후의 사회에서는 그의 신체, 즉 전시의 사상이 각인된 신체는 단지 '짐승'으로서 떠돌 뿐이다. 그것은 더 이상 병사의 신체가 아니기에, 이미 그가 생각하는 '육체'가 아닌 것이다.

그렇다면 소녀들의 신체를 억압하는 사상이란 무엇인가. 패전 후의 사회란 물론 점령하에 있는 사회이며, 그것은 새로운 식민지주의로 편입된 사회이기도 하다. 그러나 「육체의 문」에는 점령병이 등장하지 않기 때문에, 그것은 배경 깊숙이 숨겨져 있다. 이 점에 대해서는 이 장의 서두에서 언급한 가와사키의 논문을 참조하여 '쓸 수 없는 영역'이라고 밝혔다.

GHQ/SCAP가 실시한 보도 통제는 일본인끼리의 매매춘 묘사는 용인하면서도 점령군 병사가 그것에 관련되는 사실의 묘사를 허락하지 않았다. 이것이 의미하는 점은 남성과 여성의 사이에 존재하는 지배/피지배의 구조는 인정하지만, 미국과 일본의 지배/피지배의 관계를 상징 내지 시사하는 것은 인정하지 않는다는 것이다.

가와사키는 이것을 "내셔널리즘의 문제계와 섹슈얼리티의 문제계를 분리하는 것"이며, 또한 그 분리는 "점령하의 여성들에 대한 배려라기보다는 점령하의 남성들에 대한 배려, 그들의 성적 지배나 소유관계를 침범하는 것에 대한 배려라고 해야 할 것"이라고 지적한다.[16] 소녀들의 신체는 명백히 신식민지주의에 편입되었기 때문에, 즉 점령이라는 사실이 낳은 상황에서 살아가야 할 신체이기 때문에, 파는 신체, 거래하는 신체가 된 것이라고 말할 수 있다. 그 공간이 '유라쿠초에서 가치도키바시까지의 구역'이라고 텍스트상에 명기됨에 따라, 점령군과의 강한 관계성을 나타낸다는 점에 대해서는 이 장의 초반에 밝힌 대로이다. 아사다 센의 문신이나 소녀들의 '은어'는 그런 미국에 의한 신식민주의라는 '사상'으로 지배되었던 사회를 끝내 살아남기 위해서 몸에 밴 수단인 것이다. 그러나 실제로 소녀들은 이부키와는 다르게 아직 '신생'할 가능성을 남기고 있다.

이부키는 소녀들의 '은어'를 사용하는 삶의 방식에 증오심을 품는다. 그것은 이부키와 마찬가지로 언어나 문자(문신)='사상'에 의해서 '육체'가 속박되어 있는 것에 대한 반항이라고 앞서 논했다. 그러나 이것을 뒤집어보면, 이부키의 증오를 패전 후 사회에 용해될 수 없다는 것에 대한 공포로도 파악할 수 있다. 현시점에서 아직 소녀들은 이부키와 마찬가지로 금수성을 지닌 신체인 것이다. 그러나 그녀들도 언젠가 마야들과 같이 '육체의 의미'를 알고 '신생'할 가능성, 즉 탈역사화할 가능성을 지닌다. 역사를 단절하고 더 나아가 점령이라는 새로운 '사상'도 망각한 채 '전후 일본'이라는 허구 속에서 살아갈 가능성, '전후 일본'에 재통합될 가능성이 소녀들에게는 있다. 물론 그것이 새로운 억압의 시스템으로의 유입이며 구제를 의미할 리가 만무한 것이겠지만.

그에 비해서 이부키는 자신의 생명력을 근거로 삼아 맞서려 하고 있다.

---

16) 川崎賢子, 「GHQ占領期の出版と文学—田村泰次郎「春婦伝」の周辺」.

하지만 그 생명력을 축적하고 있는 신체야말로 낡은 과거의 '사상'이 새겨진 신체인 것이며, 패전 후인 현재에는 두 번 다시 탈역사화할 수 없는 병사였던 과거 경력으로 인해 심판받을 대상으로서의 신체인 것이다. 이부키와 소녀들의 금수성을 띤 신체가 텍스트상에 나타날 때, 패전과 점령의 사실이라는 '쓸 수 없는 영역'이 가시화된다. 그리고 그 위에 '전후 일본'에서 소녀들이 '육체의 의미'를 실감하고 '신생'한다는 서사의 주선율의 후경에서 제국주의/식민지주의라는 '사상'이 각인된 이부키의 신체는 의지할 곳 없는 잔여로서 암시장으로 내몰리는 것이다.

5. 소결

「육체가 인간이다」라고 역설하며, '전후 일본'에 만연한 '사상'에 대한 철저한 불신과 그에 대항하는 '육체'에 대한 절대적인 신뢰를 제창한 다무라 다이지로의 철학이 이 「육체의 문」의 근저에 있다는 점은 거듭 밝혀왔다. '육체'를 절대시하고 전후를 전중의 '사상'으로부터 분리시키고 '신생'시키겠다는 다무라의 주장은 마야의 '육체' 획득을 묘사함으로써 서사 안에서 구상화되었다고 볼 수 있다.

하지만 그와 같은 다무라의 '육체'에 대한 신뢰는 '육체'를 그 어떤 역사적인 결박도 없이 보편적인 실재로서 설정함으로써 서사화된 것이다. 탈역사화, 즉 과거와 현재의 정치적 상황을 분리했을 때만이 그와 같은 보편은 성립한다. 결국 다무라의 '육체' 사상은 「육체의 문」의 다른 등장인물들에 의해서 배반당한다.

점령하를 살아가는 이부키나 아사다 센을 비롯한 다른 소녀들이 지닌 금수성의 묘사로부터 파악할 수 있는 것은 전쟁이 끝나더라도 아직도 '사상'에 억압되는 신체인 것이다. 전후의 이부키의 신체는 전쟁 중에 터득한 '육체의 의미'를 가지면서 '짐승'으로 변화한다. 과거의 표식을 새긴 신체는 세상의 호칭이 '전후'로 바뀌어도 계속해서 남아 있다. 한편, 소녀들의 신체에도 패전과 점령이라는 새로운 각인이 새겨진 채, '쓸 수 없는 영역'을 그 '금수성' 속에 드러내고 말았던 것이다. 그렇지만 아사다 센을 비롯한 소녀들에게는 아직 '육체'를 획득할 기회가 있다. 이 서사에서는 성적 쾌락이라는 '진정한 의미'를 얻는 것이 여성이 '육체'를 얻기 위한 조건으로 설정되어 있기 때문이다. 이때 '육체'를 얻은 소녀들은 '전후 일본'에 자신의 장(場)을 안착시킬 수 있는 것이다.

그렇다면 왜 여성만이 '전후 일본'에 자신의 장을 가질 수 있는 것일까. 「육체의 문」에서의 이 '육체'를 둘러싼 남녀의 차이는 단지 다무라의 비뚤어진 젠더관만으로 설명될 수 있는 것도 아니다. 점령기 당시부터 최근에 이르기까지 '전후 일본'을 여성의 신체에 빗대는 담론은 일종의 기조가 되어왔다.[17] 패전에 의해서 거세된 일본인 남성과, 패배한 남자들을 무시하며 미군 병사들에게 신체를 맡기는 여자들. 이와 같은 일본인 남성의 뒤틀린 피해자 의식이 '전후 일본' 사회를 해석할 때 거듭 재생산되어왔다. 그리고

17) 그 대표적인 담론은 점령된 상태를 강간이라고 빗댄 것이며, 거기에서 일본인 남성은 '(자신의 여자를) 빼앗긴 남편'으로서 규정된다. 동시대에도 '팡팡걸'과 점령군 병사 사이의 관계가 패전 후 사회의 모습으로 묘사되는 경우가 자주 있었다는 사실은 잘 알려져 있다(ジョン·ダワー, 『敗北を抱きしめて』上·下; 恵泉女学園大学平和文化研究所 編, 『占領と性―政策·実態·表象』, インパクト出版会, 2007 참조).

이 피해자 의식이 앞서 논했던 '잿더미'라는 기호에 동조하는 것이라는 점은 쉽게 상상할 수 있다. 한편, 그런 전후 남성의 열등감이 비뚤어져 나타남으로써 전시기의 병사의 신체가 이상적으로 묘사된다. 다무라 다이지로가 「육체의 문」을 전후로 「육체의 악마」나 「춘부전(春婦傳)」[18]에서 중국인과 조선인 '위안부'와 일본 병사 사이의 연애를 그린 것을 제국 병사의 '육체'에 대한 선망(가해의식의 희박)으로서 규정할 수 있을지도 모르겠다. 이와 같은 전후 일본인 남성의 열등감이 국토회복이라는 바람과 여성에 대한 성적 욕망을 중첩시키는 독해 방식을 성립시키며 점령기 문학의 해석으로서 거듭 생산되어왔다.

이 장에서는 「육체의 문」에서 금수성을 띤 이부키나 소녀들의 신체에 주목함으로써 다무라의 '육체' 개념의 배후에 있는 '전후 일본' 인식의 존재양상을 부각시키고자 했다. 마야의 '신생'을 통해서 그려진 '육체' 개념은 과거부터 현재까지라는 시간의 연속성을 배제한 보편성을 위장함으로써 획득되는 것이며, 도시의 폐허를 백지의 공간으로 파악하는 '잿더미'의 역사 인식과 상동적인 것이다.

---

18) 田村泰次郎, 『春婦伝』, 銀座出版社, 1947. 「춘부전」은 잡지 『日本小說』(大地書房, 1947. 4.)에 게재될 예정이었으나 GHQ의 검열에 의해서 잡지로부터 삭제되었다. 검열 이유는 작중에 마치 조선인 같은 위안부가 등장하고, 모욕적인 언어로 표현되었다는 것으로, "Criticism of Koreans"에 해당한다고 되어 있다 (「作品解題」, 秦昌弘·尾西康充 編, 『田村泰次郎選集』 第2巻, 日本図書センター, 2005).

제6장
－
'잿더미'가 암시장을 주변화하다
이시카와 준의 「잿더미의 예수」론

1. '일본'의 '전후'

「잿더미의 예수」(『新潮』, 1946. 10)는 작가 이시카와 준을 대표하는 작품일 뿐 아니라, 패전 직후라는 시대를 대표하는 문학작품으로 손꼽힌다. 왜냐하면 부랑아 소년을 예수 그리스도에 비유하는 기발한 이야기가 많은 독자에게 인상을 남겼을 뿐 아니라, '전후'라는 시대의 초기 단계를 상징적으로 제시한 서사로 이 작품을 평가한 종래의 해석이 지대한 역할을 해왔기 때문이다.

「잿더미의 예수」는 발표 당시에는 그렇게까지 큰 관심을 받은 작품은 아니었으나,[1] 잡지 『근대문학(近代文学)』(近代文学社)에 속한 문학자들이 이 작

------

1) 대표적인 것으로는 正宗白鳥, 「文芸時評」, 『潮流』 2-1, 潮流社, 1947; 山室静, 「デカダンスの文学」, 『群像』 1947. 6; 中野好夫, 「創作短評」, 『人間』 4, 鎌倉文庫, 1946 등이 있다. 당시의 평가에 관해서는 塩崎文雄, 「石川淳における戦後の出発―生活の根源的収斂の意義をめぐって」, 『日本文学』, 1977. 2; 若

품을 긍정적으로 바라보고 있었다. '에고이즘'을 경유한 근대적 주체의 획득과 그것의 핵심으로서 전후 도덕의 확립을 제창하던, 아라 마사히토(荒正人)를 비롯한 근대문학파는 이시카와의 전후 작품을 황폐한 사회에서 나타나는 인간의 본질을 그린 작품으로 손꼽으며, 자신들의 전후 세계관과 궤를 함께하는 것으로 규정했다.[2] 시대적으로 조금 뒤의 일이지만, 같은 『근대문학』의 동인이었던 혼다 슈고(本多秋五)도 "그 어떤 것도 가능성이 없다고는 단언할 수 없던, 모든 가능성이 공기 중에 술렁이는 것을 느낄 수 있었던 시대"를 대표한 작품으로서 「잿더미의 예수」를 거론했다.[3]

이렇듯 근대문학파가 「잿더미의 예수」를 '전후'라는 시대에 대한 작가의 응답으로서 긍정적으로 파악한 것이 노구치 다케히코(野口武彦)의 『이시카와 준론(石川淳論)』으로 계승되었고, 이를 통해 전후 이시카와 문학의 주류적 평가가 형성되었다고도 말할 수 있겠다. 노구치는 이시카와가 전쟁상황 하에서 "인간의 정신과 육체의 내측 점막 부분에의 직면"이라는 원체험에 기초하여, "전후의 불령(不逞)하고 야만적인 풍속 안에서 이 '실존'적 상황을 포착하고, 거기서 미생(未生) 이전의 인종이라는 이미지를 조형하는 것"을 "형이상학적인 문제"로서 다뤘다고 주장한다.[4] 사토 야스마사(佐藤泰正)

松伸哉, 「焼跡で虚構を立ち上げること―敗戦直後から見る石川淳「焼跡のイエス」」, 『昭和文学研究』 65, 昭和文学会, 2012에 상세히 정리되어 있다.

2) 야마네 료이치(山根龍一)는 「石川淳「焼跡のイエス」論―被占領下における「倫理」の可能性をめぐって」(『総合文化研究』 第18巻 第1号, 日本大学商学部, 2012)에서 사사키 기이치(佐々木基一)가 「잿더미의 예수」에 대해 "지극히 윤리적 소설"이라고 평가한 것을 거론하며, 사사키를 포함한 근대문학파의 일원들이 "'민중'과의 연대하여 나아가는 인민전선적인 민주주의혁명을 지향"했던 것과 이 작품이 "사상적 공액(共軛) 관계"를 맺고 있었음을 지적했다.

3) 本多秋五, 『物語戦後文学史』, 新潮社, 1966, p.85.

4) 野口武彦, 『石川淳論』, 筑摩書房, 1967, pp.244-247.

는 노구치의 논의를 토대로 '성과 속'의 이항대립으로 이야기되어온 서사를 패전 후 사회 속에 재정위하면서, 「잿더미의 예수」가 이시카와의 재출발일 뿐 아니라, '전후 일본'과 '전후 문학'의 '출입구(戸口)'를 제시한 작품이라고 논하였다.[5] 니시카와 나가오(西川長夫)는 이 '전후의 출발'이라는 해석을 다음과 같은 문장을 통해 단적으로 보여준다.

> "이제부터 잿더미의 신개지(新開地)에 만연할 인간의 시초", 이것이야말로 잿더미의 암시장에 출현한 부랑아에게서 작가가 발견한 하나의 가능성이었다. 이런 점에서 「잿더미의 예수」는 어리석은 전쟁으로 괴멸한 일본인의 '재생' 서사라고 해석할 수 있다.[6]

위와 같이 전후 일본의 시원을 그린 것으로서 「잿더미의 예수」를 평가하는 비평의 양상은 이 작품의 형이상학적 측면이나 신화적 모티프와 호응하며 일정한 설득력을 지닌다고도 볼 수 있겠다. 그러나 이러한 비평은 텍스트에서 구체적으로 어느 부분이 '전후적'인 특징을 띠며, 혹은 이 텍스트에서 '전후'란 무엇을 의미하는가라는 물음에 관해서는 명확한 답을 내리지 못한다.

이처럼 막연한 '전후'라는 시대인식과 거리를 두고, 텍스트에 표현된 패전 직후의 사회를 구체적으로 파악하고자 했던 논자로서는 야마구치 도시오(山口俊雄)와 시마무라 데루(島村輝)를 손꼽을 수 있을 것이다. 야마구치는 「잿더미의 예수」의 1인칭 서술 구조를 분석함으로써, '나'가 과거와 결별하

---

5) 佐藤泰正,「戦後文学における神と実存─「焼跡のイエス」をめぐって」, 至女堂 編,『国文学─解釈と鑑賞』, 35-1, 至文堂, 1970.
6) 西川長夫,『日本の戦後小説─廃虚の光』, 岩波書店, 1988, p.60.

며 현재와 직면하게 되는 이 전환이야말로, 기독교적 모티프를 차용한 "'구원의 메시지'가 갖는 내실"이라고 결론지었다. 그리고 이 작품이 1946년 1월 천황의 '인간선언', 이른바 "'신'이 '인간'화되었다는 얕은 술수에 대한 통렬한 아이러니로서 기능"하였다고 지적했다.[7] 시마무라는 이 작품의 서두 부분에서 암시장을 그리는 비상한 문체에 주목하여, 신체성을 환기시키는 '행동'이라고도 볼 수 있는 언어의 사용법이 패전 직후 세상의 혼란, 즉 민중의 '야비한 생명력'과 '시대의 전체성'을 드러내고 있음을 지적했다.[8]

야마구치와 시마무라의 논고 이후, 서사에 등장하는 다양한 사태들의 당대사적 의미를 밝힘으로써, 텍스트가 그것들과 어떻게 공모했는지, 혹은 그것들을 어떻게 상대화했는지를 고찰한 논고들이 등장했다. 아마노 지사(天野知幸)는 「잿더미의 예수」를 "전후라는 시대와 조우한 신체감각의 표상"으로 규정하며, 그것이 "전후 인식이나 역사 서술의 욕망과 교류하고 있으면서도 완전한 소통을 이루지 못하고 있는" 서사로서 파악했다.[9] 로만 로젠바움(Roman Rosenbaum)은 '잿더미·암시장'이라는 공간을 "전후 사회질서와 대국(對局)을 이루는 반사회적 혼돈을 가리키는 메타포"이자, 미하일 바흐친이 말한 "카니발적 성격이 짙은 문학적 사상(思想) 공간"으로 규정한 뒤, 이에 근거하여 「잿더미의 예수」를 "점령하 일본에 살아남은, 전쟁책임을 지닌 지배계급에 대한 시민의 행정권을 가리키는" 서사로서 해석하였다.[10] 또한

7) 山口俊雄, 「石川淳 『焼跡のイエス』論―語り手《わたし》を編集する〈作者〉」, 東京大学国語国文学編, 『国語と国文学』第77巻 第5号, 明治書院, 2000.

8) 島村輝, 「文体(スタイル)としての闇市―石川淳の戦後作品群」, 昭和文学会編集委員会 編, 『昭和文学研究』第41巻, 昭和文学会, 2000.

9) 天野知幸, 「「感触」としての戦後―石川淳·金子光晴が描いた〈皮膚〉と〈孔〉」, 坪井秀人·藤木秀朗 編著, 『イメージとしての戦後』, 青弓社, 2010.

10) ロマン·ローゼンバウム(Roman Rosenbaum), 「石川淳の「焼跡のイエス」をめぐって」, ウィリア

야마네 료이치(山根龍一)는 이시카와 준을 GHQ의 검열에 대하여 "노골적으로 제약을 깨뜨린 작가"로 위치시키며, 「잿더미의 예수」에는 점령과 패전이라는 현실이 초래한 국민적 아이덴티티의 갈등이 우의적으로 표현되어 있다고 논했다. 나아가 이 소설에 그려진 암시장, 부랑아, 기독교의 조합이 "GHQ/SCAP의 대일 점령정책에 내재하는 비대칭적이고 폭력적인 권력관계"를 와해시키며 "패전국 국민"의 "윤리를 매개"로 하는 "연대"를 시사함으로써, 피점령(被占領)으로부터의 구제를 서사화하였다고 평했다.[11]

이렇듯 「잿더미의 예수」라는 소설과 '전후'라는 시대의 불/협화음을 포함한 관계성의 문제는 다양한 관점에서 논의되어 왔다. 그러나 많은 연구가 축적되어왔음에도 불구하고, 논의의 여지가 아직 남아 있어 보인다. 이제까지의 논의가 '일본' 또는 '일본인'이라는 내셔널한 프레임 안에서의 해석을 당연시해온 것이 아닌가라는 의문이 들기 때문이다.

따라서 이 장에서는 이 소설이 그려내고 있는 공간을 일본이라는 국민국가의 틀에서 벗어나 살펴보고자 한다. 이러한 제안 자체가 적잖이 기묘하게 들릴지도 모르겠다. 「잿더미의 예수」라는 서사가 그리고 있는 시공간은 패전 후 일본의 도쿄 우에노, 지금의 아메야요코초에서 우에노 공원까지로 특정되어 있다. 또한 이 작품은 이시카와 준이라는 일본인 작가가 일본어로 쓴 소설이며, 서술자인 '나' 또한 일본 근세문화에 조예가 있는 지식인이다.

ム·J·タイラ―·鈴木貞美 編著, 『石川淳と戦後日本』(日文研叢書), 人間文化研究機構国際日本文化研究センタ―, 2010. 또한 같은 책에 수록되어 있는 코르베 스티브(Corbeil Steve; コルベイ·スティ―ブ)의 「石川淳とパフォ―マティヴィテ―野坂昭如と比較する」의 경우도, 이시카와 문학에서의 잿더미나 암시장을 일상과 비일상이 혼재된 퍼포먼스의 공간으로 파악하며, 작가가 거기서 활동하는 것들을 그림으로써 전후 집단적 아이덴티티의 확립을 묘사하였다고 논하였다.

11) 山口俊雄, 「石川淳「焼跡のイェス」論―被占領下における「倫理」の可能性をめぐって」.

그러나 아시아태평양전쟁 패전 직후의 일본이라는 공간은 엄밀히 말해 주권국가의 국토가 아니며, 또한 그 공간에는 일본인만이 생활하고 있었던 것이 아니다. 그렇기에 「잿더미의 예수」라는 소설이 일본이라는 국가와는 다른 공간을 그리고, 또한 일본인이 아닌 사람들을 그렸을 가능성을 고찰하는 것이 아주 빗나간 독해의 시도는 아닐 것이다. 여기에서는 그러한 가능성을 추구하여 종래의 연구와는 차별화된 서사 해석을 제시함으로써, 국가라는 프레임이 어떠한 방식으로 서사와 그에 대한 해석을 강력하게 고착화시켜 왔는지를 논의하고자 한다.

2. '신흥 민족'의 '오늘의 규정'

우선 서사의 개시점인 암시장이라는 공간에 주목해보자. 앞서 말한 바처럼 「잿더미의 예수」의 무대가 되는 암시장은 도쿄 우에노의 그것으로 한정되어 있다. "오늘은 쇼와 21년 7월의 마지막 날, 밝아올 내일인 8월 1일부터 시장을 폐쇄한다는 관(官)의 고시(告示)가 나와 있어, 그렇지 않아도 기세가 대단한 우에노 고가도로 아래"라고[12] 서두 부분에서 명확히 밝히고 있기 때문이다. 종래의 연구에서도 암시장에 주목해왔으나, 대체로 암시장 일반의 사회적 의미를 포착하려 했다. 그에 반해 우에노의 암시장이 실제로 어떤 장소였는지에 대해서는 언급하지 않았다. 그렇기에 여기서는 보다 구체

---

12) 본문은 石川淳, 『石川淳全集』 第2권, 筑摩書房, 1989, p.467에서 인용. 이하에서는 소설의 표제(「잿더미의 예수」)와 페이지 수만 표기하기로 한다.

적으로 이 공간을 살펴보고자 한다. 우에노 암시장이 도쿄의 여타 암시장과 다른 점은, 그곳이 도호쿠·신에츠(信越)·기타간토(北関東) 등 각 방면으로부터 사람이나 물자가 결집하는 터미널로서, 사람이나 물자가 모이고 흩어지는 장소였다는 점에 있다. 게다가 우에노 암시장은 조선인의 수가 많았다는 특징이 있다. 우에노와 나카오카치마치(仲御徒町) 사이의 고가도로 아래 펼쳐져 있던 암시장에서는 조선인 노점주가 강한 영향력을 갖고 있었다―이 시장은 1948년 우에노 나카오카치마치 8정목으로 이전하여 '국제친선 마켓'이라고 불리게 된다.[13] 즉 서사 속에서 현재로 설정된 1946년 7월 마지막 날은 아직 많은 조선인들이 우에노 고가도로 아래 암시장을 활동의 거점으로 삼고 있던 무렵이다. 그렇기에 서사 속에 등장하는 '주먹밥 가게 여자'를 비롯한 노점에서 장사하는 사람들, 그리고 예수 그리스도에 비견되는 부랑아 소년조차도 일본인이 아닌, 조선인일 가능성이 충분히 있는 것이다. 물론 우에노 암시장에 조선인이 많았다고 하더라도 그 모두가 조선인이었다고는 말할 수 없다. 제3장에서도 오사카나 고베를 예로 들어 확인했다시피, 우에노 주변 암시장에서 활동하던 상인들의 전체 수를 고려하자면, 아마도 조선인보다 일본인 상인의 수가 더 많았을 것이다. 그러나 여기서 유의해야 할 점은, 여타의 곳이 아닌 우에노의 경우라면 등장인물이 일본인이 아닐 가능성이 커진다는 점이다.

당시 우에노 암시장의 특징과 연관 지어 이러한 가능성을 제시하는 것이

---

13) 우에노 암시장에 관해서는 이하의 자료 및 연구를 참고하였다. 塩満一, 『アメ横三十五年の激史』, 東京橋房出版, 1982; 長田昭, 『アメ横の戦後史』; 松平誠, 『ヤミ市 幻のガイドブック』; 島村恭則, 「引揚者が生みだした社会空間と文化」. 또한 '국제친선 마켓(国際親善マーケット)'에 관해서는 나가타(長田)나 마쓰다히라(松平)의 저서 외, 〈히가시 우에노 코리안 타운(東上野コリアンタウン)〉의 웹사이트 (http://www.u-korean.com/history/index.html) [2015년 3월 24일 접속]를 참고하였다.

다소 억지스럽게 비춰질지도 모르겠다. 그렇다면 텍스트 안에서 그 실마리를 탐색할 수는 없을까. 서술자는 암시장에서 활동하는 사람들을 다음과 같이 설명한다.

> 맹렬한 불길에 타버린 토지의, 그 흔적 위에서 빛을 발하는 시장 안으로 섞여 들면, 이전 세기(世紀)에서 살아남은, 예의 군자 나라(君子国)의 백성이라고 할 만한 사람은 어디에도 보이지 않고, 어느 사람이든 간에 이 땅에 움을 트자마자 맹렬한 기세로 어른이 되어버리는, 신규 발명된 인간세계는 오늘날 이 땅의 명산물이라고 할 만하다.[14]

위에 인용된 부분으로부터 몇 줄 아래에서, 서술자는 이 사람들을 '신흥 민족'이라고 부르고 있다. 그러나 그 "신흥 민족의 생태(生態)도 의식(意識)도, 오늘의 규정이라는 울타리 밖으로 한 발자국도 나아가지 못하고" 있으며 "구시대의 유물로서 이전 세기로부터 인계된" 것이라고 말한다. 이와 같은 구절을 어떻게 파악하면 좋을 것인가.

우선 "예의 군자 나라"의 경우, 그에 앞서 "쇼와 16년"(1941년, 아시아태평양전쟁이 개전된 해—옮긴이)의 이야기를 하고 있기에, 전전·전중의 제국 일본을 가리키는 것이라고 보기에는 의문의 여지가 있다. 제국 일본의 붕괴를 계기로 해방된 '민족'이 된 것은, 식민지지배를 받던 지역, 다름 아닌 조선이나 타이완의 사람들이었으며, 나아가 활발히 민족운동을 전개했던 재일조선인들이었다. 해방 후 재일조선인의 민족운동이나 민족조직에 관한 상술

---

14) 「잿더미의 예수」, pp.470-471.

은 나중으로 미루겠으나, 패배자가 된 일본인들은 식민지지배로부터 벗어나 환희에 찬 조선인들의 모습을 선망과 시기심이 섞인 시선으로 바라보았던 것이다. 이 사실만으로도 암시장에서 활동하는 조선인은 소수일지라도 상당히 눈에 띄는 존재였고, 또 당초에는 그 법적 지위가 애매했던 면도 있었기에 일본인의 데키야 조직에 대항할 수 있을 만큼의 세력을 띠기도 했다.

그러나 1946년 8월에 발표된 내무성 경보국 공안과장의 시달사항에 연합국 병사 이외 외국인에게는 일본의 법률이 적용된다는 규정이 포함됨으로써, 외국인에 관한 일체의 적발은 일본의 경찰 권력에게 맡겨졌다. 결국 '해방'이란 유명무실한 것일 뿐, 민족적 위계질서라는 "구시대의 유산"을 존속시키는 "오늘의 규정" 안에 구식민지의 사람들을 또 다시 가둬놓는 것, 그것이 곧 점령기 일본의 '외국인' 대책이었다.

텍스트상에서 '신흥 민족'만큼이나 의미심장한 것으로서 "종족을 판별하기 어려운 인간들"이라는 표현이 있다. "판별하기 어렵다"라는 말에서 알 수 있다시피, 이를 일본인이라는 하나의 종족만이 거기에 존재하는 것이 아님을 시사하는 표현으로 받아들여도 무리가 없을 것이다. 이러한 측면들을 고려해볼 때, 패전 직후 일본의 도쿄, 특히 우에노 암시장이라는 특정한 장소를 무대화한 이 소설의 경우, 그 등장인물이 일본인이 아닐 가능성이 있다. 그에 따라 이 서사를 일본인 중심으로 파악하는 것에서 벗어나, 새로운 방향으로 해석할 수 있는 가능성도 열린다. 즉 소설 속 암시장을 '점령자(占領者)'에 대하여 '패전국 국민'의 내셔널 아이덴티티가 결속되는 장으로 의미화하여 미일(美日) 구도의 표상 속으로 수렴시키는 방식이 아닌, 제국의 붕괴 이후에도 존속되는 포스트식민주의적 상황과 그러한 상황에 처한 사람들이 생활의 투쟁을 벌인 장으로서 새롭게 발견할 수 있는 것이다.

3. 국토의 회복과 이성애/동성애적 욕망

우에노 암시장이 다민족적 공간이었다는 사실과 텍스트상에서 암시장의 사람들을 묘사하는 언어를 대조해볼 때, 양자의 공간적 성격이 모순되지 않음을 확인할 수 있었다. 다만 이것만을 근거로 하여, 이 소설을 일본이라는 국민국가의 틀 안에서 논의해온 기존 연구에 반론을 제기하기에는 부족한 면이 있다. 따라서 여기서는 '주먹밥 가게 여자'의 '신체(肢体)'에 대한 '나'의 '정욕(劣情)', 그리고 부랑아 소년과 '나'의 격투에 대한 재해석을 통해, 기존 해석의 프레임을 파악함과 동시에, 그와는 다른 대안적인 해석을 제시할 것이다.

우선 서술상의 측면에서 보자면, 서사의 시작부터 어느 시점까지는 서술자인 '나'가 제3자의 시점에서 서술을 하고 있다는 것을 알 수 있다. 암시장의 모습을 묘사하는 동안 '나'라는 단어는 단 한 번도 쓰이지 않고, 어디까지나 전지적인 서술이 이뤄진다.[15] 그러나 이 초월적 서술자는 어떤 사건에 의해, 암시장을 배회하고 있는 한 남성 인물인 '나'로서 구체적인 입장을 취하게 된다. 또한 암시장의 풍경을 전반적으로 묘사하는 이 위장된 서술자는 일정 시점부터 '주먹밥 가게 여자'를 초점화하기 시작하는데, 그는 여자의 '신체'를 "갓 지은 흰쌀처럼 피어오르는 풍요(豊饒)의 감각은, 오히려 그것을 팔고 있는 여자에게서 느낄 수 있었다"라고 묘사하며 전경화한다. 이렇듯 여성의 신체를 상세하게 묘사하고 난 뒤에, 서술자는 이를 보다 추상적

15) 이에 관해서는 山口俊雄,「石川淳「焼跡のイエス」論—被占領下における「倫理」の可能性をめぐって」; 永淵道彦,「焼跡の「少年」とは何者か—石川淳「焼跡のイエス」論」,『筑紫女学園短期大学紀要』第40号, 筑紫女学園短期大学, 2005에도 지적되어 있다.

인 관념으로까지 승화시키려 한다.

거기에서 추악하게 보일 만큼 강렬한 정력이, 자연의 표현인 것처럼 용솟음 치고 있었다. 인간의 생리가 주위를 살피지 않고, 이렇듯 야만적인 형식으로 표출되어버리는 것이라면, 건전한 도덕이란 음탕(淫蕩)이라는 것과 전혀 다른 무엇이 아니리라. 육체 또한 눈이 부시게 빛나는 하나의 자연적 광원(光源)으로, 오히려 백주 대낮의 태양 빛이야말로 인공적으로 배합된 것처럼 느껴질 지경이었다.[16]

서술자가 초월적인 지위에 위치함에 따라, 여성의 신체에 대한 '정욕'이 은폐되고, '형식', '도덕', '광원'이라는 말에 의해 여성의 신체가 추상화된다. 그리고 그 신체는 "백주 대낮의 태양 빛"보다도 '자연'적인 것으로서 규정된다. 앞서 거론한 "갓 지은 흰쌀"의 "풍요로움"이 그 여성의 몸에 대한 표현이라는 점까지 감안한다면, '주먹밥 가게 여자'의 '신체'가 그대로 공간화되어, 그 이후에 나타나는 '대지'나 '토지'라는 말과 중첩(동일화)되어 이야기되고 있음을 확인할 수 있다.

서술자의 전환은 이웃 생선가게로부터 부랑아 소년이 갑자기 나타나는 것을 계기로 발생한다. 소년은 예의 '주먹밥 가게'에 들이닥쳐, 주먹밥을 덥석 입에 베어 물고서는 여자의 맨발을 붙잡고 늘어졌다. 이렇게 '주먹밥 가게 여자'와 소년이 마주하게 되었을 때, 서술자의 초월적 지위는 붕괴된다.

---

16) 「잿더미의 예수」, p.469.

여자와 소년은 일체가 되어 뒤엉킨 채로, 가게 밖으로 나와 비틀비틀 쓰러질 지경이 되었는데, 그들은 점차 이편으로, 그러니까 내가 서 있던 방면으로 오더니, 이내 쓰러지면서 나와 부딪히게 되었다. 그때 나는 주먹밥 가게의 옆, 엿장수 집 앞에 서 있었는데, 엿장수가 석유통 속에 몰래 숨겨놓고 파는 담배를 한 대 사서, 막 불을 붙이려는 참이었다.[17]

여기서 최초로 서술자에게 '나'라는 명칭이 부여되고, 그에 따라 암시장이라는 공간상에서 '나'의 구체적인 위치나 행동이 판명된다. 이후 '나'라는 1인칭이 두드러지기 시작하면서 '나' 스스로가 '주먹밥 가게 여자'에 대한 '정욕'을 토로한다. 즉 초월적인 서술자에 의해 은폐되어 있던 '나'의 욕망이 분명하게 드러나는 것이다.

이 '주먹밥 가게 여자'의 '신체'는 서사의 종결부에 이르러 '나'가 우에노 암시장으로 재차 돌아오게 되는 이유가 되기 때문에, 종종 논의의 대상이 되어왔다. 시오자키 후미오(塩崎文雄)는 이를 "전후 문학이 다뤄온 하나의 과제인 육체의 복원이라는 문제"로서 파악할 수 있음을 지적하는데, 궁극적으로는 '육체'와 '전후 일본'을 결부시키는 논의를 전개하였다.[18] 여기서 '주먹밥 가게 여자'의 '신체'를 욕망하는 것이 어째서 '전후 일본'의 '육체의 복원'으로 연결되는 것인지에 관해서는, 에토 준(江藤淳)의 『성숙과 상실(成熟と喪失)』 이래, 미국인 남성에 의한 일본인 남성의 거세 콤플렉스를 둘

<hr>

17) 「잿더미의 예수」, p.473.
18) 塩崎文雄, 「石川淳における戦後の出発」; 山口俊雄, 「石川淳「焼跡のイエス」論― 語り手《わたし》を編集する〈作者〉」; 若松伸哉, 「焼跡で虚構を立ち上げること」; 「焼跡のイエス」論―被占領下における「倫理」の可能性をめぐって」 등에서도, '주먹밥 가게 여자'의 '지체(肢體)'에 대한 '나'의 '정욕'이 드러나는 것을 이시카와 문학이 '전후 일본'의 '현실'과 마주하고 있는 증거로서 파악하였다.

러싼 논의를 참고한다면 충분히 이해할 수 있을 것이다. 즉 미국에 점령된 일본의 국토를 여성의 신체―특히 일본인을 재생산하는 '어머니(産靈)'의 신체―에 비유하고, 이를 욕망하는 것을 통해 남성으로서의 긍지, 즉 내셔널 아이덴티티를 확립한다는 각본인 셈이다(이는 앞 장에서 논의한 「육체의 문」에서 여자의 '신생(新生)'과 대조적으로 그려진 '남성의 신체'와 중첩되는 것이기도 하다). 이제껏 「잿더미의 예수」를 다룬 대다수의 논고들이 '주먹밥 가게 여자'의 '신체'='전후 일본의 국토'라는 익숙한 도식을 특별히 문제 삼지 않은 채 수용해왔다. 그러나 과연 '나'가 '주먹밥 가게 여자'만을 욕망하고 있는 것일까.

아마노 지사는 서술자의 전환이 부랑아의 신체를 매개로 하여 발생되는 것임을 예리하게 지적하며, 이로부터 일반적인 전후 인식을 서사화하려는 욕망이 상대화된다고 말했다.[19] 여기서는 아마노의 이러한 입장을 이어받는 한편으로, 구체적으로 그것이 어떻게 상대화되고 있는지에 대해 살펴보고자 한다. 텍스트상에는 예수 그리스도에 비유된 부랑아 소년이 "누더기와 종기, 고름, 그리고 벌레"에 휩싸여 있는 불결한 모습이 강조되고 있는데, 한편으로 '나'는 그 소년을 다음과 같이 묘사하기도 한다.

그러나 고름 사이로 비춰지는 눈과 코는 괜찮은 모습이고, 쭉 펴진 등골, 어깨 부근의 근육도 의외로 건강해 보이며, 연령을 추측해보자면 대략 열에서 열다섯 사이의 한창 자랄 나이로, 아직 어린아이 같은 유연한 몸매를 하고 있으나, 사지(四肢)의 발육이 어그러짐 없이 예정되어 있어 보인다.[20]

19) 天野知幸, 「「感触」としての戦後」, pp.60-61.
20) 「잿더미의 예수」, p.472.

이러한 신체에 대한 구체적 묘사는 '주먹밥 가게 여자'의 경우와 흡사하게 이뤄지며, 그와 마찬가지로 추상화된다. 오히려 이 부분에 이어서 기독교의 구세주 이미지가 소년에게 부여되기 때문에, 그 신학적인 추상화의 정도는 '주먹밥 가게 여자'의 경우를 능가한다고도 볼 수 있다. 앞서 보았듯 '주먹밥 가게 여자'의 신체에 대한 추상화에는 '나'의 은폐된 성적 욕망이 작용하고 있었다. 그렇다면 소년에 대해서도 '나'는 성적 욕망을 품고 있는 것이 아닐까. 이때 결정적인 것은 소년과 '나'가 암시장에서 다소 떨어진 산중(山中)에서 대면하여, 격투를 하게 되는 장면이다.

그 무언의 격투 속에서 나는 간신히 적의 손목을 억누를 수가 있다. 대단한 힘으로 재빠르게 움직이던 손목이다. 그러나 그것은 예상 외로 고운 살결이었으며, 열 살에서 열다섯 살 사이 즈음 소년의 부드러운 피부 감각이었다. (…중략…) 고통스러운 숨을 내쉬고 있는 적의 얼굴이 나의 눈 밑 바로 아래에 있다. 그때 나는 일순간, 황홀할 정도의 전율을 느꼈다.[21]

"황홀할 정도의 전율을 느꼈다"라고 오르가즘의 표현인 것처럼 묘사된 이 장면을 살펴볼 때, 소년에 대한 '나'의 성적인 욕망이 과연 전무한 것이라고 말할 수 있을까. "열 살에서 열다섯 살 사이 즈음"이라는 말이 반복되고 있는 것에서 볼 수 있다시피, 이미 처음부터 '나'가 소년을 '총동(寵童; 소년애)'의 대상으로 바라보고 있었을 가능성도 적지 않다. "유연한 몸매", "부드러운 피부" 등과 같은 분명한 묘사가 있음에도 불구하고, 소년에 대한 '나'

---

21) 「잿더미의 예수」, p.480.

의 성적 욕망은 이제껏 이상할 정도로 논의된 바가 없다. 아마도 이는 위 인용문에 이어 "그것은 베로니카의 눈에 애처롭게 비춰진, 고통에 찬 나사렛 예수의 얼굴임에 틀림없었다"라고, '나'가 소년을 예수 그리스도로 인식하는 부분이 있기 때문일 것이다. 신학적 의미에 대한 해명에 집착한 나머지, 성적인 뉘앙스가 간과되어온 것이라고도 말할 수 있겠다.

그러나 돌이켜 생각해보면, 이시카와 준이 기독교적 모티프를 차용하여 쓴 패전 직후의 소설들, 예컨대 「황금전설(黃金伝説)」, 「가요이코마치(かよい小町)」, 「눈의 이브(雪のイヴ)」, 「처녀회태(処女懷胎)」 등에서도, 주인공이 여성 인물과 성적인 관계를 맺거나, 욕망을 드러내는 계기에 기독교적인 아이콘이 줄곧 사용되어 오지 않았던가. 그렇기에 예수 그리스도의 현현이라는 신학적인 절정(絶頂)을 맞이하는 장면에서, 소년에 대한 '나'의 동성애적인 욕망을 읽어내는 것 또한 지나친 해석은 아닐 것이다.

나아가 무엇보다 중요한 것은 위의 인용문 이후에 이어지는 일련의 사건들이다. '나'가 소년에 대한 욕망을 드러내게 된 것은 소년의 "손목을 억누른" 뒤에 "깔아 눕힌" 순간이었다. 이는 완력으로 소년의 성(性)을 영유(領有)하려는 강간에 준하는 상황이라고도 말할 수 있겠다. 돌이켜보면 이와 유사하게 '나'는 암시장에서 '주먹밥 가게 여자'와 소년이 뒤엉킨 채 '나'의 곁으로 와서 쓰러질 때, "즉각적으로 판단" 하에 '주먹밥 가게 여자'를 끌어안으려 했다. '나'는 이러한 판단의 이유가 "공연히 그녀를 껴안는 일"은 불가능한 것이기에, 이를 핑계로 자신의 '욕정'을 채우기 위함이었다고 고백한다. 다만 어느 경우이든 간에 욕망 추구를 위한 '나'의 시도는 실패한다. '주먹밥 가게 여자'는 넘어지자마자 "허리에 잔뜩 힘을 주어, 반사적으로 뛰어오르며 일어섰고", 넘어지던 순간에 '나'가 들고 있던 담뱃불이 자신에게 옮겨 붙었다면서 '나'를 추궁해왔다. 또한 소년에게는 "아래턱을 세게 얻어 맞고" 빵과 지갑을 강탈당한다. '나'는 그들의 성을 점령하고자 시도했으나, 그에 대한 명확한 거부의 반응이, 문자 그대로 '나'의 몸을 세차게 두들겼던 것이다.

'나'가 '주먹밥 가게 여자'의 '신체'를 대상화할 때, 그것을 '토지', '대지' 등에 비유하고 있으며, 이에 따라 공간에 젠더적 성격이 부여되는 것은 사실이다. 그러므로 전후 문학비평의 전통적 입장에서 볼 경우, 이 텍스트를 통해 점령기 일본의 국토회복 전망을 논하는 것은 지극히 자연스러운 일일지도 모르겠다. 그러나 그러한 국가적인 독해의 코드를 해제하고 본다면, 텍스트에 제시된 '나'의 성적 욕망이 단순히 여성에게로만 향한다고 환원하여 말할 수 없는 것이다. 앞서 보았듯 「잿더미의 예수」에는 동성애적인 욕망 또한 존재한다. 이것의 존재로 인해 이성애주의적인 젠더 이미지를 매개로 하는 국토회복의 서사는 성립 불가능한 것이 되어버린다. 즉 '어머니와 같은 대지(母なる大地)'나 '풍요'라는 말이 연상시키는 국토의 여성적 이미지와 그것을 욕망하는 남성이라는 구도만으로, 동성애적인 욕망을 모조리 회수할 수 있는 것은 아니다. 오히려 여기서는 '주먹밥 가게 여자'나 소년을 타자로서 대상화하고, 강간이라는 행위를 통해 영유하려는 '나'의 욕망에 주목할 필요가 있다.

기존 연구는 '주먹밥 가게 여자'에 대한 '나'의 '욕정'이나 소년의 모습에게 느끼는 '황홀' 등을 새로운 시대에 동일화되고자 하는 욕망으로 해석하여왔다. 이 또한 「잿더미의 예수」에서 '모체회귀(母体回帰)'적인 '미성숙'의 양상을 읽어내었던 에토 준의 영향이라고 볼 수 있다. 그러나 이 두 인물에 대한 '나'의 욕망은 단지 타자와의 동일화를 희구하는 온건한 무엇이 아니라, 보다 폭력적으로 타자의 성(性)/삶(生)을 자신의 지배하에 두려는 능동성을 지닌다. 즉 '나'의 욕망은 국토회복을 지향하는 것이 아니라, 타자의 삶에 대한 영유(領有)를 지향하고 있는 셈이다.

또한 '주먹밥 가게 여자'나 부랑아 소년의 신체가 '국토'와 곧바로 동일시될 수 없다는 것도 확인할 수 있다. '주먹밥 가게 여자'나 부랑아 소년이 일본인이 아닐 가능성이 있다는 점에 대해서는 이미 앞서 살펴본 바와 같다. 만일 그들이 구식민지 출신의 사람들, 혹은 그 2세들일 경우, 그들의 삶을 지배하에 두려는 욕망은 미군에 의해 점령된 국토를 회복하려는 것에 그치지 않고, "이전 세기"의 제국주의/식민지주의를 되풀이하려는 것으로도 연결된다. 어쨌든 간에 소년에 대한 동성애적인 욕망이 텍스트상에 드러나 있다는 사실은, 이 소설이 이성애적인 편향을 지닌 국토회복의 서사로 간단히 수렴될 수 없다는 점을 확인시켜 준다.

그렇다면 '나'가 소년을 욕망하고, 그 성을 차지하려는 시도를 어떻게 해석하면 좋을까. 다음 절에서 '잿더미'라는 기호와 내셔널 히스토리의 연관성을 고찰함으로써, 이 물음에 대답하고자 한다.

4. '잿더미'라는 기호

지금까지 우에노 암시장의 특성과 '신흥 민족'의 관계, 그리고 당시 작품에 그려진 섹슈얼리티의 양상을 고찰함으로써, 국토회복 서사로부터의 일탈 가능성에 대해 논하여왔다. 이러한 테마들은 이제까지 논의된 바가 없는

데, 이와 더불어 「잿더미의 예수」에 관한 종래의 연구에서 또 하나 다뤄지지 않은 것이 있다. 그것은 이 소설의 제목에 어째서 '잿더미'라는 말이 쓰였는 가라는 문제이다. '예수'가 부랑아 소년을 지시한다는 점에 대해서는 이론의 여지가 없을 것이다. 다만 노구치 다케히코가 말한 바처럼 "전후의 불령(不逞)하고 야만적인 풍속", 즉 암시장이라는 공간을 구체적으로 그린 것이 이 소설의 특징인 것이지, 잿더미를 그린 것은 아니다. 그렇다면 「암시장의 예수」라는 제목을 붙여도 무방하지 않을까. 그러나 사정이 그리 간단치가 않다. 따라서 이 절에서는 '잿더미'라는 말이 서사 전반에 어떠한 영향을 미치고 있는지에 대해 논하고자 한다.

물론 이에 관해 아무도 지적하지 않은 것은 아니다. 로만 로젠바움이 잿더미에 관해 언급한 바가 있기 때문이다.[22] 그는 잿더미와 암시장을 종종 한데 묶어 논의하며, 이 공간을 사회 중심부에 대하여 양가적인 양상을 띠는 주변적 카니발의 장으로 규정했다. 이에 기초해서 그는 「잿더미의 예수」를 트릭스터*와도 같은 소년이 예수 그리스도에 비유됨으로써, 전전 시대로부터 인계된 전후의 가치체계가 전도되어버리는 서사로 해석했다. 소년은 "열 살에서 열다섯 살 사이 즈음"의, 이른바 "잿더미 세대"로서, "전쟁구조와는 무관하고 순수한 존재"이기 때문에, 그 소년과 '나'의 조우는 "잿더미·암시장의 장래에 대한 긍정적인 연기(緣起)의 전조"로서 파악된다. 따라서 로젠바움은 이 서사가 "전후 사회의 불타버린 폐허 속에서 인간을 불사조

---

22) 로만 로젠바움은 「石川淳の「焼跡のイエス」をめぐって」 외에, Roman Rosenbaum, *op.cit*에서도 전후 일본문학에서 '잿더미'의 역할에 대해 논하였다.
* 트릭스터(trickster): 도덕과 관습을 무시하고 사회질서를 어지럽히는 신화 속의 인물이나 동물 따위를 이르는 말.

처럼 소생시킴"으로써, "재생의 가능성"을 발견하였다고 평한다.[23]

암시장이 가치전도의 가능성을 품고 있는 공간이며, 소년이 '전후'를 위협하는 '타자적' 존재라는 해석에는 대체로 공감하는 바이다. 그러나 로젠바움의 독해는 최종적으로 그 암시장이나 소년의 '타자성'을 '일본문화', '일본사회', 그리고 '일본문학'에서 중요한 것, 즉 전후 일본사회가 다양성을 보존하여 '재생'을 이루기 위한 일종의 '소재'처럼 취급함으로써, 그것을 결국 일본이라는 국가적인 틀 안에 포괄시켜버린다.

그렇다면 과연 무엇이 이 텍스트를 다룬 많은 논자들에게 '전후 일본'이라는 그럴듯한 독해의 코드를 제공해온 것일까. 그것은 다름 아닌 '잿더미'라는 기호일 것이다. 이 단어가 표제에 사용되었음에도 불구하고, 놀라울 정도로 이 소설 속에서는 불타버린 폐허로서의 잿더미, 그 자체를 구체적으로 묘사한 부분이 없다. '잿더미'라는 말, 또는 그에 상응하는 표현을 찾아봐도 "잿더미에서 자연적으로 용솟음쳐 오르는 것만 같은 집념의 생물"(p.467), "맹렬한 불길에 타버린 토지의, 그 흔적 위에서 빛을 발하는 시장"(p.470), "황야에 뿌리내린 종족"(p.475), "잿더미의 신개지"(p.477) 정도일 뿐이다. 이 소설이 암시장을 매우 세세한 곳까지 묘사한 것과 비교해볼 때, '잿더미'라는 말은 텍스트상에서 이미 기호화된, 즉 추상적 공간으로서 기능하고 있다고 볼 수 있다. 그렇다면 이 '잿더미'라는 기호가 의미하는 것이란 무엇일까.

제1부에서 언급했던 것처럼 '잿더미'라는 기호가 환기시키는 것은 최우선적으로 공습이며, 그로 의해 불타버린 도시의 잔해일 것이다. 이 대규모

---

23) ロマン·ローゼンバウム, 「石川淳の「焼跡のイエス」をめぐって」.

폭격의 흔적을 앞에 두고, 사람들은 일본이라는 제국의 붕괴를 깨닫게 되었고, 또 그 광경으로부터 피해자로서의 일본이라는 상징적 의미체계가 만들어졌다. 그러나 아이러니하게도 이 연합국에 의한 피해는 총력전체제로부터의 해방과 새로운 일본사회를 위한 기초인 것처럼 이해되기도 하였다. 즉 '잿더미'라는 기호는 황폐한 도시 이미지를 매개로 하여, 일본의 피해자성과 '전후 일본'의 기원을 의미하는 것으로서 기능해온 셈이다.

「잿더미의 예수」가 여러 논자들에게 다양한 논점을 제공했음에도 불구하고, 최종적으로는 "어리석은 전쟁으로 괴멸한 일본인의 '재생' 서사"(니시카와 나가오)라는 해석에서 벗어날 수 없던 까닭은, 그야말로 이 소설의 제목을 장식하고 있는 '잿더미'라는 기호 때문인 것이다. 국토탈환의 서사를 상대화하는 암시장이라는 공간, 그리고 소년에 대한 '나'의 성적 욕망이 표상되어 있음에도, 이 서사를 절대적으로 에워싸고 있는 '잿더미'라는 기호가 "오늘의 규정"="전후 일본"이라는 서사를 또 다시 소환해버리는 것이다.

여기서 앞 절의 말미에서 제기한 물음—'나'가 타자의 삶을 지배하려는 것의 의미—을 '역사'라는 말을 통해 고찰해보자. 부랑아 소년을 지배하고자 했던 '나'의 성적 욕망은 소년의 명확한 거부에 의해 실패로 끝났다. '나'의 본래 외출 목적은 에도시대 시문학의 대가였던 핫토리 난카쿠(服部南郭)가 쓴 묘비명—일본이라는 근대국가가 성립하기 이전에 기록된 '문자'—을 탁본하여 보존하는 것에 있었다. 그러나 거기에 사용한 '종이(白紙)'는 소년의 반격에 의해 찢어져 흩어지고, '문자'의 보존은 달성되지 못한다. 이것은 또 하나의 실패인 셈이다.

이러한 실패는 근대 일본이 저지른 가해의 역사를 건너뛴 채, 그 이전의 과거와 '오늘날'을 곧장 연결시키려는 시도가 좌절되는 것, 바로 그것을 보

여주는 것이 아닐까. 『좌담회 쇼와 문학사(座談会昭和文学史)』에서 이노우에 히로시(井上ひろし)와 고모리 요이치(小森陽一)는 "최근이라고 해봤자, 겨우 쇼와 16년경부터 날짜를 되짚어 세어볼 수 있었지만, 그 역사적 의미는 족히 5천 년은 되는 것이다"라는 텍스트 속 한 문장에 주목하며, 이 서사가 "문자의 발생" 혹은 "문자에 의한 역사기술의 시작점"인 '5천 년' 전과 '쇼와 16년'을 연결시킴으로써, 역사기술이라는 문제 영역을 끌어안게 되었다고 지적했다.[24] 그러나 핫토리 난카쿠가 남긴 묘비명이라는 항목도 포함시켜 생각해보면, '쇼와 16년' 이후의 아시아태평양전쟁 기간만이 아니라, 일본의 근대사 자체를 잘라냄으로써, 에도(시대)를 현대에 곧장 연결시키려는 시도로서도 볼 수 있는 것이다.

그런 연유로 '나'가 타자의 삶을 지배하려는 시도는 동성애적 욕망의 발현인 동시에, "오늘의 규정"(전후 일본)을 어지럽히는 타자(과거 제국주의의 잔여)의 존재를 제압하고, 가둬두고, 또 다시 국가를 전제로 하는 역사의 틀 안에 포섭시키려는 행위가 아닐까. 그렇기 때문에 이 시도는 소년이나 '주먹밥 가게 여자'의 거부로 인해 좌절된다. 암시장을 활보하는 (일본인이라고 단정할 수 없는) 소년과 '주먹밥 가게 여자'는 '나'의 몸에 반격을 가함으로써, 자신의 존재가 내셔널 히스토리 안으로 환원되는 것을 용납하지 않는다.

그러나 이 서사는 여기서 막을 내리는 것이 아니다. 다음 날, 소년과 '주먹밥 가게 여자'의 해후를 몽상하며 '나'는 또 다시 우에노 암시장으로 향하는데, 이미 8월 1일의 '시장폐쇄', 이른바 '8·1 숙청'이 실행되어 암시장은 완전히 철거된 후였다. '8·1 숙청'은 점령군이 일본정부에 명령한 경제통제

---

24) 井上ひさし·小森陽一 編著, 『座談会昭和文学史』第4卷, 集英社, 2003, p.56.

및 치안대책의 일환이었다. 암시장과 거기서 살아가던 사람들은 국가에 의한 시국통제로 인해 배제되었다. 한편 소년을 자기 지배하에 두려 했던 '나'의 시도도 좌절로 끝이 난다. 그렇지만 그보다 큰 역사의 흐름이 암시장이라는 공간을, 즉 국가적 공간에 대항하여 대안적 서사를 제시한 공간 그 자체를 집어삼켜버린 것이다. 소설의 마지막 문장을 살펴보자.

골목의 가장 깊숙한 곳까지, 지면은 깨끗하게 청소되어 있었고, 그 땅 위에는 듬성듬성 무언가 놓여 있던 자리의 흔적이 남아 있었는데, 그것은 마치 사막의 모래 위에 남겨진 발자국, 말발굽의 모양처럼 보였다.[25]

암시장은 "잿더미의 신개지"에 세워졌다. 암시장이 철거되고 거기에 남은 것, 그것은 현실의 잿더미였다. 그러나 위의 인용에서처럼 그 공간은 "마치 사막"이라는 비유를 통해 재차 추상화된다. 그 추상화의 과정에 틈입하는 것, 그것은 곧 이 서사의 제목이기도 한 '잿더미'라는 기호임에 다름 아니다. 이로 인해 텍스트 곳곳에서 비춰지던, "오늘의 규정"을 뒤흔드는 "어처구니없는 파열점"[26]의 가능성은 '전후 일본'의 내셔널 히스토리를 통해 봉인되어버리는 것이다.

---

25) 「잿더미의 예수」, p.482.
26) 「잿더미의 예수」, p.471.

5. 소결: '잿더미'라는 국민적 경관

이 장에서는 「잿더미의 예수」라는 작품을 검토하기 위해 우에노 암시장이라는 공간에 대한 고찰을 우선적으로 시도하였다. 그리고 '나'라는 인물과 그에 의해 이야기되고, 욕망되는 '주먹밥 가게 여자', 부랑아 소년을 경유하여, 소설의 서사와 그에 대한 해석들을 둘러싸고 있는 '잿더미'라는 기호에 도달하였다. 이 텍스트에 나타난 암시장이라는 공간은 "우에노 고가도로 아래"라는 고유명을 지니고 있으며, 또 그 모습이 세밀하게 묘사되어 있기 때문에, 구체적인 역사자료와의 비교·대조가 가능하다. 이를 통해 패전 직후 우에노 암시장을 전후 일본의 시원적 공간으로 포착하려는 국가주의적인 일원화에 대항하여, 반론을 제기할 수 있는 것이다.

단지 기호로서 텍스트상에 존재하는 '잿더미'라는 말이 공간의 고유성을 은폐하고 추상화함으로써, 일본이라는 국가의 '피해'와 '재생'을 환기하는 이미지를 만들어낸다. 이렇듯 암시장과 '잿더미'라는 말의 함의를 엄밀히 구별하지 않는다면, 암시장은 '잿더미'에 포위되어, 내셔널 히스토리를 위한 특수한 '소재'로서, 즉 전후 일본의 색채를 더하는 것으로서 회수될 뿐이다. 다소 비꼬는 듯한 말투로 정리하자면, 「잿더미의 예수」라는 소설은 '새로운 국가'의 이미지를 흔드는 암시장이라는 공간이 '잿더미'-국민적 경관에 의해 영유되는 수순까지 빠짐없이 그려냄으로써, '전후 일본'의 문학을 대표하는 작품의 지위에 오를 수 있었던 것이다.

제7장

–

'견딜 수 없음'을 넘어서
미야모토 유리코의 『반슈평야』를 둘러싼 '전후'의 함정

1. 미야모토 유리코와 전후(戰後)의 문맥

지금까지 '전후 일본'의 국민적 경관(national landscape)으로서의 '잿더미', 그리고 그에 따른 공간의 일반화·획일화에 상응할 수 없는 요소들이 발견되는 장으로서의 암시장을 논해왔다. 그리고 '잿더미'에 친화적인 담론으로서 주로 권력측의 담론 혹은 내셔널리즘에 의한 자기 보전을 기도하려는 우파의 논의를 다뤄왔다. 하지만 패전을 계기로 '새로운 일본'이라는 레토릭을 사용하며 자신의 주장을 펼쳤던 것은 반드시 우파만이 아니라, 파시즘에 의해서 억압당해온 좌파에 속하는 사람들도 또한 마찬가지였다. 이 장에서는 그 좌파의 대표적인 지식인인 미야모토 유리코와 그녀의 소설 『반슈평야』를 다루고, 그 안에서 패전 후 공간이 어떻게 그려지고 해석되어왔는지에 관해서 생각해보겠다.

미야모토 유리코의 소설 『반슈평야』는 1946년 3월 『신일본문학』의 창간호에 제1절이 게재되었다. 이듬해 4월 단행본으로 간행되고 나서야 완결된 서사로서 세상의 빛을 보게 되었는데, 전후 좌파 지식인에게 중심적인 역할을 했던 잡지 『신일본문학』 창간호의 소설란을 장식한 이 작품을 전후민주주의 문학의 효시 중 하나라고 규정하는 데에는 우선 이론의 여지가 없을 것이다.[1]

그와 같은 문학사의 위치에서 엿볼 수 있듯이 '평화국가로서의 전후 일본'이라는 인식이 당연시되던 동안, 이 『반슈평야』라는 작품에 대한 높은 평가는 의심의 여지없는 것이었다. 시마무라 데루(島村輝)가 말했듯이 이 작품은 전전·전시의 억압에 기죽지 않고 신념을 지켜온 미야모토 유리코라는 작가 자신과 그 존재를 평가하는 "'전후'의 문맥"과 떼려야 뗄 수 없는 관계에 있다.[2] 그러나 전전·전중에 대한 반성 및 재출발로서의 전후에 대해 다시금 문제제기가 이뤄지고 그 역사화가 진행되는 현재, 미야모토 유리코와 『반슈평야』라는 작품에 관해 새로이 그 가치를 되묻기 시작했다.

따라서 이 장에서는 전후민주주의 문학의 대표작인 『반슈평야』를 재검토하는 것을 주목적으로 삼고자 한다. 특히 이제까지의 평가와 강력하게 결부되어온 '전후'라는 문맥을 구체적으로 다시 문제 삼을 필요가 있을 것이다. 이를 위해 이 장의 전반에서는 미야모토 유리코와 그녀의 작품인 『반슈평야』에 대한 평가의 변천에 주목하여, '전후'라는 시대 인식 안에서 이뤄진 평가를 역사화하고자 한다.

한편, '전후'라는 시대 인식의 커다란 함정인 식민지주의의 망각을 지적

---

1) 大森寿惠子, 「解題」, 宮本百合子 『宮本百合子全集』 第6卷, 新日本出版社, 1979. 이후 본문 인용은 이 전집에 따른다.
2) 島村輝, 「「播州平野」における〈戦争〉の発見」, 『臨界の近代日本文学』, 世織書房, 1999, p.380.

하지 않는다면, 또 다시 반성 없는 담론 생산에 그치고 말 것이다. 그런 의미에서 『반슈평야』에서의 조선인 표상 문제는 필연적으로 가장 중요한 논점이 될 수 있다. 따라서 이 장에서는 이 작품을 분석하기 위한 중심적인 테마로서 조선인 표상을 다루겠다. 나카네 다카유키나 하야 미즈키(羽矢みずき), 그리고 이영철이 예리하게 지적한 바처럼, 『반슈평야』에서 주인공이 '동경(憧憬)'의 시선으로 그린 조선인의 일면성[3]은 다시금 검토되지 않으면 안 된다. 이때 작자인 미야모토 유리코와 신일본문학회를 중심으로 한 사람들의 패전 직후의 조선 인식을 참조할 필요도 있다. 오다기리 히데오(小田切秀雄), 나카노 시게하루, 히라바야시 다이코, 유즈리하라 마사코(讓原昌子) 등의 작품 및 문장과 이 작품의 내용을 나란히 놓고, 전후민주주의 문학과 재일조선인 운동의 엇갈림을 대조해봄으로써, 식민지주의의 망각이라는 '전후'의 함정을 보다 분명하게 부각시킬 것이다.

이 장의 후반부에서는 다시 한 번 『반슈평야』의 텍스트에 입각해서 주인공 히로코의 이동 양상에 대해 고찰하겠다. 텍스트상에 나타나는 히로코의 이동 양상을 되짚어봄으로써, 작자인 미야모토 유리코의 의식을 넘어선 지점에서 '전후'라는 인식에 균열이 일어나는 순간을 포착하려 한다. '전후'의 시대 인식을 비판적으로 검토하여 그 틀을 벗어난 뒤에는, 과연 어떠한 공간 인식이 가능할 것인가. 그 가능성을 검토함으로써 '전후'에 구축된 담론과 운동을 발전적으로 계승하는 데에 그 목적이 있다.

---

3) 中根隆行, 『〈朝鮮〉表象の文化誌』, 275쪽; 羽矢みずき, 「「播州平野」論—表象としての〈朝鮮人〉」, 至文堂編, 『国文学—解釈と鑑賞』第71巻第4号, 至文堂, 2006; 李英哲, 「宮本百合子「播州平野」試論—「東へ」向かう朝鮮人とは誰か?」, 朝鮮大学校 編, 『朝鮮大学校学報』第8巻, 朝鮮大学校, 2008.

2.『반슈평야』평가의 변천과
   일본공산당 제6회 전국협의회(六全協)

1930년부터 프롤레타리아 문학운동에 참가한 뒤, 이듬해에 일본공산당에 가입한 주조 유리코(中條百合子)는 1932년에는 공산당원인 미야모토 겐지(宮本顯治)와 결혼했다. 하지만 치안유지법에 의한 탄압 때문에 겐지는 검거된다. 그 후 유리코는 남편을 따라 미야모토로 성(姓)을 바꾸고, 감옥 밖에서 겐지를 지원하는 문필활동을 하는데, 그녀 자신도 자주 검거나 집필 금지를 당하여 옥중에서 몸 상태가 나빠지기도 했다. 그러면서도 전향하지 않고 문학활동을 이어갔다.

패전 후 GHQ/SCAP의 사상범 해방령에 따라 1945년 10월 9일에 미야모토 유리코는 출옥한다. 이 시기에 일어난 사건들은 소설『반슈평야』의 내용과 일치한다. 유리코는 잡지『신일본문학』의 창간 준비호에서 「노래여, 분노하라(歌声よ、おこれ)」를 발표하고 전후민주주의의 도래와 일본의 재출발을 강조했다. 또한『반슈평야』의 속편인 「풍지초(風知草)」, 그리고 「노부코(伸子)」에 이어서 「두 개의 정원(二つの庭)」, 「도표(道標)」를 발표하고, 그 밖의 다양한 평론을 집필했다. 1951년에 수막구균 패혈증으로 51세에 급사한다.

미야모토 유리코는 전전·전중 동안 비전향을 견지한 작가이자, 또 패전 후부터 미국의 점령 종료까지는 좌파의 언론을 선도한 전후민주주의 문학의 일인자로서, 문자 그대로 전신전령으로 활동을 계속하여 긍정적인 평가를 받아왔다. 하지만 실제 그녀에 대한 고평가는 1955년 일본공산당 제6회 전국협의회(이른바 육전협) 이후에 고착된 것이며, 그 이전에는 사소설 또는 소시민문학의 작가라는 부정적인 평가가 있었다. 그러한 부정적인 평가를

내린 매체로는 같은 좌파이면서 일본공산당 집행부와 보다 가까운 거리에 있던 잡지 『인민문학』이 있다. 이와카미 준이치(岩上順一)는 「미야모토 유리코의 생애와 문학(宮本百合子の生涯と文学)」에서 미야모토 유리코에 대한 다음과 같은 비판을 전개한다.

미야모토 유리코는 대중으로부터 떨어져서 자신의 소시민적인 생활 속에서 부득이하게 고립을 자초했기 때문에, 종래의 중산계급적인 생활 감각을 지워낼 계기를 결국 잃게 되었고, 그것이 그녀의 생활 감각으로부터 벗어나 있는 피억압계급의 생활을 그리는 일을 곤란하게 만들어버렸다.[4]

『인민문학』 창간 초기에는 이러한 이와카미로 대표되는 미야모토 유리코 비판이 계속적으로 게재되었다. 미야모토가 사망한 직후라는 시기에 고인을 가열하게 비판했기 때문에 『인민문학』에 대한 반발은 훗날까지 계속 이어지게 되는데, 이 미야모토에 대한 거센 비판에는 이른바 '50년 문제'라고 불린 당시 공산당 주변을 둘러싼 상황이 작용하고 있었다.[5]

사태의 발단은 1950년 1월 소련 코민포름의 기관지에 발표된 「일본의 정세에 대하여」라는 제목의 일본공산당 비판이며, 그 시비를 둘러싸고 당은 두 파로 분열하게 된다. 앞서의 『인민문학』은 도쿠다 규이치(德田球一)·노사

....

4) 岩村順一, 「宮本百合子の生涯と文学」上, 文学の友·人民文学社 編, 『人民文学』, 文学の友社, 1953. 2.
5) 도바 고지(鳥羽耕史)는 「『人民文学』論—「党派的」な「文学雑誌」の意義」, 『社会文学』 編輯委員会 編, 『社会文学』 33, 日本社会文学会, 2011에서 '당파적'이라고 저평가된 「인민문학」의 실제 궤적을 시대사적으로 정리하고 '당파적' 성격은 그 발행 기간의 전반에 집중되어 있을 뿐이라는 사실을 밝히고 있다. 그 위에 서클 시운동 등, 지식인 이외의 사람들에게 담론 발표의 장을 제공했다는 점에서 『인민문학』의 중요한 역할을 재평가했다.

카 산조(野坂参三) 등과 같은 당의 주류파가 구성한 '소감(所感)'파를 지지하는 잡지로서 창간되었으며, 에마 오사무(江間修)·도쿠나가 스나오(德永直)·이와카미 순이치 등이 여기에 참가했다. 한편, 코민포름에 대한 공감을 표명한 미야모토 겐지·구라하라 고레히토(蔵原惟人) 등의 국제파와 동행한 나카노 시게하루·미야모토 유리코·오다기리 히데오 등이 참가한 잡지『신일본문학』이 이와 대립하게 된다. 여기에서는 '50년 문제'의 발생 경위에 대해서 구체적으로 언급할 여유는 없지만, 육전협에 의해 분열 상태가 종지부를 찍기까지[6] 유리코에 대한 평가에는 두 가지의 흐름이 있었던 점에 유의할 필요가 있다.

　이상과 같은 전후 초기의 유리코 비판에 대해 언급하는 이유는 소설『반슈평야』의 문학사적 위치와 그 평가의 변천을 되짚어보기 위해 중요하기 때문이다. 시마무라 데루는 "'전후'적 문맥"으로부터 거리를 두고,『반슈평야』화자의 '모놀로그적' 측면—주인공 히로코가 여행 도중에 겪는 다양한 일들이 그녀의 의식을 통해 의미화됨으로써, 본래 각각의 사태 자체가 지니고 있던 의미가 은폐되고 만다는 점—을 지적했는데[7] 이러한 지적은 1953년의 이와카미 준이치에 의한 비판과 상통하는 바가 있다. 즉, 이와카미가 미야모토 유리코의 사소설적인(＝모놀로그적인) "창작 방법의 당연한 결과로부터 드러나는 결점"으로서 "그녀의 생활 감각으로부터 벗어나 있는 피억압계급의 생활을 그리는 일을 곤란하게 만들어버렸다"고 한 비판과 겹치는 것이다.

6) 육전협에서 소감파의 필두인 도쿠다 규이치(德田球一)가 중국에서 사망한 사실을 발표하고 국제파 중심이었던 미야모토 겐지를 대표로 일본공산당이 재통합하고 체제를 갖추게 되었다.
7) 島村輝,「『播州平野』における〈戦争〉の発見」, p.380.

분명 육전협 이후 공산당의 통일이라는 문맥이 작품에 대한 평가에도 명백히 영향을 미치게 되어, "새로운 일본의 인민 생활 문학"[8]으로 절찬을 받았으며, 이후 『반슈평야』에 대한 이러한 긍정적 평가가 오래도록 정착된다. 하지만 "'전후'적 문맥"으로부터 진정으로 벗어나기 위해서는 『인민문학』에서 전개된 유리코 비판을 그냥 지나치기는 어려울 것이다. 이들 비판의 초점은 주인공 히로코의 "관념만으로 파악된 세계"로 인해서, 히로코가 감지하지 않은 일들, 즉 그녀가 그려낸 "일본의 새로운 출발"이라는 틀에서 누락되는 여러 사정들이 서사 내에서 다뤄지지 못했다는 점을 "미야모토 문학의 '나약함'"으로 지적했던 것이다.[9] 그리고 이 '나약함'은 『반슈평야』의 조선인 표상 문제에서 현저하게 나타난다. 히로코와 그녀의 남편인 주키치(重吉)(미야모토 겐지를 모델로 한 인물—옮긴이)가 억압으로부터 해방된 것과 조선인들이 '해방'을 맞이한 것 사이의 차이를 무시한 채 "'조화'로운 일원화"[10]를 꾀하고 있는 『반슈평야』의 이야기는, 하야 미즈키가 말했다시피 히로코 스스로가 "지배자인 일본인 중 한 사람이었다는 사실에 자각적이지 못하다는 점을 거꾸로 들춰내는"[11] 증거일 것이다.

이렇듯 육전협 이후 미야모토 유리코와 『반슈평야』에 대한 긍정적 평가에는, 식민지주의에 대한 망각 혹은 간과라는 결정적인 하자가 존재한다.

---

8) 菱田悦弘, 「『播州平野』論ノート」, 多喜二百合子研究会 編, 「多喜二と百合子」 11, 多喜二·百合子研究会, 1955.

9) 德永直, 「小林多喜二と宮本百合子(1)」, 文学の友社·人民文学社 編, 『人民文学』, 文学の友社, 1952. 2; 「小林多喜二と宮本百合子(2)」, 文学の友社·人民文学社 編, 『人民文学』, 文学の友社, 1952. 3.

10) 中根隆行, 『〈朝鮮〉表象の文化誌』, p.275. "히로코의 진지한 심성과 이를 효과적으로 증폭시키는 조선 젊은이들의 형상 묘사가 조화를 이루며 일원화되는데, 이는 조선 젊은이들의 목소리와 모습이 일본인 주인공의 내면의 표출로서 가공된 것임을 볼 수 있다."

11) 菱田悦弘, 「『播州平野』論ノート」.

실제 육전협 이후 일본공산당 내의 결정적인 변화로서, 분파 통일과 동시에 이뤄진 조선인 공산당원에 대한 사실상의 분리를 들 수 있다. 이 시기 민족대책위원회(민대)에서는 「재일조선인 운동의 전환에 대하여」가 의제로 올라왔고, 일본공산당으로부터 조선인 당원의 탈당, 민대의 해산이 결정되었다. 이것은 공산당의 내부에서 에스닉 아이덴티티를 전제로 한 혁명의 담론 구조가 완성되었음을 의미했다.[12] 즉 일본인 이외의 존재를 배제한 뒤에 '인민'을 구성하려는 사고가 『반슈평야』를 평가하는 태도에서도 읽힌다는 것이다. 예를 들어 그러한 태도는 시오타니 이쿠오(塩谷郁夫)의 『문화평론』에 실린 다음과 같은 글에서도 분명하게 확인된다.

그것은 길고 어둡고 괴롭게, 일본 국민 전체를 위에서 균등하게 억누르고 있던 전쟁이라는 죽음의 공포로부터 해방된 환희를 밝게 주장함과 더불어, 미래에 대한 한없는 기대를 담아 파시즘권력이 지닌 비인간성의 무참함을 엄중히 고발한 작품이었다.[13]

이상과 같이 소설 『반슈평야』를 둘러싼 평가의 변천을 더듬어보면, 1950년부터의 분파 항쟁과 1955년 육전협의 영향이 대단히 컸음을 알 수 있다. 분파를 재통합하는 과정에서 행사된 일본민족을 주체로 하여 전후민주주의를 진전시킨다는 정치적 선택은, 『반슈평야』의 식민지주의에 대한 의식 결여를 지적하고 비판할 토양을 오래도록 상실하게 만든 결과를 가져왔다.[14]

---

12) 高榮蘭, 『「戰後」というイデオロギー』, pp.305-317의 논의 참조.
13) 塩谷郁夫, 「「播州平野」」, 新日本出版社 編, 『文化評論』 177, 新日本出版社, 1976.
14) 물론 필자는 『인민문학』 더 나아가 소감파가 식민지주의적인 의식에 자각적이었다고 논하려는 의

3. 『반슈평야』의 조선인 표상

히로코의 조선 인식

이 절에서는 앞서 언급한 『반슈평야』의 전후적 평가에서 드러나는 식민지주의에 대한 의식의 결여를 텍스트에 나타난 조선인 표상을 통해 구체적으로 검토하겠다.

우선 이 작품의 플롯을 확인하자. 패전 직전 주인공 히로코는 남편 주키치가 사상범으로 수감되어 있는 아바시리(網走)형무소로 가기 위해 도쿄에서 출발하지만, 세이칸(青函) 연락선*이 불통이라서 후쿠시마(福島)현에 있는 동생 집에 체재하게 된다. 세이칸 연락선의 복구를 기다리는 동안, 야마구치(山口)현에 있는 주키치의 본가로부터 그의 동생인 나오지(直次)가 히로시마(広島)에서 생사불명이 되었다는 전보를 받고, 히로코는 곧장 주키치의 본가로 떠난다. 주키치의 본가에서 나오지의 수색을 계획하지만, 태풍에 의한 수해로 발이 묶인다. 그러는 사이에 10월 6일 신문에서 주키치가 석방된 것을 알게 되고, 히로코는 다시금 도쿄를 향한다. 이와 같이 『반슈평야』의 서사 안에서는 히로코와 그녀가 만나는 다양한 사람들이 패전 후 일본이라는 공간을 이동하고 있다. 그 사람들 중에 다수의 조선인 모습이 그려지고 있는 것이다.

....
도는 없다. 오히려 산촌(山村)공작대나 화염병 투쟁과 같은 폭력혁명을 지향하는 움직임에 재일조선인 당원들을 적극적으로 '이용'했던 책임은 구체적으로 검토되고 비판될 필요가 있다. 그리고 분파의 재통합 과정에서 그 기억들이나 책임의 소재가 흐지부지된 것은 언급해둘 사항이라고 생각한다.
* 아오모리(青森)와 하코다테(函館) 사이를 잇는 연락선.

앞 절에서는 이 작품에 대한 '전후적인' 평가에 식민자로서의 자기규정이 망각되어 있다고 말하였으나, '해방'된 조선인에 대한 텍스트상의 묘사에 관한 언급이 그 평가들 안에 없었던 것은 아니다. 오히려 '해방'을 맞이한 조선인의 환희를 묘사한 것에 대한 긍정적인 평가는 이뤄져왔다. 예를 들어 김달수는 「일본문학 속의 조선인」에서 "당시의 해방된 조선인을 그야말로 '넘쳐나는 듯한' 모습으로 생생하게 그려냈다", "이 또한 미야모토 유리코가 느낀 실감이었음에 틀림없다. 조선인과 마찬가지로 기나긴 겨울을 이겨낸 자만이 느낄 수 있는 실감"[15]이라고 높이 평가한다. 또한 와타나베 가즈타미(渡辺一民)도 다음과 같이 평가한다.

남편 주키치에 대한 변함없는 애정의 풋풋함이 독자의 감동을 불러일으키는데, 그것이 가끔가다가 조국 해방의 환희로 가득한 조선인의 마음 상태와 서로 교감하면서 『반슈평야』는 예기치 않게 전쟁 직후의 조선인을 제대로 묘사해낸 소설이기도 하다.[16]

하지만 이러한 평가는 제국 일본으로부터 '해방'된 조선인에게 주저 없이 동화되고 있는, 히로코의 과거 식민자로서의 무책임을 면죄하고 마는 것이다.[17]

15) 金達寿, 「日本文学のなかの朝鮮人」, 岩波書店 編, 『文学』, 岩波書店, 1959. 1.
16) 渡辺一民, 『〈他者〉としての朝鮮—文学的考察』, 岩波書店, 2003, p.135.
17) 고영란은 일본공산당 지도부의 민족을 주체로 한 담론 구조를 김달수와 같은 재일조선인 문학자가 갈등을 안고 있으면서도 '연대'를 지향한 나머지 추인하고 말았다는 점에서 공산당 내부의 식민지주의적 의식이 잘 발견되지 않고 말았다는 점을 지적한다(高榮蘭, 『「戦後」というイデオロギー』, p.316).

'해방'된 조선과 더 이상 '참고 있을 수 없는' 히로시마

이렇듯 '해방'된 민족으로서의 '조선인'에게 일원적으로 의미를 부여하고, 그와 대조하듯이 '일본인'을 돌이켜본다는 구조는 히로코가 주키치의 본가를 향하는 과정에 들렀던 히로시마 묘사에서 보다 분명하게 드러난다. 히로시마역에 들어서기 직전의 차 안에서 히로코는 차량 하나를 가득 메운 조선으로 귀향하는 사람들을 만난다.

그때 옆 찻간에서, 조금은 어두우나 생기 넘치는 혼잡함 속에서, 한 소녀가 맑은 목소리로 돌연 아리랑을 부르기 시작했다.
아리랑
아리랑
아리랑
느긋한 멜로디로, 그 멜로디에 따라 몸이 흔들리고 있는 것이 눈에 선한, 그런 몰아 상태의 목소리로 부르기 시작했다. 노래 소리에 개의치 않고 남녀의 말소리는 떠들썩하고 그 사이사이에 노인의 기침소리랑 웃음소리가 뒤섞인다.
노래로밖에 표현할 수 없는 기분 좋은, 환희의 감정이 어둡고 냄새나는 찻간에서 날아오르듯이 소녀는 아리랑을 노래하고 있다. 히로코는 심중을 기울여서 그 노래를 들었다.

이처럼 '환희의 감정'을 표현하는 소녀의 노랫소리와 대조를 이루어, 폐허가 된 히로시마역의 모습과 그곳에서 여객을 비웃고 있는 '자그마한 귀신'과 같은 외팔이 소년의 묘사가 직후에 이어진다.

고작 14, 15세의 그 소년 역무원은 왼팔이 없었다. 푸른색의 아이 옷답게 짧은 어깨 소매가 수직으로 그냥 늘어져 있다. 한쪽 팔이 없는 소년 역무원은 양발을 벌리고 단상에 올라가 아무것도 없는 역에서 어리둥절하면서, 히로코처럼 얼빠진 질문을 하는 여객 한 사람 한 사람에게 복수라도 하듯 날카로운 악의에 찬 조롱으로 응수하고 있는 것이었다.

완전히 괴멸한 시가와 역. 그리고 자그마한 귀신과 같은 소년 역무원. 히로코는 다음 기차까지 그 자리에서 더 이상 견딜 수 없는 기분이 들었다. 다시 빗속을 달려서 아직 정차해 있는 급행열차로 기어올랐다.(강조는 필자)

이 '아리랑'을 부르는 조선인 소녀와 '자그마한 귀신' 같은 히로시마역의 소년을 왜 히로코는 대비하듯이 이야기한 것일까. 이 대비를 통해서 무엇을 전달하고자 한 것일까. 히로코가 소녀의 노랫소리에서 일본에 있어야 할 '해방'의 모습을 발견하고 있다는 것은 분명하며,[18] 한편 그것과 정반대되는 모습으로서 괴멸한 채 몸도 마음도 뒤틀려 있는 히로시마의 소년이 있다. 히로코는 이 소년에게서 패전 후 일본인의 모습을 보려 한 것이 아닐까. 그것은 '해방'된 조선과는 달리 아직껏 패전의 황폐함으로부터 다시 일어서지 못한, 그렇기 때문에 지도받아야 할 일본 민중의 모습인 것일까. 『반슈평야』 전반의 히로코 모습을 생각하면, 그와 같이 생각하는 것이 자연스럽다.

18) 北田幸恵, 「沈黙と音の〈戦争〉—「播州平野」の方法」, 日本文学協会近代部会 編, 『近代文学研究』 第6巻第73号, 日本文学協会近代部会, 1989는 『반슈평야』에 나타난 '소리'와 유리코의 평론 「노랫소리여, 분노하라」를 중첩하여 읽으면서 '전후'를 묘사하는 방법을 논한다.

하지만 히로코는 이 '자그마한 귀신'과 같은 소년과 동일한 공간에 함께 있는 것에 더 이상 '견딜 수 없음'을 느끼며, 도망치듯 원래의 열차로 뛰어올라 히로시마역을 뒤로 한다. 이 더 이상 '견딜 수 없음'이라는 감각으로부터 히로코가 원폭을 문제시하면서도 그것을 정면으로 받아들이지 않은 채, 일본이라는 국가의 문제로 논점의 방향을 바꿔버리려는 태도를 읽어낼 수 있다.

또한 이처럼 히로시마의 피해를 일본인의 피해로서 일반화하려는 구도가 우선적으로 놓치게 되는 것은, 2만 5천 명에서 2만 8천 명 이상으로 추정되는 조선인 피폭자의 존재이다.[19] 나아가 원폭에 관해서 직접적으로 언급하지 않은 채(혹은 언급하지 못한 채), 결과적으로 그 화제를 회피하면서 문제를 일본이라는 틀 안에서만 수습하려 하고, 황폐함을 초래한 미국과 현재에도 계속되는 점령 상황에 대한 낮은 수준의 문제의식도 지적할 수 있을 것이다.[20]

이와 같은 구도는 다른 장면에서도 발견할 수 있다. 예를 들어 히로코가 히로시마로부터 도쿄로 돌아오는 여정 내내, 폭우에 따른 열차의 정지로 도보 이동을 해야만 했을 때, 히로코는 트럭을 타고 반대방향(서쪽에 있는 시모노세키 쪽)으로 향하는 조선의 복원병들과 그들을 '선망과 질투'로 전송하는 일본인 남성을 만난다.

---

19) 福間良明, 『焦土の記憶—沖縄·広島·長崎に映る戦後』, 新曜社, 2011, p.346. 히로시마의 피해를 일본의 피해로 일반화하는 '원폭 내셔널리즘'에 관해서는 Lisa Yoneyama, *Hirosima Traces: Time, Space, and the Dialectics of Memory*, University of California Press, 1999; 米山リサ, 『広島—記憶のポリティクス』, 小沢弘明·小澤祥子·小田島勝浩 訳, 岩波書店, 2005 참조.
20) 여기에서 1945년 9월 21일 이후 GHQ/SCAP의 "SCAPIN33"(이른바 보도 통제)에 의한 검열의 실시와 그에 따른 히로시마나 나가사키의 원자폭탄의 효과에 관한 기사를 제한한 영향을 읽어낼 수 있다. 堀場清子, 『原爆表現と検閲—日本人はどう対応したか』, 朝日新書, 朝日新聞社, 1995 참조.

"칫!"

선망과 질투로 혀를 차는 남성이 있었다.

"저 놈들 모두 조선인이라니까."

조선의 젊은이들은 전쟁 동안 지원이라는 명목으로 강제군무를 당했다. 지원하지 않는 젊은이의 부모들은 투옥되기도 했다. 그런 이야기는 히로코도 들은 바 있었다. 지금 그들의 트럭이 어찌 하여 전속력으로 달리지 않을 수 있겠는가! 이 맑은 가을날에. 그 고향을 향하는 일본의 길 위를.(강조는 필자)

일견 조선 사람들에게 행한 일본의 식민지정책에 대한 비난이 섞여 있지만, 조선을 이미 '해방'된 곳으로 인식하고 있는 히로코에게도 그러한 '선망'은 공유되고 있는 셈이다. 실제 조선인들의 생활은 문자 그대로의 '해방'과는 아주 거리가 먼 것이었음을 알 수 있다.

재일조선인을 '해방국민'으로 대우한다는 GHQ의 각서가 발표되었지만, 우선순위가 낮은 존재로서 다뤄지고 있었으며, 일본 점령군과 조선군정(USAMGIK)은 정식적인 수순을 밟지 않은 귀향자를 '밀항'으로 판정하여 구속하고, 대다수를 강제수용소에 수감했다. 조련(朝連)을 비롯한 조선인 단체가 조직적인 귀향 지원을 실행했다고 하더라도, 귀향 지원자 모두에게 대응할 수는 없었다.[21] 즉 당시에 조선으로 돌아가던 사람들의 생활을 제대로 살

---

21) 재일조선인의 귀향에 관한 연구는 高崎石의『在日朝鮮人革命運動史』(柘植書房, 1985)나 박경식의『解放後在日朝鮮人運動史』가 대표적인데, 최근은 점령 초기 일본에서의 연합군의 출입국관리체제라는 관점에서 매튜 어거스틴(Matthew Augustine)의 「越境者と占領下日本の境界變貌―英連邦進駐軍(BCOF)資料を中心に」, 在日朝鮮人運動史研究会 編,『在日朝鮮人史研究』第38号, 緑陰書房, 2006, 강제수용소에 관해서는 Tessa Morrisu-Suzuki, *Borderline Japan: Foreigners and Frontier Controls in the Postwar*, Cambridge University Press, 2010 등이 있다. 또한 이러한 상황을 그린 김달수의 소설 「8·15 이후」에 관해서는 다음 장에서 다루겠다.

퍼보았다면, 손놓고 '해방'의 기쁨을 누릴 수만은 없었던 사람들을 당연히 발견했을 것이다. 그럼에도 불구하고 '해방' 후의 조선인에 대해 언급하는 주인공 히로코의 무이해/무책임한 '선망'이 오히려 그것과 반대일 수 있는 실태를 볼 수 없도록 만든 것이다.

히로코가 조선인을 일본인과 비교하여 바라볼 때, 거기에는 이미 '해방' 된 조선인과 진정한 해방으로 이끌어야 할 황폐한 일본인이라는 전제가 가로놓여 있다는 것은 분명하다. 이런 히로코의 조선인에 대한 순진한 공감과 선망은 『반슈평야』라는 서사의 지향성이 구식민자로서의 자각을 결여한 것이었다고 볼 수 있는 증거이다.

미야모토 유리코의 조선 인식

히로코의 조선인에 대한 인식, 특히 일본인과 대조될 때의 그것은 조선인의 '해방'을 소여된 것으로서 파악하는 방식이다. 그렇다면 히로코의 그런 인식을 작자 미야모토 유리코는 공유하고 있었던 것일까. 결론부터 말하지만, 그것은 다르다고 할 수 있다. 왜냐하면 『반슈평야』 집필·간행 시기의 미야모토 유리코로부터는 조선에 대한 명확한 사고를 발견할 수 없기 때문이다.

잡지 『민주조선』은 김달수 등을 중심으로 조선인의 현황과 연대를 일본인에게 일본어로 주장하기 위한 목적으로 간행된 매체로서, 1946년 4월에 창간되어 1950년 7월까지 이어졌다. 그 창간 취지에 알맞게 초기 『민주조선』에는 주로 『신일본문학』에서 활동하던 일본인 지식인들의 글이 단속적으로 기고되었다. 나카노 시게하루 등은 「4인의 지원병」이라는 글에서 『반

슈평야』에서 그려진 조선인의 귀향과 자신의 체험을 중첩시키며, 일본과 조선의 미래에 대해 말하고 있다.[22] 또한『반슈평야』와 마찬가지로「종전일기」에서 '해방' 후 조선인의 환희를 그린 히라바야시 다이코도「조선 사람」이라는 제목의 글에서 해방 이후의 장혁주에 관한 깊이 있는 비평을 전개하였다.[23] 그 외에도 도쿠나가 스나오, 이와카미 순이치, 오다기리 히데오, 보카와 쓰루지로(窪川鶴次郎) 등, 미야모토 유리코와 가장 가까이에 있던 사람들의 기고가 있었음에도 불구하고, 그녀는『민주조선』에 기고하지 않았다. 김달수가 소설『일본의 겨울(日本の冬)』에서 많은 지면을 할애하여 미야모토 유리코와『반슈평야』에 대해 긍정적으로 평가했던 것과 비교하면, 유리코 측으로부터의 관심은 너무도 적었던 것으로 보인다.

미야모토 유리코의 다른 논고를 보아도, 필자가 조사한 범위에 한해서는, 설사 '중국·조선과의 연대'를 주장하는 문장이라고 하더라도 구체적이고 깊이 있는 연대에 대한 사고를 고민한 흔적이 보이지 않는다. 예외적으로 유즈리하라 마사코(讓原昌子)에 대한 추도문에서 유즈리하라의 유고인「조선 도자기」를 평하는 가운데, 조선의 독립운동을 언급하는 곳이 있긴 하지만 소개에 그치고 있다.[24]

더욱이『반슈평야』의 속편인「풍지초」[25]에는 조선이라는 단어가 단 한 번도 등장하지 않는다. 이영철이 말했듯이 10월 10일 도쿄 후추(府中)시 형

---

22) 中野重治,「四人の志願兵」, 民主朝鮮社 編,『民主朝鮮』, 1947. 3·4.

23) 平林たい子,「朝鮮の人」, 民主朝鮮社 編,『民主朝鮮』, 1947. 1.

24) 宮本百合子,「讓原昌子さんについて」,『宮本百合子全集』第17卷, 新日本出版社, 1981(초간은「民情通信」, 民情通信社, 1949. 4).

25)『文藝春秋』1946년 9월부터 11월호까지 연재. 이듬해 5월에 문예춘추신사에서 단행본으로 간행(「解題」,『宮本百合子全集』第6卷, 新日本出版社, 1979).

무소에서 있었던 정치범 석방 행사를 위해 모인 사람들 대다수가 조선인이었다. 그리고 정치범 석방을 위해 적극적으로 움직인 것이 조선인 공산당원이었다는 사실은 겐지와 더불어 공산당 지도부에 가까운 위치에 있었던 유리코 역시도 분명 알고 있었을 것이다.[26] 그럼에도 석방 후의 주키치와 히로코의 생활을 그린 「풍지초」에 그에 관한 일체의 언급도 없는 것이 오히려 이상할 정도이다.

"일본 민중의 생생한 미래에 대한 지향, 조선 인민에 대한 한없는 연대를 표방하는 새로운 문학적 출발은 미야모토 유리코에 의해 제시되고 개척되었다"[27]라고까지 칭송받은 작가임에도 불구하고, 『반슈평야』 이외에 조선 사람들을 깊이 있게 그린 작품이 보이지 않는 것이다. 이러한 점에서도 미야모토 유리코 스스로가 재일조선인이 안고 있던 여러 문제를 주체적으로 받아들이려 했다는 논거를 발견할 수 없다.

그렇다면 거꾸로 『반슈평야』라는 텍스트에는 어째서 조선인이 등장할 수 있던 것일까. 수많은 동시대의 문학작품들 중에서도 특히 『반슈평야』의 경우가 어째서 조선과의 관련 속에서 논의될 만한 소재를 제공했던 것일까. 다음 절에서는 그에 관한 답을 이동의 관점에서 고찰하겠다.

---

26) 李英哲, 「宮本百合子「播州平野」試論」. 또한 석방된 정치범을 환송하기 위해 참가한 대다수가 조선인이었던 것은 김달수의 「わが文学と生活」(『金達寿小説全集』第2卷, 筑摩書房, 1980)과 근대문학파인 아라 마사히토(荒正人)의 글 「第二の青春」(近代文学社·八雲書店 編, 『近代文学』, 1946. 2) 등의 회상 등에서도 확인할 수 있다.
27) 朴春日, 『近代日本文学における朝鮮像』, 未來社, 1969.

4. 이동을 내포하는 텍스트로서의 『반슈평야』

이동의 해석과 두 개의 공간

다시금 『반슈평야』에 대한 논의로 돌아가보자. 본래 소설 『반슈평야』는 패전 직후 일본을 종단하는 히로코의 여정, 즉 이동을 내포한 텍스트이다. 나아가 이 텍스트에는 다양한 사람들 및 물자의 이동, 혹은 이동의 수단(＝교통수단)이 상징적으로 등장한다. 여기에서는 텍스트 내부에서 일어나는 사람들의 이동에 초점을 두고 분석을 해보겠는데, 그에 앞서 이동이라는 운동 자체가 지니는 의미에 대해서 우선 생각해보겠다.

다양한 연구 분야에서 이동은 오래도록 비일상적인 것으로서 여겨져왔다. 즉 안정된 정적인 것을 기준(＝일상)으로 삼고, 이동은 거기에 이르는 과정에 지나지 않는다는 관점인 것이다. 이것이 근대 국가적 영토인식의 기초가 된다. 국민국가의 경계를 소여된 것으로 여기고, 그곳을 월경하는 주체를 최종적으로는 어느 편이 되었든 간에 경계 안(국가의 틀)에 수렴되어야 할 존재로서 파악하는 것이다. 이러한 전제에 의해서 이민이나 이주, 난민 문제에서 무역, 유통, 통신, 방송 분야에 이르기까지 국가에 의한 이동의 제한이 정당화되는 것이다. 하지만 이요타니 도시오(伊豫谷登士翁)는 다음과 같이 말한다.

사회과학의 여러 연구에서부터 소설이나 시에 이르는 다양한 표현에 이르기까지 사람의 이동은 국민국가라는 서사 안에 편입되는 방식으로 규정되어왔다고 볼 수 있다.

(…중략…)

사람의 이동은 다양하며 각 사람들의 이동을 커다란 서사로 회수하는 깃은 불가능하다. 그것을 국민국가의 서사로서 삼아온 것은 조망하는 측, 그리고 연구자와 소설 작가 측이었다.[28]

위의 인용문을 근거로 삼아 『반슈평야』에서의 이동을 살펴본다면, 거기에는 이동 그 자체에 대한 표현과 그것을 해석하려는 히로코의 시선이 있음을 알 수 있다. 그것을 보다 명료하게 파악하기 위해, 여기서는 우선 『반슈평야』에 나타난 두 공간에 대해 잠시 생각해보도록 하겠다.

우선 소설의 서두에서 히로코는 소개지 후쿠시마에 있는 '도미이(富井)의 집'에 체재하고 있다. 이 도미이의 집은 히로코의 동생 유키오(行雄) 일가가 사는 집이라는 것만을 알 수 있을 뿐, 소설 안에 상세한 설명은 없는데, 미야모토 유리코의 전기적인 사실에서 보자면, 이 집의 부지는 조부 나카죠 마사쓰네(中条政恒)가 메이지시기 후쿠시마현의 과장(典事)으로서 개척사업에 임하게 된 이후에 매입한 것임을 알 수 있다. 이로 미뤄볼 때 히로코 조부의 일가는 주위의 농민과는 확실하게 구분되는 사회적 지위에 있었던 것이며, 그녀 역시 그 일족의 딸이기 때문에 일반 사람들과 마찬가지의 소개 경험을 한 것이라고는 볼 수 없다. 8월 15일 천황의 라디오 방송으로 일본의 패전이 알려지자, 사회는 일제히 소란에 빠졌다. 마을 가까이에 있던 연대로부터 군수물자가 흘러나오기 시작하면서, 마을 사람들은 그로부터 수혜를 얻고자 밤낮으로 연대 앞에 모여들었다. 하지만 그와 같은 정보는 언

---

28) 伊豫谷登士翁, 「移動のなかに住もう」, 伊豫谷登士翁·平田由美 編, 『「帰郷」の物語/「移動」の語り』, p.14.

제나 소동이 얼추 잠잠해지고 난 뒤에야 도미이의 집에 전해진다. 도미이의 집은 주위의 농가 사람들에게 이웃주민으로서, 즉 동일한 공간을 공유하는 자로서 인정받지 못했다. 그처럼 동일한 마을에 살면서도 다른 공간으로서 존재했던 도미이의 집은 다음과 같이 표현된다.

고헤에(五兵衛)패의 빈틈없는 하루하루의 기지가 종횡으로 영향으로 미치어 마을 사람들의 생활을 하나로 잇고 있던 흐름의 줄기는, 도미이 집 주변을 사방으로 둘러싸고 있는 흰 약모밀 꽃이 핀 얕은 개천 앞에 와서 턱하니 멈춰 서버렸다. 히로코는 절실하게 그것을 느꼈다. 마을 사람들 생활의 흐름은 그곳까지 와서는 일단 멈췄다. 다음 어딘가로 구부러져 흘러가든지 간에 결코 도미이의 뜰 안에까지 들어오는 일은 없을 것이다.

이와 같이 다른 농민들과 공간을 공유하지 않은 것은 "도미이라는 집이 이 지역에서 누려온 가문의 성질"에서 유래하고 있다고 한다. 마을 사람들에게 히로코네 집안은 '도쿄'라는 국가의 중심에 생활기반을 둔 사람들, 요컨대 다른 세계에 사는 사람들이라고 여겨지는 것이다. 그리고 히로코는 군부대로부터 흘러나오는 암거래 물자에 정신이 팔린 농민들을 차가운 시선으로 대하며 다음과 같이 말한다.

인민의 역사를 비약시킬 커다란 테마 중 하나라고 여겨진 것[포츠담선언—필자]이 그 시기 적어도 이 일대 농민들의 욕구로서는 파악될 수 없었다. 그대로 사진 원판은 또 다른 한 장으로 바뀌었고, 눈앞의 물자에 눈이 멀어 서로 다투다 초점이 흐려지고 있는 것이다.

그리고 히로코는 "주키치의 처라는 나의 입장"에서 일본의 변혁을 실감하며 살아가고자 마음을 먹고, 이처럼 더 이상 "견딜 수 없는" 후쿠시마를 떠나기로 결심한다. 하지만 마을 생활공간에 대한 이러한 분석은 히로코에 의해 이뤄진 것이다. 도미이 일가와는 다른 인간들로 농민들을 생각하는 것은 마을 생활로부터의 소외감에서 얻은 실감인데, 그 차이를 국가의 변혁이라는 역사와 결부시키고 있는 것은 히로코 측인 것이다. 이와 같이 히로코는 '새로운 일본' 창설에 참여할 수 있는 사람들의 공간과 그렇지 않은 사람들의 공간을 패전 후 일본을 이동하면서 분리시키고 있는 것처럼 보인다. 주키치의 본가에서 만난 쓰야코(つや子, 그리고 일본의 '과부' 전반)에 대한 시선도 그중 하나라고 생각된다.

주키치의 본가에는 8월 6일 원자폭탄이 투하된 이후 행방불명된 동생 나오지의 처 쓰야코와 주키치의 어머니인 도요시로(豊代)가 살고 있다. 히로코는 쓰야코를 동정하는 한편 쓰야코의 존재를 "가까이 하기 어려운 사람"이라고 느끼고 있다. 히로코는 원래 몸이 약한 쓰야코가 의지할 남편마저 잃었음에도 불구하고, 필사적으로 살아남기 위해서는 '강해지지' 않을 수 없다고 생각하기 때문이다. 그것은 다음과 같은 말로 표현된다.

어머니와 쓰야코, 그리고 두 어린아이들의 생활을 태엽 감듯이 되돌려 놓고 행복을 되찾기 위해서, 주키치는 필요한 모든 일을 이해해야만 한다. 왜냐하면 어머니나 쓰야코에게 필요한 것은 말 한마디로 그네들의 감정까지 정리해버릴 수 있는 남자의 언어, 남자의 지시인 것이다.

히로코가 쓰야코와 어머니의 생활공간을 남자가 부재한 공간으로 보는 데에는, 그녀 자신이 주키치와의 부부생활을 기준/일상으로서 파악하고 이를 중심화하고 있기 때문이다. 그리고 그녀에게는 그 회복이 무엇보다 중요시되며, 일본을 종단하는 자신의 이동을 그것의 회복을 위한 것으로서 자리매김한다. 더 나아가 히로코가 자신의 부부생활을 회복하는 것은 본문에서 반복되는 '새로운 일본'이라는 말과 그대로 중첩되는 것이기도 하다. 즉 남자를 중심화한 부부생활의 회복이 '새로운 일본'에 대한 도리라는 것이다. 그것은 그녀가 '고케마치(後家町, 고케는 '과부'라는 뜻이 있다)'를 설명할 때에 현저하게 드러난다.

'고케마치' 뒤편 신도로의 공창(工廠) 방면에는 이따금 트럭이 지나갔다. 드럼통을 싣고 있는 것도 있고, 목재를 싣고 있는 것도 있다. 때로는 산 쪽으로 소개시켰던 가재도구를 되찾아오는 트럭도 있었다. 하지만 그 어느 것도 '고케마치'와의 직접적인 인연은 없었다. 왜냐하면 최후의 혼돈의 상태에 술수를 부려 드럼통을 어디론가 옮기거나, 공창용의 목재를 유용하여 가외 수입을 챙기는 것은 모두 공창에 관계된 남자들이었기 때문이다. 그런 남자들이 있는 한 그 마을의 이름은 '고케마치', 즉 '과부촌'이라고 불리지는 않을 것이기 때문이다.

'드럼통'이나 '소개시켰던 가재도구' 그리고 '목재'는 새로운 생활을 위한 자재가 되는 것들이다. 그리고 그런 자재는 남자에 의해서 옮겨져 남자 중심의 생활로 나아간다. '고케마치'는 이런 유통에서 제외되어 그저 동떨어져 있을 뿐이다.[29]

---

29) 텍스트 밖에 대해서 보자면, 동시대의 실제 '과부'(전쟁미망인)들을 보더라도 마찬가지 상황을 확인할 수 있다. 1946년 6월에 전쟁미망인을 중심으로 한 전쟁희생자유족동맹이 결성되어 생활개선을 요구

여기서 주의하고 싶은 것은, 이러한 공장의 물자도 혼란한 틈에 가로챈 것들이기 때문에 암거래 물자임을 예상할 수 있다는 점이다. 그런데 한편으로 후쿠시마의 농민들이 혼신을 다해 군부대로부터 빼돌린 물건 역시 암거래 물자일 터인데, 그 행동은 국가의 변혁을 인지하지 못하는 사람들의 행동으로서 인식된다. 동일한 물자의 이동에 대해 히로코가 다른 해석을 내리게 된 것은 오로지 남편 주키치의 해방이 확실해졌기 때문이다. 다시 말해 후쿠시마에 있을 때는 아직 주키치의 석방이 불확실했고, 더 이상 '견딜 수 없어서' 농민들의 움직임으로부터 자유로운 공간으로 도망치고 만다. 하지만 주키치와의 재회가 일단 확실해지자, 세상에 일어나고 있는 사건들도 '새로운 일본'으로 향하는 운동으로서 자리매김할 수 있게 된 것이다.

히로코가 본 새로운 생활로 향하는 운동은 최종적으로는 남자에 의해서 인도되는 것이다. 그렇기 때문에 히로코는 자신뿐 아니라 시어머니나 쓰야코를 포함한 집안의 모두가 주키치에 의해 다시금 통괄되어야만 한다고 생각한다. 그러한 히로코에게 남자라는 중심이 회복되지 않은 '고케마치'는 '가련'하고 '고된' 곳으로 감각되고, 또한 자신이 '가까이 하기 힘든' 곳이라고 생각한다. 히로코는 나오지의 수색을 위해 주키치의 본가에 왔음에도 불구하고, 주키치의 석방을 신문에서 읽고 난 뒤로는 나오지 수색에 관한 일은 거의 돌아보지 않는다. 그리고 쓰야코를 '가련'하다고 느끼면서도 주키치의 석방이 "모두를 위해 정말로 다행인 것이야"라고 말하며 주키치의 본

했는데, 1947년 11월에는 남성 유족을 중심으로 한 일본유족갱생연맹에 흡수되고, '영령'의 공적 장례와 위령을 중시하게 된다. 최종적으로는 야스쿠니(靖国)신사 "호지(護持)"운동을 전개하게 된다. 大日方純夫, 「戦争の体験・記憶・認識とジェンダー」, 米田佐代子・大日方純夫・山科三郎 編著, 『ジェンダー視点から戦後史を読む』, 大月書店, 2009, p.179.

가를 떠난다.

사람들의 이동에 대한 히로코의 해석은 패전 직후의 다양한 현상을 '새로운 일본'이라는 국가 부흥의 거대 서사 틀 안에 새롭게 위치시키는 작업과 연동하여 파악할 수 있다. 그러나 한편으로 그러한 히로코의 해석은 '고케마치'와 '쓰야코'를 '새로운 일본'의 틀 안으로 포함시키는 것에서는 실패하고 있다. 남자가 부재한 생활을 보내는 여자들을 해결되어야 할 문제로서 인식하면서도, '고된' 것, 그리고 '가까이 하기 힘든' 것으로서 남겨두고 만다. 바꿔 말하면, 히로코 자신이 이동하는 과정에서 발견했던 것들이 히로코의 이동 해석에 의해 사고(思考)의 대상에서 제외되어가는 과정, 그것이 텍스트 안에 새겨져 있는 것이다. 이와 같이 『반슈평야』 안에는 '새로운 일본'이라는 서사의 틀에 짜인 공간과 거기로부터 제외되는 공간이 존재한다.

재일조선인이 있는 공간

조선인 표상의 문제로부터 잠시 벗어났었는데, 히로코의 '고케마치' 취급 방식은 조선인 표상의 경우에도 마찬가지로 적용될 수 있다. 예를 들자면 이제껏 『반슈평야』에 관한 논고에서 많이 거론되었던 것은 넘치는 '해방'의 환희 속에서 귀향하는 사람들의 모습이었다. 하지만 히로코는 귀향하지 않은/남을 수밖에 없었을 조선인 가족과도 만났으며, 그 만남이 텍스트에 새겨져 있다. 히로코 등이 커다란 수해를 입은 채 마을의 절로 피난하게 되는 부분이 그 장면이다. 그 절의 경내에서 히로코는 수해를 입은 조선인 농부 일가와 만난다.

본당에 불이 밝혀지자, 이미 거기에는 사람의 그림자가 검게 무리지어 있었다. 조선인 가족이 많았다. 이시다(石田)의 집 앞에 작은 강을 두 갈래로 나누는 삼각지가 있었고, 거기에 조선인의 농가가 있었다. 도요시로가 안부를 물었다.

"집도 절도 아무것도 없어요."

그것은 과장처럼 들리지 않았다.

그들은 농사를 짓고 있으며 홀몸이 아닌 것으로 볼 때, 징용 이전부터 도항해왔을 가능성이 있다. 이른바 '연고(緣故) 도항'이라는 불리는 수법으로 일본에 와서 오랜 세월에 걸쳐 생활의 기반을 일구었기 때문에, '해방' 직후에 곧바로 귀향할 수 없는 상황에 처하는 일이 흔했다. 이런 사람들은 '해방' 후에도 여전히 열악한 환경에서 생활해야만 했다.[30] 그리고 여기서 수해로 인해 주춧돌만 남긴 채 집을 형체도 없이 잃어버리고 만 조선인 일가도 아마도 더욱 곤경에 빠져 빈곤 속에서 생활했을 것이 예상된다.

원래 이 커다란 수해를 일으킨 최대의 원인은 산을 무리해서 깎아 만든 '신도(新道)'라 불리는 군용도로였다. 본래 물을 막는 역할을 하던 산을 깎아냄으로써 피해가 확대되었고, 목숨을 잃는 사람도 나올 만큼 최악의 사태가 일어났던 것이다. 히로코는 국가가 전쟁수행을 위해 마을을 파괴하면서까지 이 '신도'를 만든 것에 분노한다. 하지만 그로 인해 발생한 수해로 집이 실제로 파괴당한 조선인 일가를 인지하고 있음에도 불구하고, 히로코는 '새로운 일본'을 향한 이동이라는 해석 틀 안에 그 장소를 넣지 않은 채 방치해

---

30) 外村大, 『朝鮮人强制連行』(岩波新書), 岩波書店, 2012.

버린 것이다.

　이영철은『반슈평야』말미에 묘사된, '서쪽'이 아닌 '동쪽'으로 향하는 조선의 젊은이들을 "전전부터 일본 공산주의 운동에 깊이 관계하고 전후 재일조선인 운동에서도 주도적인 위치에 있었던 조선인 공산주의자, 내지는 그 주변에서 적극적으로 운동에 참가한 사람들"이라고 새로이 파악하면서, 이 조선인들을 '주체적'이고 개별적인 각각의 인물로서 인식하지 않은 히로코의 순진하고 안이한 태도를 문제점으로 지적했다. 이영철은 작가 미야모토 유리코, 그리고 작가가 투영된 주인공이 식민지지배의 책임에 무관심했던 탓에,『반슈평야』가 전후 세계에서 조선인과의 "만남까지도 실패해버린 것을 상기시키는 텍스트"[31]라고 논했는데, 분명 미야모토 유리코와 주인공 히로코가 스스로 설정한 이동의 목적이 일본인을 전제로 한 '새로운 일본'의 건설인 이상, 조선인을 진정한 해방의 쟁취를 위한 동지로서 인식하는 일은 바라기 어려운 것이다. 히로코는 조선인 모두를 돌아가야 할 '해방'된 '고향'을 지닌 존재로서 인지하기 때문에, 해방을 누리지 못한 채 귀향하지 못하고 있는 조선인의 존재에 대한 규정을 내릴 수가 없었다. 따라서 그녀는 그와 같은 조선인을 만나자 놀랐던 것이다.

　이동에 관한 히로코의 국민국가적인 해석의 틀을 탈구축하는 것은, 다름아닌 히로코가 이동하면서 조우하게 된 상황들이다. 농민들의 암거래 물자 획득, 히로시마의 소년, '과부'가 된 쓰야코, 수해로 완연한 곤경에 빠진 조선인 일가, '해방'으로 환희를 느끼는 귀향자나 복원병, 그리고 '동쪽'으로 향하는 조선인 청년운동가들. 이와 같은 사람들이 텍스트에 출현하고 있는

<hr />

31) 李英哲,「宮本百合子「播州平野」試論」.

것은 화자가 히로코의 이동을 더듬어가면서 묘사하고 있기 때문이다. 가령 히로코가 '새로운 일본'을 향한 도정으로서 자신의 이동을 어떻게든 해석하려고 해도, 텍스트상에는 그 해석으로부터 누락되는 상황들이 부조화를 야기하며 드러나는 것이다. 히로코가 주키치의 본가 주변에서 급작스럽게 맞닥뜨린 풍경 안에는 조선인 노인들의 모습이 있었는데, 거기서도 그러한 부조화를 발견할 수 있다.

신도가 산의 절단면을 가로지른 길을 완전히 벗어난 곳에, 새로운 조선인 부락이 생겼다. 기다란 곰방대를 물고 두 노인이 부락 바깥에 쭈그린 채 한가로이 대화를 나누고 있다. 한 사람은 보기 드물게 갓을 쓴 채, 검은 끈을 노란 삼베옷의 가슴 앞에 늘어뜨리고 있다. 그곳만을 바라보고 있자니 언젠가 그림에서 본 경성인가, 어딘가에 있을 도시 외곽과 같은 인상이다.

이것은 민족성이 강조된 복장과 식민지주의에 의거하여 만들어진 여행 그림의 양식이며, 실로 히로코가 조선인을 스테레오타입화하여 바라보고 있음을 말해주는, 민족 분리적인 의식의 반영이라고 지적할 수 있는 묘사이다. 하지만 이는 동시에 히로코가 자신과는 다른 민족의 생활을 국내에서 마주하게 되는 순간이기도 하다. 즉 이동의 표상이 『반슈평야』라는 작품에 초래한 중요한 요소란, 주인공 히로코로서는 생각지도 못했던 공간, 즉 '새로운 일본'에 수렴될 수 없는 공간을 일본 국내의 여기저기에서 발견하게 되는 것이라고 볼 수 있다.

5. 소결

이 장에서는 전후 민주주의문학이라는 틀 안에서 작가 미야모토 유리코와 『반슈평야』에 대한 평가의 변천을 확인했다. 구체적으로는 일본공산당이 분열에서 통일에 이르는 과정에서 단일민족주의에 의한 전후라는 역사인식의 형성이며, 그것이야말로 식민지지배의 망각이라는 함정을 초래한다. 그와 동시에 이런 담론이 텍스트 내부의 운동으로서도 발견되고 있음을 논했다. 그것은 히로코가 구축하는 이동의 목적이 국민국가의 틀 안에 수렴되는 것으로 대표된다.

육전협 이후 통일된 공산당의 주변부에서 일어난 『반슈평야』에 대한 재평가는 히로코가 상상하던 '새로운 일본'이라는 틀에 의거한 독해였다. 이때 식민지지배의 망각이라는 토양이 있었기 때문에, 『인민문학』이 비난했던 히로코, 나아가서는 미야모토 유리코의 독선적인 태도는 간과되었다. 그것이 "'전후'의 문맥"으로서 오래도록 정착하게 된 것이다. 그렇기에 이 책에서는 『반슈평야』의 이동 표상 속에 '새로운 일본'이라는 서사에 수렴되지 않는 사건이나 현상들이 나타남에도 불구하고, 그것이 배제되어버리는 과정에 주목했다. 히로코의 이동 그 자체가 각인된 텍스트상에서, 그녀가 더 이상 '견딜 수 없는' 대상으로서 표출되는, 후쿠시마 농민들의 암거래, 히로시마의 귀신과 같은 소년, 전쟁 '미망인', 그리고 조선인들 등, 그 개개의 존재가 그녀의 이동에 대한 해석을 와해시키는 요소로서 기능하고 있음을 제시했다.

이렇게 생각해보면, 히로코의 더 이상 '견딜 수 없음'이라는 감각과 '새로운 일본'이라는 틀은 표리일체를 이루는 것이라고도 볼 수 있다. '견딜 수 없다'고 생각하는 사건과 현상들을 발견할 때마다, 그녀는 국가의 변혁이나 새로운 일본이라는 틀을 제시하려 한다. 그리고 그 결론은 언제나 남편이라는 집안의 중심을 확보하는 것을 우선시하는 것이며, 그러기 위해서는 그 '견딜 수 없는' 것들을 방기해버려야 한다. 하지만 그 방기해버린 '견딜 수 없는' 것들이 때때로 다른 형태를 취하며 히로코 앞에 나타나는 것이다.

앞 장에서 논의한 암시장과 같은 공간이 그 '견딜 수 없는' 공간의 일례라고 할 수 있다. '잿더미'라는 국민적 경관은 '새로운 일본'을 만드는 토양이며, 그 중앙집권적인 역학이 과거의 고통을 끌어안고 있는 '견딜 수 없는' 공간을 방치하고 주변화시킨다. 이러한 중심성에 대한 욕구는 전후민주주의를 주장하던 좌파 중에서도 그 깃발의 선두에 섰던 미야모토 유리코에게도 공유되었다고 볼 수 있다.

다만 독선적인 면이 있다고 하더라도, 그녀가 두 번 다시 인민을 유린하지 않는 '새로운 일본'의 모습을 진지하게 고민하고, 그 고민 양상을 『반슈평야』라는 소설로 발표한 것 자체가 부정되어서는 안 된다. 이 소설에 묘사된 이동의 궤적에는 분명 더 이상 '견딜 수 없는' 공간이 새겨져 있다. 그것이야말로 『반슈평야』라는 소설을 새롭게 재독해할 가치이기도 하다.

다음 장에서는 히로코의 시선에 '견딜 수 없는' 공간 중 하나로서 비춰졌던 재일조선인의 생활공간을 재일조선인 작가의 눈을 통해 살펴보고자 한다. 당연히 이 '견딜 수 없음'이라는 감각은 히로코의 경우처럼 자신이 권력의 중심에 보다 가까이에 있다는 의식, 혹은 중앙집권적인 논리를 내재화함으로써 얻게 된 것이다. 그러나 그 공간에서 실제로 생활하는 사람들의 처지는 '견딜 수 없다'는 말로 끝나는 것이 아니다. 그들은 거기에서 살아갈 수밖에 없는 상황 속에 처해 있는 것이다.

그리고 여기에서도 역시나 암시장이 중요한 공간으로서 작동하고 있는데, 그곳에는 전후 일본의 다양성이나 혼종성을 치켜세우는 단순한 노스탤지어적 감각과는 전혀 거리가 먼, 생(生)의 저항이 있다. 그로부터 패전 후 일본이라는 공간을 다시금 살펴봤을 때, 어떤 풍경이 보일까. 고향으로 돌아갈 수 없는 사람들이 이향에 머무를 때, 국민적 경관으로서의 '잿더미'는 어떤 것으로 변모할까. 그것을 다음 장에서 살펴보겠다.

제8장

–

'이향'의 공간성
김달수의 「8·15 이후」

김달수의 「8·15 이후」는, 패전 직후의 일본을 무대로 재일조선인 주인공이 해방 후에 일어난 다양한 사건에 고심하면서, 동포들을 규합하기 위해 활동하는 모습을 그린다. 김달수는 해방 이후 조국 회복에의 희구를 그린 재일조선인 문학의 효시로 불리는 작가이며, 대표작으로는 『후예의 거리』나 『현해탄』 등 식민지시기 조선을 무대로 한 장편소설이 거론된다.[1] 그리고 지금까지 김달수에 대한 대다수의 논의는 주로 그러한 장편소설을 분석의 대상으로 삼고, 동시대의 일본을 그린 작품은 부차적으로 논의해왔다.

선행연구의 이러한 경향은 포스트식민주의 문학으로서의 재일조선인 문학을 통해 일본문학이라는 자기충족적인 문학사관에 균열을 일으킨다는 의도가 있다. 재일조선인 문학이라는 범주는 해방 전후를 불문하고 경험된 식민지적 상황을 일본어로 기록함으로써 일본 내부에서 "그 집단적 존재의

---

1) 金達寿, 『後裔の街』(초간: 제1장·제2장은 『鶏林』[동인회람잡지], 1946. 4-1947. 5; 제3장~완결은 『民主朝鮮』, 民主朝鮮社, 1946. 4-1947. 5); 『玄海灘』(초간: 『新日本文学』, 新日本文学会, 1951. 1-1953. 1).

정치성"[2]을 주장한다고 논의된다. 김달수는 그러한 재일조선인 문학자의 가장 대표적인 작가로 간주되어왔다. 특히 김달수의 모든 작품을 망라한 최효선의 『해협에 선 인간(海峡に立つ人)』은, 해방 직후의 작품군을 "'재일동포 생활사'의 흐름에 있는 작품군"으로 평가한다. 이 책에서 다루는 「8·15 이후」라는 단편도 김달수의 전기적 측면이 강한 작품으로 일컬어진다.[3]

하지만 그러한 재일 조직의 운동을 전기 양식으로 기록했다는 관점만으로는 이 텍스트가 왜 픽션으로서 패전 직후 일본이라는 공간에 제출되었는가 하는 의미를 충분히 포착해낼 수 없다. 또한 텍스트에 기입된 등장인물들의 아이덴티티의 동요나 갈등은, 재일조선인 문학의 정치성이라는 틀 속에서 잘 보이지 않게 된다.

이 장에서는 「8·15 이후」라는 작품에서 재일조선인이라는 민족적 주체의 형성이 안고 있는 딜레마가 '이향'이라는 어휘 속에 어떻게 반영되었는가, 또한 그러한 '이향'에 머무른다는 것이 어떠한 의미와 가능성을 지니는가를 살펴봄으로써, 패전 직후의 공간을 일본이라는 국민국가적 틀을 벗어나 다시금 파악하는 데 목적을 둔다. 이하에서는 다음의 순서로 논의를 전개한다. 먼저, 동시대 일본의 담론공간에서는 이 작품과 작가 김달수에 대해 어떠한 평가가 이루어졌는지 확인한다. 다음으로 인물 유형에 주목하여 이 작품이 픽션으로 제출된 필연성을 밝힌다. 그리고 1950년 개작 당시 원작에서 삭제된 것과 추가된 것의 의미를 1950년 전후 독립운동이라는 담론을 배경으로 고찰한다. 그런 이후에 이 작품에서의 '이향'이라는 말과 민족의식의 관계를 검토한다. 또한 동시대에 존재한 암시장이라는 공간과 재일

2) 中根隆行, 『〈朝鮮〉表象の文化誌』, p.264.
3) 崔孝先, 『海峡に立つ人—金達寿の文学と生涯』, 批評社, 1998, pp.19-20.

조선인 사회의 관계를 설명하며 그 공간의 특성이 '이향'이라는 어휘의 긴장관계와 어떻게 결부되는지 보여순다. 그리고 마지막으로 '이향'으로서 패전 직후 일본을 바라보는 것이 가능한지에 대해 밝히고자 한다.

1. 「8·15 이후」 발표 당시의 『신일본문학』과 김달수에 대한 평가

「8·15 이후」는 김달수가 잡지 『신일본문학』에 처음으로 발표한 작품이다. 이후 『신일본문학』은 김달수의 주된 발표의 지면 중 하나가 되었다. 그때까지는 그가 스스로 편집과 집필을 맡은 잡지 『민주조선』이 주된 창작발표의 매체였으며, 그런 의미에서 이 소설은 외부의 주요 잡지에 발표된 최초의 작품이기도 했다. 『신일본문학』에서 김달수의 데뷔는 당시 예리한 문예평론가였던 오다기리 히데오(小田切秀雄)가 주도하였다. 오다기리는 『민주조선』 창간호부터 연재되었던 『후예의 거리』를 읽고 김달수에게 신일본문학회 가입을 권유했다.[4] 그리고 입회 직후인 1946년 10월 말에 개최된 신일본문학회 제2회 대회에서 김달수는 상임중앙위원으로 선출된다.

하지만 사실 김달수의 본격적인 『신일본문학』 데뷔가 곧바로 이루어진 것은 아니다. 고영란은 김달수가 이른 시기 상임중앙위원으로 선출되었음에도 창작을 포함한 그의 글이 잡지상에 게재된 것은 겨우 세 차례였음을

---

4) 金達寿, 「わが文学と生活(六)—「民主朝鮮」と「新日本文学」のこと」, 『金達寿小説全集』 第5巻, 筑摩書房, 1980, p.344.

지적한다. 하지만 1949년을 기점으로 김달수뿐만 아니라 허남기 등 조선인 작가에 의한 창작이 게재되는 일이 증가하고, 이 시기 이후로 조선인 작가가 높은 평가를 받게 되었다. 고영란은 이러한 재일조선인 작가에 대한 평가의 변화에는, 『신일본문학』 지상에서 전개된 1950년 전후 샌프란시스코 강화조약을 둘러싼 담론이 영향을 미쳤다고 분석한다. 그것은 '일본민족'이 미국에 의한 '피압박민족'이며 그 점에서는 식민지시기 '조선민족'과 동일하다는 일본공산당 주변의 지식인들이 사용한 논리였다. 즉 재일조선인 작가에 대한 평가의 배경에는 '일본민족'과 '조선민족'의 '민족적 연대'를 제시함으로써 '일본민족'의 피해자성을 강조한다는 의도가 있었던 것이다.[5]

그러면 소설 「8·15 이후」가 발표된 당초의 김달수에 대한 평가는 어떠한 것이었을까. 「8·15 이후」가 게재된 호의 「편집각서(編集覚え書)」에는 다음과 같은 평가가 있다.

현재 재일본조선인 작가는 그 수에서는 반드시 많지는 않지만, 조선 내지의 문학운동의 괄목할 만한 발전에 호응하여, 지금까지 억압되어 있던 모든 재능을 분출하려 하고 있다. 재일본조선인이라는 특수한 위치, 조선인이 일본어로 소설을 쓴다는 문제 등등 직면해 있는 복잡한 문제도 적지 않으나, 그들은 이에 기죽지 않고 나아갈 것이다. (…중략…) 조선의 근대문학은 '시라카바(白樺)'파의 영향 아래 그 시대에 성립되기 시작했지만, 일본 문학자와의 적극적인 교섭이 이루어진 것은 쇼와 초기의 프롤레타리아 문학 시대이며, 일선(日鮮) 문학자의 이러한 평등하고 자주적인 제휴는 일본 지배권력

---

5) 高榮蘭, 「第七章「植民地·日本」という神話」, 『「戦後」というイデオロギー』 논의(특히 pp.281-298)를 참조.

의 층족정책(層族政策)과 대립하여 일본 인민의 명예의 기억이 되었다.(강조
는 필자)

위에서는 "재일본조선인이라는 특수한 위치"를 지적하면서도 그것은 어
디까지나 "조선 내지의 문학운동"에 "호응"한 부차적인 것으로 파악되며,
프롤레타리아 문학운동의 기억을 소환하면서 일본의 지배권력에 대립하기
위한 "연대"가 강조된다. 여기서 알 수 있는 것은, '재일조선인 문학'이 '조
선문학'에 내포된 한 형태로 다루어지며, 동시대 일본에서 일본어로 쓰인
작품임에도 불구하고 '조선인/일본인'이라는 분할이 전제되어 있다는 점
이다. 또한 "일본어로 소설을 쓴다는 문제"에 "기죽지 않고 나아갈 것이다"
라는 표현에서는, 일본어로밖에 쓸 수 없다는 "종주국의 패전과 동시에 출
현한 재일조선인의 언어·문화적인 식민지 상황"[6]에 대한 냉정한 태도를 간
파할 수 있다. 과거의 프롤레타리아 문학운동기에 있었던 지배권력에 대한
'연대'적 대립에 찬사를 아끼지 않으면서, 식민지시기부터 계속해서 '직면'
하고 있는 재일조선인의 언어적 문제에 대해서는 거리를 두는 것이다.

이러한 『신일본문학』 측의 태도는 김달수를 비롯한 재일조선인 문학자
의 작품을 '해방민족'의 문학에 가두는 작업으로 이어진다. 또한 거기에는
미국에 대항하여 '일본민족'을 '조선민족'과 동일시하려는 논리가 1950년
전후라는 시점에 이미 제시되었던 것이다. 즉, 『신일본문학』 측의 재일조선
인 문학 평가는 '조선민족'이라는 에스닉 아이덴티티를 전제로 한 것이며,
그 '민족'성을 예정조화적으로 확인하는 데 일관하는 셈이다. 「8·15 이후」

6) 中根隆行, 『〈朝鮮〉表象の文化誌』, p.264.

발표 당시 김달수에 대한 평가는 이처럼 '조선인'이라는 민족을 『신일본문학』 잡지상에 현재화(顯在化)시키는 일에 역점을 두고 있었다. 이러한 평가 방식은 일본과 조선을 대치시키면서도, 큰 틀에서는 일본 내부에 조선민족을 둔다는 불균형한 비교를 성립시킨다. 하지만 실제로 '일본인/조선인'이라는 이항대립적 도식을 사용한 담론전략은 해방운동을 주도하는 조선인 운동가에게도 공유되고 있었다. 다음 절 이하에서는 작품의 인물 유형과 '해방' 이후의 독립운동의 주체 형성에 대해 고찰한다.

2. 픽션의 형성과 인물 유형

「8·15 이후」에서는 당시 재일조선인을 둘러싼 정치적·사회적 상황이 그려지며, 작품 속의 그러한 사건은 역사적 사실과 다르지 않다. 등장인물의 행동 역시 김달수로 보이는 주인공 이영용이나 원용덕을 모델로 한 송용득(宋庸得) 등, 김달수의 자전(自傳)과 조합시켜 보아도 일치한다. 자전에서도 '해방' 직후의 사건을 "「8·15 이후」라는 단편에도 썼다"고 말하고 있듯이, 거의 작가가 체험한 일을 이 소설로 썼다고 생각해도 좋을 것이다. 그러한 점 때문에 선행연구에서도 이 소설의 자전적인 측면에 주의를 기울여왔다. 하지만 소설 「8·15 이후」는 자전이 아닌 픽션으로서 발표된 것이다. 이것을 어떻게 생각하면 좋을까. 이 절에서는 먼저 이 작품에 나타난 세 명의 인물 유형에 주목함으로써, 픽션이라는 형식의 문제를 고찰하기 위한 단서로 삼고자 한다.

먼저, 「8·15 이후」는 크게 네 개의 장면으로 나뉜다. 서두 부분은 재일조선인이 '해방' 이후에 놓인 상황과 조직(조련) 결성 등의 역사적 사실에 기반한 기술, 그리고 주인공 이영용 자신이 경험한 아내의 죽음과 모친의 억류라는 두 개의 불행에 관한 경위를 제시한다. 다음 장면에서는, 친구인 송용득과 함께 사세보의 수용소에 억류된 모친을 맞으러 가는 모습을 그린다. 세 번째 장면에서는 오사카에 사는 사촌 하규수(河圭秀)의 자택에서 하룻밤 휴식을 취하며, 결말부에서는 송용득과 헤어진 영용과 모친이 요코스카의 자택으로 돌아오고 영용이 아내의 죽음을 모친에게 전한다.

이 작품에서 영용과 행동을 함께하는 용득의 존재는, 영용에게 독립운동가로서의 모범을 제시하는 중요한 역할을 맡는다. 송용득에게는 원용덕이라는 실재의 모델이 있다. 김달수의 자전에 따르면, 원용덕은 "릿쿄대학(立教大学) 경제학부를 나온 크리스천이자 마르크스주의자"로 "10월 10일 맥아더의 정치·사상범 석방 지령에 의해 출옥한" 좌파 지식인 운동가였다.[7] 그와 같은 특성을 이어받고 있는 송용득은, 독립운동을 주도하는 인물로서 일관된 이론과 행동지침을 가지고 있으며, 때때로 영용을 돕거나 때로는 질책하고 격려하는 인물이다.

용득의 운동가로서의 일관성은 그와 조련 사세보 지부의 외교부장 황일문(黃一文) 사이에 벌어진 논쟁에서 더 한층 노골적으로 드러난다. 황일문은 조선인이 '해방' 후에 고향으로 돌아갔음에도 다시 밀항선을 타고 일본에 돌아오는 상황에 대해, "아무리 동포라고 해도 밀항이라는 건 좋지 않은 일"이며 "일본에게도 민폐"라고 발언한다. 발언에서도 알 수 있듯이, 이 작품

---

7) 金達寿, 「わが文学と生活(六)」, p.334.

속에서 황일문은 제국 일본의 식민지주의적 논리를 내면화한 "조선인 중에서 흔히 보이는 반(半)지식인"[8]으로 그려진다. 이러한 황일문의 사고방식에 대해 송용득은 "당신은 왜 그 좋지 않은 일이 일어나고 있는지 조금이라도 생각해본 적이 있습니까" 하고 되묻는다.[9] 황일문은 용득의 발언을 받아들이지 않고, "일본의 문화"는 "오래된 우리의 문화"로부터 온 것이며, 거기에 걸맞은 "일등국민"으로서의 자각을 가져야 한다고 호소한다.

조선인을 '일등국민'이라고 하는 황일문의 논리는 일견 일본에 대한 민족적 저항에 따른 것으로도 볼 수 있다. 하지만 그것은 과거 제국 일본이 조선인을 '제국신민'으로 만들고자 한 동화정책 '일선동조론'의 담론을 반대쪽에서 재탕한 것이라고 할 수 있다.[10] 그런 의미에서 황일문은 무의식적으로도 식민지주의를 깊숙이 내면화한 존재인 것이다. 한편 용득은 이러한 황일문의 발언에 대해 격분하면서 "당신도 그 상흔을 짊어진 한 사람이 아닌가"[11] 하고 말한다. 이러한 용득의 말은 조선인의 내면에서 '해방' 이후에도 그 사고의 식민지적 상황이 뿌리 깊이 남아 있는 것에 대한 한탄이다. 이 탄식은 "교육해야 할 자 그 자체가 역시 그 [노예적 교육의—필자] 잔재를 덮어

8) 『金達寿小説全集』第1卷, p.152.
9) 이 송용득의 반론을 당시 한국의 정치정세와 겹쳐 보면 미군정과 이승만의 복권을 상기시킨다. 미군정은 우선 우파 반공의 이승만을 맞이하여 정치세력을 키우고 남한 내부의 공산당을 탄압했다. 그로 인해 식민지시기 총독부에 협력적이었던 보수적 엘리트층의 권력과 특권은 그대로 보존되었다. 이러한 점으로부터도, 재일조선인의 존재는 단지 일본정부와의 2자 관계만이 아니라 일본과 일본 점령군, 한반도의 미군정, 그리고 후에 확립할 이승만 정권, 나아가 북한에 진주하는 소련과 인민위원회라는 다층적 권력구조의 틈새에 놓여 있었음을 알 수 있다.
10) 小熊英二, 「第八章「民権」と「一視同仁」」(『<日本人>の境界—沖縄・アイヌ・台湾・朝鮮植民地支配から復帰運動まで』, 新曜社, 1998의 논의를 참조.
11) 『金達寿小説全集』第1卷, p.153.

쓰고 있는 것이다"[12]라고 말하는 서술자에게도 공유된다. 또한, 조련 사세보 지부 자체가 "위원장이나 간부를 일본의 마을회장 따위를 흉내 낸 명예직처럼 생각한다"는 점에서도, '해방' 후의 조선인들 사이에 남아 있는 사상적인 식민지 상황을 간파할 수 있을 것이다.

모친을 데려온 후 영용과 모친과 용득 세 사람은 오사카에서 가와무라(河村)라는 이름의 '카바레'를 경영하여 성공한 사촌 하규수의 자택에 들른다. "뚱보"이자 일본인과 구별되지 않는 얼굴을 가진 하규수는 영용에게 "돈만 있으면 누구한테든 바보취급 받을 리가 있겠나, 독립이든 뭐든 자네, 돈이야"라고 금니를 빛내면서 말한다. 불쾌하게 생각한 영용과 용득은 모친을 데리고 이튿날 아침 일찍 하규수의 집을 떠난다.

이 하규수라는 인물은, 앞의 외교부장 황일문과 마찬가지로 재일조선인이 반드시 한결같지는 않다는 것을 보여주는 존재이다. 하규수는 아마도 독립운동에는 적극적으로 참가하지 않는 인물이라고 예상할 수 있다. 하지만 그의 "돈만 있으면 바보취급 받을 리 없다"는 발언이나, 해방 후에 '가와무라 게이슈(河村圭秀)'라는 일본식 이름이 적힌 문패 옆에 작게 붙인 '하규수'라는 조선 이름의 명함이 그 나름의 민족적 갈등을 나타내는 것은 아닐까. 여기에 일본인 사회에 주체적으로 동화하려 하면서도 그리 간단히 설명될 수 없는 민족에 대한 생각이 나타나 있다고 할 수 있다.

이처럼 이 작품의 인물 유형에는 당시 재일조선인 사이에 있던 입장 차가 잘 드러난다. 그러한 차이가 강조된 등장인물들이 제시된 이유를 어디에서 찾을 수 있을까. 김달수는 『민주조선』이라는 일본어 잡지 창간을 계획하

---

12) 같은 책, p.148.

던 무렵의 일을 다음과 같이 쓰고 있다.

그 제안이란, "조선과 조선인에 대한 일본인의 잘못된 인식을 바로잡기 위한 잡지를 내고 싶은데 어떤가" 하는 것이었다. 나로서도 갑작스레 떠올린 것이긴 했지만, 생각해 보면 나는 8·15 직후의 격동 속에서 잠시 그것을 잊어버리긴 했어도 잠재적으로는 그러한 생각을 계속해서 가지고 있었던 것이다.[13] (강조는 필자)

'잘못된 생각을 바로잡는다'는 김달수의 의지는 일본인 독자가 다수인 『신일본문학』이라는 잡지에 처음으로 투고하게 된 「8·15 이후」라는 소설에 의기양양하게 반영되었음을 예상할 수 있다. 그렇다면 하나의 모습으로 인식되고 있던 재일조선인의 본래적인 다양성과 그 내부에서의 갈등을 적확하게 표현할 필요가 있었을 것이다. 그렇기 때문에 송용득이나 외교부장 황일문, 그리고 실업가인 하규수라는 등장인물에 각각 독립운동가, 식민지주의를 내면화한 인물, 일본사회에 동화한 인물과 같이 다양한 당시 재일조선인의 유형적 인물상이 할당되어 서로 대립하는 장면이 그려진 것이다.

또한 작자의 의도와는 별개로 영용의 아내와 모친 또한 유형화된 '어머니'의 표상으로서의 역할이 주어져 있음을 읽어낼 수 있다. 즉 민족주의적인 독립운동의 장에서 요구된 자기희생적 여성상이 그것이다. 영용의 모친이나 아내는 작품 속에서는 이름이 나와 있지 않다. 특히 아내는 "자식을 낳은" 직후에 사망하지만[14] 그 "자식"은 영용 모친의 말 속에서 "명균(明均)"이

---

13) 「わが文学と生活(六)」, p.335.
14) 『金達寿小説全集』第1권, p.145.

라는 이름으로 등장하며, 자전과 조응시켜 보면 남자아이임을 알 수 있다.[15)]

이 소설에서 영용의 아내나 모친은 민족운동의 투사를 "낳는" 것만을 위한 헌신적인 역할을 맡으며, 여성이라는 성은 이데올로기에 봉사하는 무성적(asexual)인 '어머니'로 존재한다.[16)] 텍스트 내에서 이름이 주어지지 않은 영용 아내라는 존재는 서사 내부에서 그녀의 침묵과 부재로 인해, 민족주의적 담론으로 지탱되는 독립운동 내부에서 재생산되는 억압의 구조를 폭로한다고 할 수 있을 것이다.[17)] 「8·15 이후」에서 등장인물의 유형화는 당시의 재일조선인 내부의 갈등과 알력을 명시한다. 그러한 인물들이 각각의 입장을 명시적으로나 암시적으로 주장하는 장으로서 픽션이라는 형식이 기능한다고 할 수 있다. 그러면 이 작품의 주인공인 이영용은 어떻게 유형화된다고 보아야 할까. 이 지점에서 이 작품의 중요한 문제를 발견할 수 있다. 바로 1950년 5월에 발간된 단행본 『반란군』에 수록되면서 최초 발표본에서 대폭 개작이 이루어졌다는 점이다.[18)]

---

15) 金達寿, 「わが文学と生活(七)」, 『金達寿小説全集』 第2卷, p.425.

16) 高榮蘭, 『「戦後」というイデオロギー』, p.334에서 일레인 킴 편, 『위험한 여성: 젠더와 한국의 민족주의』(박은미 역, 삼인, 2001)를 인용하면서 민족주의에 이용되는 '어머니'의 표상에 대해 논하고 있다.

17) 우에노 지즈코(上野千鶴子)는 '위안부'에게 침묵을 강요한 근본적 문제인 '가부장제 패러다임'을 논하며, "민족담론은 여성을 '민족주체' 속으로 편입시킴으로써 (…중략…) 내셔널리즘에 동원하기 위해 이용한다"고 지적한다(上野千鶴子, 『ナショナリズムとジェンダー』, 青土社, 1998, p.131).

18) 「8·15 이후」는 김달수의 『반란군(叛乱軍)』(冬芽書房, 1950), 『박달의 재판(朴達の裁判)』(東風双書, 東風社, 1966), 『소설 재일조선인사(小説在日朝鮮人史)』上(創樹社, 1975)에 수록되어 있다.

3. 개작의 문제와 운동 주체

먼저 눈에 띄는 것은 초간과 비교하여 거의 2,500자에 달하는 부분이 삭제되었다는 점이다. 그 부분은 영용이 여러 명의 조선인 청년을 향해 백두산에 잠복하며 일본군과 싸운 김일성이나 중국의 '동포의용군'을 언급하면서 웅변조로 단결을 설파하는 장면으로 시작된다. 그리고 도중에 "나처럼 신문사에서 일한 적이 있는 사람은 적(敵)이었던 그들의 전의(戰意)를 부채질한 것이다"라고 말하며, "격한 후회"에 사로잡히는 모습이 그려진다. 그후 일본에 온 뒤부터 일본 패전에 이르기까지 영용의 경력이 이야기된다. 또한 영용이 "여러분은 나를 용서해 줄 수 있습니까, 용서해줄 수 있습니까"라고 외친 후, "동포의 단결을 맹세하며" "조직에 착수했다"는 심정의 추이가 서술된다. 이상의 내용이 그대로 완전히 삭제된 부분이다. 나아가, 조직만들기에 분주하는 장면이 묘사된 후 "죄를 저지른 자신의 부채가 조금이라도 경감되었음에 무한한 기쁨을 느끼는 것이었다. 그는 일했다. 그는 이리저리 뛰어다녔다"[19]라는 문장이 삭제되어 있다. 이처럼 대폭 삭제된 부분에는, 영용이 조직적인 독립운동에 개입하기까지에 이르는 심정이 상세히 나타나 있다. 그리고 그 이외에 삭제된 곳은 스스로의 "부채"에 관해 언급하는 부분이다.

먼저, "신문사"에 있던 것이 "후회"와 "부채"를 영용에게 부여한 것은 어째서일까 생각해 보고자 한다. 영용은 전시에 신문기자로서 제국 일본의 전의를 고양하기 위한 기사를 쓴 적이 있음을 알 수 있다. 하지만 일본의 패전

---

19) 金達寿, 「八・一五以後」, 新日本文学会 編, 『新日本文学』, 新日本文学会, 1974. 10, pp.40-41.

에 의한 '해방' 후, 민족조직인 '조련'의 지도적 입장으로서 재일동포를 조국의 독립을 위해 단결시키는 역할을 맡게 된다. 이 경우에, 바로 직전 과거에 일본 제국주의를 지지하는 듯한 담론을 생산하던 자신의 경험이 '부채'가 되어, 현재 자신의 상태에 딜레마를 안겨주는 것이다.

개작 이전의 텍스트에는 일본 제국주의에 가담한 '부채'를 떠안고 스스로의 과거와 갈등하는 자기 인식의 동요가 명확하게 묘사되어 있다. 윤건차의 말을 빌리면, "'내면화된 천황제'와의 심각한 대결"을 거쳐 아이덴티티를 형성해야만 했던 재일조선인의 모습이 텍스트에 새겨져 있다고 할 수 있을 것이다. 삭제된 부분에서 이야기하는 영용의 조직운동에 대한 개입의 실상은, "과거의 '친일'적 행위를 끝까지 숨기고 자기와 천황(제)의 관련성에 대해서는 침묵하며, 오로지 일본·일본인을 고발하고 또한 신생의 민족·조국을 계속해서 외쳐대는 것이 하나의 현실적인 생활방식"[20]이었다는 윤건차의 설명과 유사하다.

그러면 이러한 '내면화된 천황제'를 짊어지고 갈등하는 인물 유형이 1950년의 개작 단계에서 삭제된 의미는 무엇일까. 작자 김달수는 자전을 비롯한 기타 논고에서 자신의 전시기의 행동에 대해 언급하고 있으므로, 소설 「8·15 이후」가 단행본에 수록되는 시점에서 그것을 특별히 숨기려는 의도가 있었다고는 보기 어렵다. 또한, 이 시기에는 이미 GHQ에 의한 검열이 종료되었기 때문에, 검열 때문에 삭제되었다고도 보기 어렵다. 이 작품에 검열이 실시되었다면 『신일본문학』에 발표된 개작 이전의 초간 내용에서, 김일성에 대한 칭찬이나 모친의 강제억류 등이 이유가 되었을 가능성이 상당

---

20) 尹健次, 『「在日」を考える』(平凡社ライブラリー), 平凡社, 2001, pp.130-131.

히 높았을 것이다. 하지만 그러한 수정 지시는 검열 문서에서 확인되지 않으므로, 검열이 직접적인 원인이 되지는 않았을 것이다.[21] 이 문제에 관해서는, 그러한 검열의 요인보다도 오히려 1950년이라는 시공간, 특히 당시의 재일조선인을 둘러싼 담론공간이 작품에 요청한 구조적 변화로 눈을 돌려야 할 것이다.

애당초 해방 직후에는 재일조선인 중에서도 조국에 대한 인식의 실상이 다양했다. 소설 「8·15 이후」에서도 황민적 이데올로기를 내면화한 황일문이나 일본인 사회로의 진입을 시도하는 하규수와 같은 인물에서 그 다양성의 일면을 볼 수 있음은 앞에서 논한 바와 같다. 하지만 1948년 8월(대한민국)과 9월(조선민주주의인민공화국) 국가로서의 '조국'이 한반도에 형성된다. 이를 계기로 민단(재일본대한민국거류민단으로 같은 해 10월에 명칭 변경)과 조련은, 전자가 같은 해 9월, 후자가 이듬해 2월에 각각의 국가로 귀속을 표명한다. 그리고 1950년 6월 25일에 발발한 한국전쟁이 각각의 조국과 재일조선인 일반의 의식을 일방향적으로 결부시키는 데에 박차를 가했다.

도노무라 마사루는 이처럼 어느 한쪽의 조국과 일방향적으로 결부시키고자 하는 의식의 양상을 '조국지향형 내셔널리즘'이라 명명한다.[22] 또한 그처럼 민족이 조국이라는 국가로 귀속되어야만 한다는 의식은 "결과적으로, '일본사회는 일본인에 의해서만 구성된다'는 일본인의 의식과 표리관계에

---

21) 「『新日本文學』一九四七年十月檢閱文書(CENSORSHIP DOCUMENTS)」(檢閱官: K.HARADA), 프란게 문고(プランゲ文庫) 소장, 국립국회도서관 헌정자료실에서 열람 가능. 「8·15 이후」에 관한 기술이 있지만 "일본정부와 조련 간의 이해"를 촉진하는 소설이라고 설명되어 있을 뿐, 특별검열의 대상으로서는 주의하고 있지 않음을 알 수 있다.

22) 外村大, 「第六章 日本敗戰と在日朝鮮人社會の再編 第三節 戰後における在日朝鮮人の意識と活動」, 『在日朝鮮人社會の歷史學的硏究―形成·構造·變容』, 綠蔭書房, 2009, pp.425-458.

있었다"고 도노무라는 지적한다.[23] 스스로를 일본인으로부터 분리하여 조국과 일방향적인 결부를 도모한 재일조선인 사회 내부의 의식은 「8·15 이후」라는 소설과 주인공의 인물 유형에 어떠한 영향을 미쳤을까.

「8·15 이후」가 단행본에 수록된 것은 1950년 5월로, 바로 한국전쟁 발발 직전이었다. 당시 민단과 조련 양쪽의 재일조선인 사회 지도부에는 강고한 '조국지향형 내셔널리즘'이 침투해 있었다. 「8·15 이후」라는 소설의 주인공은 독립운동을 이끄는 입장이면서도 그 활동의 동기가 자신의 과거 '부채'의 경감에 있었다. 하지만 이 1950년이라는 시점에서 그러한 주인공의 모습은 허용되지 않았던 것이 아닐까. 즉 1950년의 개작에서 작품 속 영용의 언동에는 '조국지향형 내셔널리즘'에 따라 민족주의 사상의 '순화'가 이루어졌다고 생각된다. 이러한 영용의 사상적 순화의 조작은 원작 텍스트가 영용에 맡겼던 유형적 역할, 즉 과거의 '부채'와 싸우는 조선인 지식인상을 배제하고, 그를 1950년 독립운동을 선도하는 데 적합한 인물 유형으로 바꿔 쓴 것이라고 할 수 있다. 그것은 송용득과 같은 운동 주체로의 동화이기도 한 셈이다.

4. '이향'의 내실: 귀향과 동화의 틈새로서의 암시장

1950년의 개작은 아이덴티티의 동요를 순화하고 운동 주체의 균일화를 재촉했다. 그렇다면 서사 전체에서 이 변용은 어떤 효과를 가져왔을까. 또

---

23) 같은 책, p.449.

한 그들이 행동하는 무대는 「8·15 이후」라는 소설 속에서 어떻게 조형되었을까. 이 작품에는 일본을 나타내는 '이향'이라는 말이 자주 등장한다. 따라서 '이향'의 내실을 찾는 일은 작품 무대인 패전 직후 일본이라는 공간을 탐구하는 일과 연결된다. 우선 「8·15 이후」의 도입부로 거슬러 올라가보자.

사람들은 일어났다.

오랜 세월을 보수도 없이 멸시당하고 학대받으며 밑바닥부터 꾸준히 쌓아온 생활은 마치 꿈인 듯이 던져버리고, 조국으로, 독립한 조선으로 밀려갔다. 사람들은 하룻밤 사이에 수 년, 혹은 수십 년의 생활을 한 가닥의 밧줄이나 보자기로 둘러싼 채 앞 다투어 서둘렀다. 일본의 역 근처는 이들 무리, 이제야 희망에 법석을 떨며 귀환하는 무리로 가득 차고, 시모노세키, 하카타 등의 항구는 밤낮 이들 무리로 점거되었다.[24]

이 도입부에서는 해방을 맞아 기쁨을 분출하는 사람들의 모습을 그리고 있다. 거기에 '이향'이라는 말이 등장한다. "그들은 이향에서 우왕좌왕하고, 그저 시모노세키로, 하카타로 왁작대며" 이동했다.[25] 일본에 재주하던 약 220만 명에 달하는 조선인의 대다수는 고향으로 돌아가기를 희망하며 GHQ의 지도 아래 11월에 겨우 실행된 일본으로부터의 계획수송을 통해, 또는 그것을 기다리지 못하고 자력을 통해 한반도로 건너갔다.[26] 하지만 그들이 제한된 소지금 1,000엔을 손에 들고 부산항 같은 곳에 도착하더라도

24) 『金達寿小説全集』 第1卷, p.144.
25) 같은 책, p.144.
26) 渡辺一民, 『〈他者〉としての朝鮮』, p.141.

남한의 미군정은[27] 그들에 대한 구제 대책을 취하지 않았다. 생활의 양식을 얻지 못하는 사람들 중에는 적어도 아는 사람들이 있는 일본으로—"손에 익은 어제까지의 생활이 있는 이향"(강조는 필자)으로 돌아가는 선택을 하게 된다.[28]

이렇게 일본으로 허가 없이 '재입국'한 경우, 그 사람들은 '밀수'를 하는 '밀항자'로 간주되어 센자키나 사세보에 급조된 강제수용소에 수감된 채 강제송환을 기다리게 되었다.[29] 테사 모리스 스즈키는 당시 워싱턴에서 SCAP로 보낸 일본인 이외의 외국인에 관한 지령서를 분석하며, 이러한 재일조선인에 대한 처우는 '해방국민'이라고 불리면서도 우선순위가 낮은 존재로 미국 본국에서 간주됨으로 인해 발생한 법적 불확정성에 기인한다고 말한다.[30] 소설 「8·15 이후」의 영용 모친은 앞에서 본 사세보의 강제수용소에 수감된 사람 중 한 명이었다.

이처럼 이 작품에 나오는 '이향'이라는 말에는 일본 열도와 한반도라는 두 개의 공간을 이동할 때 발생하는 긴장관계가 내포되어 있다. 또한 서두 부분에서는 '이향'에서 배를 기다리는 재일조선인들이 어떤 특수한 공간을 형성하고 있음을 알 수 있다. 그것은 바로 암시장이다.

---

27) 해방 후 한반도에서 북위 38도선을 경계로 한 남북의 정치적 투쟁은 실제로 이미 전시기의 국제정 치정세에 의해 규정되어 있었다. 본래 38도선은 구 일본제국의 관동군과 조선군의 군관구의 경계선이 었으나, 일본 패전 직후에는 이 경계선상에 미·소 냉전구조가 덧칠된다(姜尙中·小森陽一, 『戦後日本は戦争をしてきた』, 角川書店, 2011, pp.101-103).

28) 『金達寿小説全集』 第1巻, p.146.

29) 점령 초기 일본에서 연합군의 출입국관리체제에 관해서는, 앞의 글, 「越境者と占領下日本の境界変貌」, 강제수용소에 관해서는 Morris-Suzuki, 앞의 책에 상세하다.

30) Morris-Suzuki, *ibid.*, pp.59-60.

거기에는 이미 떠돌이 생활에 이골이 난 사람들에 의해, 불탄 들판(燒野原) 위에 판자나 거적으로 벽을 세우고 그을린 함석지붕을 덮어, 긴급한 수요에 응하려는 음식점이 늘어서기 시작했다. 그리고 흥에 취한 사람들의 돈이 그곳으로 빨려 들어가고 있었다. 그러나 그 돈을 벌어들이는 쪽도 흥에 취해 있기는 마찬가지였다. 이익 따위는 사람들의 안중에 없었다. 배가 오면 이 사람들도 뒤에 올 사람들에게 가게를 그대로 넘긴 채, 만세 소리를 들으며 현해탄을 건넌 것이다.[31]

재일조선인이나 중국인, 타이완인 등 구식민지 출신 사람들을 '해방국민'으로 처우한다는 GHQ의 성명이 나온 것은 패전으로부터 3개월 정도 지난 11월 3일의 일이다. 따라서 해방 직후의 이 시기는 아직 일본의 경제가 총력전체제하에 있었으며 배급 이외의 음식 교환과 매매는 위법이었다.[32] 그러므로 특별한 허가가 없는 음식점이 모인 공간은 예외 없이 암시장이었으며,[33] 지금까지 논의한 것처럼 당시의 암시장은 암거래 가격으로 폭리를 탐한다는 비난을 받았다. 또한 일본이라는 국가를 타락시키는 "도의에 어긋나는" 것으로 간주되었다.

---

31) 『金達寿小説全集』第1卷, p.144.

32) 그 후 다시 외국인등록이 실시되었음에도 불구하고 일본국민으로서의 법률에 따른 판결의 대상이 되므로, 현실적으로 '해방국민'으로서의 처우는 귀환원호 이후에는 이루어지지 않는다. 다음 장에서 재일외국인의 법적 지위에 대해 다시 논할 것이다.

33) 鈴木久美,「在日朝鮮人の帰還事業の推移―下関・仙崎の事例から」(『在日朝鮮人史研究』, 36)에서 시모노세키·센자키에서의 암시장 형성과 야마구치현을 주체로 한 단속에 대해 상세히 논하고 있다. 또한, 小林聡明,「朝鮮人の移動をめぐる政治学」, 貴志俊彦 編著,『近代アジアの自画像と他者―地域社会と「外国人」問題』, 京都大学学術出版会, 2011은 당시 재일조선인과 암시장 단속의 관계를 GHQ 자료로부터 구체적으로 살핀 논고로서 특히 중요하다.

하지만 「8·15 이후」의 도입부에서 보이는 매매는 "이익 따위는 사람들의 안중에 없"고, 배가 오면 서둘러 가게를 다른 사람에게 넘겨버리는 모습으로 묘사된다. 법적으로는 아직 구 종주국의 지배하에 있는 조선인이 응급으로 생겨난 암시장에서 하루하루의 생활을 견디며 독립한 조선으로 귀향한다는 상황을 발견할 수 있는 이 작품에서 암시장의 양상은, 급변하는 사회와의 절충이 이루어지는 공간으로 나타나 있다. 나아가, 한반도의 실정이 명확해짐에 따라 고향에 돌아갈 수 없는 조선인은 일본인 사회 일반에 동화할 수밖에 없게 된다. 재일조선인 경제사를 연구하는 한재향(韓載香)은 식민지시기 일본에서 조선인의 집주적(集住的) 커뮤니티가 전후에는 산재형(散在型)으로 이행이 촉진되며, 그 동화 과정에서 패전 직후의 '암거래'가 일정한 역할을 맡았다고 말한다.[34]

소설 「8·15 이후」 도입부에서 보여주는 것은 일본이라는 '이향'에서 암시장을 경유하여 조선으로 귀향하는 동선이다. 하지만 실제로는 재일조선인 사회가 전후에 밟아온 일본인 사회로의 동화라는, 완전히 거꾸로 된 방향성이 존재한다. 그것은 텍스트상에서도 모친의 억류나 하규수라는 존재를 통해 나타난다. 이 암시장을 매개로 하여 '이향'에서 이루어진 귀향과 동화라는 이동의 긴장관계는 이 작품을 독해하는 데에 대단히 중요한 것이라고 생각된다. 이 긴장관계로부터 형성된 '이향'의 내실은 텍스트의 또 다른 삭제 부분에 대해 언급함으로써 더욱 명확해질 것이다.

그것은 서사의 마지막 부분에서 자택에 돌아온 영용이 처음으로 모친에게 아내가 죽었다는 사실을 전하며 유골을 보여주는 장면이다. 오열하는 모

---

34) 韓載香, 『「在日企業」の産業経済史─その社会的基盤とダイナミズム』, 名古屋大学出版会, 2010, p.16-17·p.43.

친 옆에서 집을 비운 동안 쌓인 신문지를 펼쳤을 때 "흉악 2인조 권총강도 체포"라는 기사의 표제를 발견하고, 거기 실린 "도쿄도 요도바시구 ××초 12 서두용-(23세)"이라는 이름을 발견한 영용은 눈물을 흘린다. 그리고 모친을 두고 조련 본부를 향해 집을 나서는 부분에서 이 서사는 끝난다. 아래의 부분은 영용이 오열하는 모친을 집에 남겨두고 조련 본부로 향하는 마지막 장면이다.

"오늘은 빨리 돌아올 수 있는 거냐" 하고 말했다.
영용은 한 번 끄덕이고는 밖으로 나갔다. 걸었다. "모든 것은 지금부터다"라는 송용득의 말이 그의 입술을 뚫고 나왔다.(강조는 필자)

강조한 부분은 초간에서 삭제되어 단행본에는 존재하지 않는 문구이다.[35] 암시장에서 "권총강도"로 체포된 재일동포의 신문기사와 이 삭제 부분의 연관을 어떻게 파악할 수 있을까.

앞에서 말한 바와 같이 '요도바시구'는 지금의 신주쿠구의 일부 지역에 해당하며, 신주쿠역 주변에는 거대한 암시장이 여러 군데 존재했다. 그리고 1947년의 이 시기는 암시장에 횡행하는 폭력사태가 재일외국인, 특히 조선인과 강하게 결부되어 인식되고 있었다(이른바 '제삼국인' 담론). 이러한 인식은 일시적인 것이 아니라 암시장이 사라진 후에도 강한 영향력을 지녔다. 예를 들면 1952년 9월에 『주오코론(中央公論)』에 게재된 「재일조선인의 생활과 의견(在日朝鮮人の生活と意見)」이라는 좌담회에서 오야 소이치(大宅壯

---

35) 「八・一五以後」, p.52.

一)도 "조선인과 공산주의, 조선인과 화염병, 조선인과 암거래, 조선인과 범죄라는 식으로 항상 밀접하게 연관된 듯한 인상을 받고 강하게 머릿속에 각인되는"점을 지적하며 그러한 편견을 없애야 한다고 발언한다.[36] 제3장에서도 확인한 바와 같이 '암(闇)'의 문제는 전후 사회 전반에 걸친 것이며, 재일조선인만이 특별히 암시장과 관계된 것은 아니다.[37]

하지만 이 서사의 최후에 등장하는 신문기사의 "흉악" "권총" "요도바시구" "서두용"이라는 말로 인해, 영용은 일본에 있는 조선인이 이후로도 받게 될 편견과 어두운 앞날을 느낄 수밖에 없는 것이다. 개작 전의 초간 판본에서는 가장 마지막 부분에 "모든 것은 지금부터다"라는 말이 쓰임으로써 그래도 미래를 향해 나아간다는 희망이 남았음을 느낄 수 있다. 그러나 이 말이 삭제됨에 따라 미래로의 지향성이 단절되고 폐색감만이 남게 된다.

여기서 다시금, 텍스트의 서두 부분으로 돌아가보자. 앞에서, 서두에 그려지는 암시장을 매개로 한 '이향' 일본에서 조선으로의 해방감에 찬 귀향의 동선은 현실에서는 그와 반대로 재일조선인의 일본사회 동화라는 동선과의 긴장관계를 발생시킨다고 지적했다. 이러한 두 동선의 정반대의 방향성은 갈 곳 없는 경직된 공간을 텍스트 내부에 산출한다. 여기에서 이 텍스트의 '이향'이라는 말의 내실이 보이게 된다. 바로 이 작품 속의 '이향'이라

---

36) 大宅総壮·金宗衡·高成浩·文東建·李珍圭·李哲三, 「在日朝鮮人の生活と意見(座談会)」, 『中央公論』, 中央公論社, 1952. 9. 이 좌담회에서는 '야미(やみ)'와 결부된 편견의 폐해뿐만 아니라 강제송환, 귀화, 사상대립, 교육문제 등 패전 직후의 일본의 정책에 잔존하던 재일조선인의 괴로운 환경을 총괄하여 주목했다는 점에서 주목되는 좌담회이다.

37) 암시장은 패전 직후 민중의 혼란이나 '부도덕성'을 나타내는 예로서 빈번히 거론되지만, 실제로 유통된 암거래 물자는 전시중의 군이나 고급관료가 은닉한 식료나 군수물자를 빼돌린 것도 많으며 전시기의 권력자가 전후에도 그대로 경제적 유력자로서 존속하고 있었다는 점은 존 다우어가 『패배를 껴안고(敗北を抱きしめて)』上, pp.124-134에서 구체적으로 설명한다.

는 말에 민족성이 전제되어 있다는 점이다. 이는 다음의 인용문에서도 확인할 수 있다.

영용은 조선의 노파가 이렇게 울기 시작하면 어느 한도가 오기 전까지는 멈추려 해도 소용없다는 것을 잘 알고 있었다. 특히 어머니는 젊어서 미망인이 되고 영용을 여자 홀몸으로 이향에서 키워 오며 지금처럼 수없이 울었다. 영용은 그 눈물 속에서 이렇게 성인이 된 것이다.[38] (강조는 필자)

'이향'이란 다른 민족의 '향'이며, 본래 귀속되지 않은 자로부터의 시점에 의한 명칭이다. 1950년의 '조국지향형 내셔널리즘'에 의해 재일조선인 사회 내부에는 '일본인/조선인'이라는 민족적 대립의 도식이 강화된다. 이 작품에서도 개작이라는 작업을 통해 그 민족적 도식의 강도가 분명 높아진 것이다. 따라서 하나의 민족 측에서 다른 편을 봤을 경우의 '향'이 지닌 이질성은 보다 강화된다. 즉, 그처럼 이질성이 강화된 '향'에 머물며 생활을 위해 동화해야만 한다는 딜레마가 이 텍스트의 '이향'이라는 말에 담겨 있다.

서두 부분에는 또한 "만세, 만세! / 조선독립 만세!"라는 말이 기입되어 있다. 이 말이 1919년 3·1만세운동에서 외쳐진 말과 동일한 것임은 새삼 지적할 필요가 없을 것이다. 일본 패전을 기점으로 '해방민족'이 된 재일조선인은 한국전쟁이 가까워짐에 따라 스스로 '조국지향형 내셔널리즘'의 발전과 확립을 향해 민족적 동일성을 높여 나간다. 이러한 때에, 제국 일본의 식민지시기에 있었던 3·1만세독립운동의 민족적 기억이 소환되는 것이다. 하

---

38) 『金達寿小説全集』 第1巻, p.161.

지만 그러한 민족성의 강도가 높아질수록 '이향'에 머무를 수밖에 없는 상황에 극도의 긴장상태가 발생한다. 「8·15 이후」가 보여주는 포스트콜로니얼한 상황이란 그러한 것이다. 즉, '전후 일본'이라는 폐쇄적인 '이향' 공간 속으로 밀려 들어간 데다 '해방민족'이라는 말에 의해 배제되고, 동시에 스스로도 그 민족이라는 말과 기억의 감옥에 사로잡히고 마는 아이덴티티의 동요가 「8·15 이후」라는 소설에 기록되어 있는 것이다.

5. '이향'에 머문다는 가능성

지금까지 살펴본 것처럼, 해방 직후의 재일조선인을 그린 소설 「8·15 이후」에서 '이향'이라는 공간은 민족적 주체를 형성하기 위한 대상으로서 스스로 배제됨과 동시에 포섭되는 공간이다. 이러한 공간성은 텍스트의 다른 부분에서도 발견할 수 있다. 배제되면서 포섭된다는 공간의 특성이 가장 현저히 드러나는 예로는 영용의 모친이 수감되어 있던 사세보의 강제수용소가 있다.

사세보는 "상당히 파괴되어 일부만 남은 거리"였지만, 그 사세보의 잿더미는 암녹색의 산에 둘러싸여 있었다. 그 풍경을 본 영용과 송용득은 "개성과 닮은 데가 있다"고 말한다. 그 산속의 옛 해군 시설이 'H수용소'로 사용되고 있는데, 서술자는 이 수용소 내부를 다음과 같이 서술한다.

삼면이 산에 둘러싸여 있고 봉우리를 넘으면 갑자기 건물들이 있는 거리가 나타났다. 치마를 입은 여자들이 피곤에 찌든 모습으로 아이를 등에 업고 물을 길어다 빨래를 하고 있었다. 높은 목조 건물인 병사(兵舍)들 사이에는 단색의 저고리나 치마, 아이의 배냇저고리 따위가 끈에 매달려 펄럭거리고 있다. 어디에서 어떻게 만들었는지 빨래하는 여자들은 방망이(다듬이)를 쳐 들고 있었다. 어디에 있든지 빨래를 좋아하는 여자들. 영용은 눈을 들어 짙은 녹색의 산을 보았다.[39]

개성과 닮은 산으로 둘러싸인 공간은 향수를 불러일으키는 듯한 "한가한" 풍경이었다. 그러나 여기에 현재화하는 '향'의 공간은, "암거래로 일하는 불법적인 제삼국인"이라 하여 '이향'으로부터 배제되고 한 곳에 수용됨으로써 생산된 것이다.

이 수용소와 마찬가지로 오사카의 잿더미에 세워진 하규수의 자택은 영용이 "잠시 당황했을" 정도로 일본풍의 외견을 지녔지만, 한 걸음 문 안으로 들어가면 정원의 수목이 조선인의 취향이라거나, 또 현관에서 일본옷을 입은 하녀가 나온 뒤에 이어 안쪽에서 조선옷을 입은 부인이 나왔다거나 하는 것처럼, 내부공간이 '향'을 느끼게 하는 공간으로 구성되어 있음을 텍스트를 통해 알 수 있다. 이러한 억압적·배타적인 '이향'에서 '향'의 공간을 발견하고, 또한 만들어내는 행위에서 무엇을 읽어낼 수 있을까.

앙리 르페브르는 『공간의 생산』에서, 균질화된 공간에 대치되는 '차이'의 공간에 대해 다음과 같이 말한다.

---

39) 같은 책, p.154.

차이는 균질화의 주변에서 스스로를 유지하거나, 혹은 균질화의 주변으로부터 발생한다. 이 차이의 출현은 저항, 또는 외부성(측면성, 이상한 위치에서 발생하는 이소성異所性, 이종구조성 등)의 형식을 취한다. 다르다는 것은 처음엔 배제된 것이다.[40)]

르페브르는 푸코의 판옵티콘적인 근대 공간의 파악 방법에 대한 비판으로서, 주변이나 외부에 위치하는 것(야마구치 마사오의 말을 빌리면 '주변'화된 것)의 중요성을 설파한다. 르페브르는 그 지점에서 그치지만, 이 시점을 보다 발전시켜 배제된 공간의 가능성을 논한 시노하라 마사타케(篠原雅武)는 "이러한 차이의 공간이 균질 공간을 성립시키는 논리와는 구별되는 논리를 제안하기 위한 거점이 될 수 있다"고 주장한다.[41)] 즉, '차이의 공간'을 살아간다는 것은 중앙집권적인 '균질 공간'의 논리와 구별되는 논리에 몸을 둔다는 것이기도 하다. 거기서 생활을 성립시킨다는 것은 중심을 중심으로 파악하지 않는다는 것과 이어져 있다.

이를 이 책의 관점에서 말하자면, '민족'이라는 말을 통해 '전후 일본'을 '이향'으로 삼는 인식은 그 속에서 살아가야만 하는 재일조선인의 아이덴티티가 가진 딜레마를 품고 있다. 하지만 '전후 일본'에서 차이를 보여온 재일조선인이라는 존재와 그 역사는, '이향'인 '전후 일본'이라는 공간에 대해서만이 아니라 그것을 구축한 국민국가라는 틀, 그리고 그 중심에서 정한 법에 의한 배제와 포섭의 구조를 구축한 근대적 논리와는 구별되는 논리를 저항으로서 제시할 가능성을 지닌다고 할 수 있지 않을까. 그러한 관점에서

40) アンリ・ルフェヴル, 斎藤日出治 訳, 『空間の生産』, 青木書店, 2000, pp.535-536.
41) 篠原雅武, 『空間のために―遍在化するスラム的世界のなかで』, 以文社, 2011, p.197.

보이는 광경은 어느 한 국가가 영유하는 국민적 경관—자신이 상정한 '국민'에 해당하지 않는 존재를 배제하는 '국토'—과는 다른 것이 된다. 즉, '이향'에 머물며 그 속에서 '향'의 공간을 만들어낸 뒤에 다시금 '이향'을 돌아볼 때, '전후 일본'의 기반이 된 '잿더미'라는 프레임에서 벗어난 풍경을 발견할 수 있는 것이 아닐까.

영용과 용득은 '향'을 발견한 사세보의 수용소를 둘러싼 산을 보고 처음에는 "개성과 닮은 데가 있다"고 말하지만, 그 후에 역시 고향이 아님을 다시금 확인한다. 하지만 그 직후에 두 사람은 다음과 같은 대화를 나눈다.

"산이 벗겨지지 않은 것도 다를 테지. 산이 비옥한 걸 보면 실은 좋은 나라인 거야."
"음, 좋은 나라다."

영용과 용득 둘 중 누가 어떤 발언을 한 것인지 명확하지 않은 이 회화에서 발화되는 "좋은 나라"라는 말은 국민국가로서의 일본을 가리키는 것은 아니다. 재일조선인의 민족독립운동을 주도하는 입장의 두 사람이 조국을 식민지로 만든 일본을 '좋은 나라'라고 말하는 것은 도저히 불가능한 일이다. 하지만 이 회화 가운데 두 사람이 보고 있는 그 풍경은 '좋은 나라'라고 여겨질 만한 것이었다. 왜냐면 이때 그들이 바라보고 있는 그 공간은 국민적 경관으로서의 '잿더미', 즉 국민국가의 프레임에서 벗어나 단지 비옥한 산이었기 때문이다.

이처럼 일견 불가해한 회화 속에 바로 국민적 경관을 뛰어넘은 풍경이 그려져 있다. 그것은 억압적이고 배타적인 '잿더미' 속에서 '향'을 발견하고,

차이를 제시하는 존재로 머물러 있음으로써—귀향과 동화의 부단한 긴장 상태에서—비로소 획득된 시계(視界)이다. 「8·15 이후」는 그러한 모멘트를 그림으로써 공간의 변혁 가능성을 제시한 것이다.

6. 소결

김달수의 「8·15 이후」는 패전 직후 일본의 공간을 '이향'으로 다시금 파악함으로써, 국민국가를 전제로 한 영토적 이미지(국민적 경관)와 구별되는 풍경을 그린다. 하지만 그것은 민족이라는 말로 인해 법적으로도 개념적으로도 일본으로부터 배제되고, 동시에 내적 타자인 조선민족으로 배치된다는 포위 상태 속에서 획득된 시계이다. 조국이 한국전쟁을 향해 가는 상황 속에서, '이향'으로부터의 귀향도 이룰 수 없고 그렇다고 '이향'으로의 동화도 불가능한 긴장상태가 주인공 이영용의 인물 유형 변화와 함께 고조된다. 그와 같은 아이덴티티의 동요 상태에서 헤게모니에 대한 차이의 공간—'이향'에 대한 '향'의 공간이 생산될 때, 저항으로서 '이향'을 되돌아보는 모멘트가 발생한다.

이 장에서 시도한 것은 「8·15 이후」라는 텍스트에 묘사된 '이향'의 내실을 탐색하는 일이었다. 또한 여기서 발견되는 '이향'은, 패전 직후의 일본이라는 공간을 고정적이고 폐쇄적인 것으로 보는 국민적 경관을 해체하는 관점을 제공한다. 하지만 그와 동시에 텍스트가 보여주는 것은, '이향'을 향한 시선에는 아이덴티티의 갈등이 각인되어 있다는 사실이다. 그러한 갈등에 대한 끊임없는 상상력과 자각을 통해서만 이 시야가 확보될 수 있음을 잊어서는 안 된다. 국민국가를 뛰어넘는 시점은 이와 같은 개별적·역사적 긴장 상태에 자신을 둠으로써만 획득할 수 있는 것이다.

이러한 시도는 김달수를 비롯한 재일조선인 작가의 해방 직후 작품에 대한 재독의 계기가 될 뿐만 아니라, 제국주의·식민지주의라는 과거로부터 '전후 일본'을 분리하여 파악하는 역사인식에 대해 콜로니얼한 상황을 제시하는 일 또한 가능하게 한다. 나아가 이는 일본과 미국의 관계라는 틀만으로 상정되는 피해자 인식을 내포한 '잿더미'적인 전후 공간의 이미지에 대한 재검토를 촉구하는 일이기도 하다.

앞 장까지의 논의의 흐름에 비춰 본다면, 재일조선인들이 기댈 수밖에 없는 장이란 권력으로부터 주변화(외연화)된 암시장 공간(앞 장의 표현을 따르면 '견딜 수 없는' 공간)이었다고 할 수 있다. 이 주변화 과정은 민족이라는 말을 둘러싼 역학을 통해 이루어진다. 이 주변화된 '향'의 공간에 몸을 둔다는 것은, 중앙으로서의 '전후 일본'의 논리로 규정된 국민적 경관, 즉 '잿더미'를 '이향'으로서 다시 바라본다는 것이다. 여기에서 중앙집권적인 균질 공간의 논리와 구별되는 논리가 발견된다.

이처럼 '이향'으로서 '잿더미'를 되돌아볼 때 어떤 '구별된 논리'가 개입하는 것일까. 다음 장에서는 이 '전후 일본'과는 구별되는 논리, 구별되는 문맥으로서의 냉전구조를 콘텍스트로 삼아 김달수의 또 다른 작품을 논해보고자 한다.

제9장
–
'아주머니들'의 투쟁
민족교육과 탁주

　이 장에서는 다시 김달수의 소설을 다룬다. 지금까지 살펴본 것처럼, 동아시아에서 미·소 대립의 긴장이 증가함에 따라 재일조선인에 대한 압력도 강화되었다. 특히 1948년 이후에 전개된 민족교육을 둘러싼 투쟁은, 그러한 압력에 대해 재일 커뮤니티 측에서 자신들의 생활을 걸고 제시한 응답이라고 해도 좋을 것이다. 이 무렵 발표된 김달수의 소설에도 당연히 이 투쟁이 그려져 있다. 하지만 주목하고 싶은 것은 이들 소설에 종종 등장하는 '아주머니들'과 '탁주 제조'라는 모티프이다. 이 장에서는 바로 민족교육을 둘러싼 투쟁의 성질과 그 두 가지 모티프가 깊이 결부되어 있다는 점을 확인하고, 제국 붕괴 후에도 여전히 존속하는 식민지주의와 새로운 국제정치의 거친 파도 속에서, 재일조선인이 어떻게 생활의 장을 확보하는가 하는 문제에 대해 생각해보고자 한다.

1. 김달수의 점령기 소설, '재일동포 생활사'라는 프레임

먼저 점령기가 중반을 넘어갈 무렵 세상에 나온 김달수의 작품이 지금까지 어떻게 평가되어왔는지를 확인해보자. 최효선은 김달수의 모든 작업을 초기·중기·후기로 분류하고, 초기에 대해 재일조선인이 "악조건 속에서도 '생'을 위해 열심히 살아가는 모습"을 그린 "재일동포 생활사"로 정리한다. 또한 이것이 발전한 계열로 중기의 "사회주의자 투쟁사"가 있으며, 김달수의 사회주의 사상이 현저해지는 것은 소설 『반란군』 이후부터라고 지적하기도 한다.[1] 그리고 후기는 고대사가(古代史家)로서의 작업이다. 이 분류에 따르면, 이 장에서 다루는 작품은 '재일동포 생활사'에서 중기의 '사회주의자 투쟁사'로의 전환기에 해당하는 작품으로 볼 수 있을 것이다. 다만, 이 분류법은 에세이나 자전에서 엿볼 수 있는 작자 자신의 사상적 변천에 따른 것이므로, 김달수의 '주의'가 확립하기 이전에 그려진 작품을 소박한 리얼리즘으로 치부해버린다는 경향이 있다는 점에 주의해야 한다. 이 장에서는, 그러한 생활의 묘사가 단순한 현실의 반영이 아니라, 살아가기 위한 필사적인 투쟁이라는 점에서 바로 이데올로기 주도의 교조적인 '주의'로 고정화될 수 없는 사상의 현장성이 도출된다는 점을 파악하고자 한다.

한편으로, 재일조선인 중에서 특히 여성의 목소리를 전면에 내세운다는 점에 대해서도 이 장을 통해 검토해보고자 한다. 일본에서는 2000년대부터 식민지시기의 조선인 여성 혹은 재일조선인 여성들의 경험을 기록하고 그 역사성을 되묻는 움직임이 젠더사 영역에서 시작되었다. 하지만 특히 점령

---

[1] 崔孝先, 『海峽に立つ人』, p.10. 최효선은 이 두 개의 계열이 혼재한다는 점도 지적하지만, 대체로 '재일동포 생활사'에서 '사회주의자 투쟁사'로의 발전이라는 방향성을 기정 노선으로서 승인한다.

기에는 재일 여성의 목소리를 직접 잡지 등의 미디어로부터 끌어내기가 어렵다. 왜냐하면 그때까지의 조선인 여성들에게 교육에 대한 접근이 극단적으로 제한됨에 따라, 그녀들의 주장을 간행 매체에 게재하는 일 자체가 드물었기 때문이다.[2] 바로 그런 점에서 이 장이 다루는 민족교육을 둘러싼 투쟁이란, 바로 식민지시기 정책의 멍에로부터 탈출하기 위한 여성들의 싸움이기도 했던 것이다. 그녀들의 목소리를 직접 건져 올릴 수 없는 상태라는 역사성을 충분히 고려하며 김달수라는 남성 작가의 텍스트로부터 '아주머니들'의 목소리를 끌어내는 것, 그것이 이 장에서 시도하고자 하는 바이다.

이 두 가지의 목적 —교조주의에 빠지지 않는 사상/운동의 현장성을 도출하는 일과 재일조선인 여성의 목소리를 건져 올리는 일— 은 서로 연관되어 있다. 하루하루의 생활에 닥쳐오는 국제정치의 거센 파도는, 거기 휩쓸리지 않으려 하거나 혹은 그 파도에 쉽게 올라타지 않으려는 강고한 내셔널리즘을 요청했다. 정치적인 압박을 받고 있는 마이너리티가 이 파도에 대항하려 하면 할수록 그 마이너리티 내부에 내셔널리즘이 침투한다는 점은 앞장에서 살펴본 바와 같다. 그와 같은 마이너리티 내부에서 작동하는 동화 압력에 가장 취약한(vulnerable) 자들이란 그때까지 계속 억압받아온 여성들이었음은 말할 것도 없다. 교육에 대한 접근을 쟁취함으로써 그 중층적 억압을 돌파하려 한 여성들의 목소리를 텍스트의 독해를 통해 확대시키는 일은, 계속되는 식민지주의를, 또한 제2차 세계대전 후에 발생한 새로운 대국

---

2) 송혜원은 해방 직후 재일조선인 발행의 신문 · 잡지에서 여성들의 투서나 작품을 꼼꼼히 조사하였지만, 역시 그 작업의 어려움에 대해 언급한다. 宋惠媛, 『『在日朝鮮人文学史』のために―声なき声のポリフォニー』, 岩波書店, 2014.

주의를 내부로부터 붕괴시키는 작업과 이어져 있다고 할 수 있다.[3]

이 장의 분석 대상으로는, 민족교육 투쟁을 직접적인 제재로 한 「술독 어멈(四斗樽の婆さん)」(1949)과 그 속편으로 일컬어지는 「전야의 장(前夜の章)」(1952)을 중심으로 다룬다. 또한 그처럼 교육투쟁을 그린 소설로 '아주머니들'과 '탁주'라는 모티프를 매개로 접속하는 「탁주의 건배(濁酒の乾杯)」(1948)나 「번지 없는 부락(番地のない部落)」(1949) 등을 참조하면서, 패전 후 일본이라는 공간이 재일조선인의 생활에 있어 어떤 장소였는지 고찰한다.

또한 반복이기는 하지만, 이들 소설이 제출된 시기는 유럽에서 이미 시작된 미국 대 소련의 '냉전'이, 동아시아를 무대로 하여 '열전'으로─중국의 국공내전 상황 변화와 중화인민공화국의 탄생, 그리고 '6·25' 한국전쟁으로 전개되는 시기이다. 그리고 이 국제정세가 GHQ와 일본정부의 재일조선인에 대한 태도(검열과 단속 정책)를 고착화시켰다는 점은, 이 장의 분석에서 중요한 역사적 배경이 되므로, 이에 대해서도 상술하기로 한다.

2.「술독 어멈」과「전야의 장」에 대한 검열

「술독 어멈」은 김달수가 1949년 10월 도쿄 이타바시(板橋)에 있는 조선신제(朝鮮新制) 고등학교와 요코스카의 조선인 소학교에 대한 폐쇄권고를 당했을 때의 경험을 제재로 하여 쓴 단편소설이다. 이 소설은 미발표 상태

---

3) 이러한 시야는 김부자(金富子) 씨와의 대화를 통해 획득된 것임을 기록해둔다.

로 1980년『김달수 소설전집』에 수록되기까지 빛을 볼 수 없었지만, 그 내용과 검열 상황으로 미루어 보아 1949년 말에는 이미 쓰여 있었다고 예상할 수 있다.[4] 이 소설에 관해 먼저 생각할 문제는, 다음과 같은 「서문」으로 소설이 시작한다는 점이다.

이것은 르포르타주 풍의 소설로, 여기에 등장하는 인물은 나를 비롯해, 일부 폐가 된다고 여겨지는 사람 이외에는 거의 전부 실명이며, 실재의 인물입니다. 따라서 제재로 한 사건도 대부분 사실이며, 기술적인 면에서 어쩔 수 없는 경우를 제외하고 허구는 사용하지 않을 작정입니다. '사실은 소설보다 기이하다'는 말이 있습니다만, 얼마나 '기이'할지, 계속해서 읽어 주시기를 바랍니다.[5](강조는 필자)

김달수는 이 소설의 서두에서 이처럼 "르포르타주 풍"이라고 굳이 단정 짓고 있지만, 실제로 「술독 어멈」에 묘사된 사건이 모두 사실인지는, 자전이나 동시기의 에세이 등을 통해서도 알 수가 없다. 일부 소설과 겹치는 사건(예를 들어 주인공 '나'의 이동 경로 등)은 나오고 있지만, 후에 상술할 '어머니의 부상'이라는 중요한 사건에 관해 작품 외의 기술은 찾아볼 수 없다.[6] 이처럼

4) 金達寿, 「四斗樽の婆さん」, 『金達寿小説全集』 第1卷. 이하 본문의 인용은 이 책에서 한다. '개제(改題)'로는 『신가나가와(新神奈川)』에 "1949년 3월부터 10월까지 9회 연재"되었다고 기록되어 있으나, 국립국회도서관헌정자료실에 소장되어 있는 『신가나가와』 제1호는 1949년 5월 발간이며, 최종호인 10월호까지 김달수의 작품은 게재되어 있지 않다. 서사의 시간대는 1949년 10월이며, 이 역시 『신가나가와』의 발행 상황과 어긋난다. 또한 이 소설에 대한 검열에 관해서는 후술하기로 한다.
5) 金達寿, 「四斗樽の婆さん」, p.259.
6) 金達寿, 「わが文学と生活(六)」이나 金達寿, 『小説在日朝鮮人史』 上(創樹社, 1975)에 이 시기 작자의 행동에 대한 기록이 있다.

창작의 가능성이 있는 것을 "르포르타주"나 "사실"이라는 말을 사용하면서까지 발표하려 한 작가의 의도는 무엇이었을까. 그것은 이 소설의 내용, 즉 조선학교의 폐쇄라는 사태가 미디어상에서 어떤 취급을 받았는지와 깊이 관계된다.

그것은, 이 1949년의 학교폐쇄에 앞서 전년도 4월 오사카와 고베에서 일어난 조선학교 탄압과 그에 대항하는 투쟁, 이른바 한신교육투쟁(阪神教育鬪争)에 대해 GHQ의 엄격한 검열이 실시되어 이에 대해 상세히 쓰는 것이 불가능했다는 사실이다. 예를 들면, 김달수가 편집하고 있던 『민주조선』에서는 1948년 6월호에 한신교육투쟁 특집을 마련하고 김달수도 이 호를 위해 특파원으로 현지에 파견되었다. 하지만 그 기사는 모두 민간검열(CCD: Civil Censorship Detachment)에 의해 게재불가 판정을 받고 잡지 자체도 발간할 수 없는 상황이 되었다. 구체적으로는, '현지보고' 형식으로 게재될 예정이었던 다음 세 개의 보고가 'SUPPRESS(게재불가)' 판정을 받았다.

김원기(金元基), 「고베·오사카 사건의 진상(神戸·大阪事件の眞相)」
박영태(朴永泰), 「도발자는 누구인가? 일선반동연합의 정체를 폭로(挑發者は誰か？日·鮮反動連合の正体をばくろ)」
박원준(朴元俊), 「옥중보고: 검거와 권총과 곤봉(獄中報告: 檢擧と拳銃と棍棒)」[7]

위의 기자 중 한 명인 '박영태'란 김달수가 『민주조선』에서 종종 사용하

7) 『民主朝鮮』 1948년 6월호 초고, 民主朝鮮社, 프란게문고(プランゲ文庫) 소장자료.

던 필명이므로 이 보고가 김달수의 것임을 알 수 있다.[8]

한편, 당시의 경찰이나 신문보도에서는 이 교육투쟁을 '폭동'으로만 언급하였으며, 재일조선인 발행 매체인 『해방신문』이나 공산당 기관신문 『아카하타(アカハタ)』 등 좌파 언론의 미디어 이외에는,[9] 조선인의 민족교육을 지키기 위한 투쟁이 '사실'로서 인정되지 않는 상황이었다. 예를 들면, 1948년 4월 27일자 『아사히신문』에서는, '고베의 학교문제에 미 사령관 성명, 불법조선인을 체포, 집단폭행을 용인할 수 없다'는 표제로 조선인의 항의활동을 보도한다. 이 기사에서는 제8군사령관 로버트 아이첼버거(Robert Eichelburgur)의 성명 전문과 함께 "공산당의 선동"이라는 사령관의 단정이 무비판적으로 게재되었으며, 조선인 측의 해명을 언급하는 일은 전무했다.[10] 나아가 '남조선에서 미군기에 발포'라는 소제목 아래, 제주도 4·3사건에 잇따른 빨치산 투쟁을 "불온분자에 의한 폭동"이라고 하며 도민 측의 피해를 일절 밝히지 않은 채 언급하고, 한신교육투쟁과 함께 보도함으로써 '공산주의', '조선인', '폭동'이라는 어휘를 '불법조선인'이라는 이미지 아래 나열하고 있다.[11]

----

8) 그 외에도 김달수는 '손인장(孫仁章)', '김문수(金文洙)', '백인(白仁)' 등의 필명을 사용하여 기사를 썼다(「わが文学と生活(六)」, p.340).
9) 다케우치 에미코(竹内栄美子)는 『나카노 시게하루와 전후문화운동: 데모크라시를 위하여(中野重治と戦後文化運動: デモクラシーのために)』(論創社, 2015)에서, 일본민주주의문화연맹(문련)을 중심으로 한 민주주의진영(또는 좌파) 지식인들이 재일조선인의 한신교육투쟁에 대해 강한 관심을 지니고 있었음을 밝힌다. 다케우치는 공산당이 주도하는 (조련의 종속화라는 문제도 포함한) 민족대책의 한계를 지적하면서도, 재일조선인 문제를 무겁게 본 문련의 적극적 관여라는 점에 의의를 둔다.
10) 다케우치도 지적하듯이, 한신교육투쟁은 "'공산당의 계획지도'도 아니고, '폭동사건'도 아니"라는 것이 보고되었다. 金慶海 編, 『在日朝鮮人民族教育擁護闘争資料集―四·二四阪神教育闘争を中心に』 第1巻, 明石書店, 1988에 보고서가 수록되어 있다. 다케우치의 지적은 竹内栄美子, 『中野重治と戦後文化運動』, p.204.
11) 朴慶植, 『解放後在日朝鮮人運動史』, p.202에서도 "관헌당국이나 신문보도 등에서는 이 투쟁을 '법

이러한 경험을 한 김달수가 또 다시 발생한 학교폐쇄[12] 사태를 묘사하고자 할 때, 이번에도 일반에게는 보도되지 않을 것을 감안하여 "르포르타주풍"이라는 점—'사실'로서 전한다는 점을 강조한 것은 전략적인 선택으로 이해할 수 있다. 하지만 그 의도와는 반대로(오히려 그러한 의도 때문에), 「술독 어멈」은 어떤 매체에도 게재될 수가 없었다. 그 구체적인 이유는 후에 검토하겠지만, 이 소설에는 속편으로 보이는 「전야의 장(前夜の章)」이 있다. 「전야의 장」이 폭넓은 독자를 지닌 종합잡지 『주오코론(中央公論)』에 발표되었다는 점에서, 「전야의 장」도 역시 투쟁의 양상을 보다 많은 사람들에게 전하고, 사태를 공개하려 한 「술독 어멈」의 의도를 공유한 것으로 볼 수 있을 것이다.

「전야의 장」에서는 1949년 10월에 요코스카의 조선소학교에서 일어난 강제폐쇄와 그에 대한 항의운동이 묘사되어 있다. 앞의 「술독 어멈」은 미완의 소설이지만 최후에 요코스카의 소학교로 향하는 장면이 「전야의 장」의 서두 부분과 겹쳐지므로, 이들을 연속된 소설이라고 볼 수 있는 것이다. 「전야의 장」에 관해 서지적인 관점에서 주목할 것은, 김달수가 단행본 『전야의 장』의 「후기」 중 소설 「전야의 장」에 대해서도 검열이 있었다고 기록하는 부분이다.

검열이라고 하면, 이것은 전후에도 결코 사라진 것이 아니어서 이 속에도 그 검열 때문에 고민한 것이 또 하나 있다. 그것은 1952년에 쓴 「전야의

률을 무시한 조선인의 폭동사건', '공산당이 계획적으로 선도하고 지도한 폭동' 따위로 언급하고 있지만 이는 사실과는 전혀 다른 잘못된 견해이다"라고 쓰여 있다.
12) 1949년 10월 학교폐쇄령을 보도할 때도, '교육법 위반의 경향'이라는 소제목으로 "'조선색'이 강한 교육"이 학교교육법 위반이라고 단정한다(『朝日新聞』, 1949. 10. 20).

장」으로, 이번에는 일본 내무성 경보국(警保局) 대신에 미 점령군의 검열이 있었는데 나는 이 속에서 당연히 '미 해군'이라고 써야 할 부분을 '새로운 해군'이라고 쓰는 따위의 괴로운 방법을 썼다. 그들이 했던 일, 하고 있는 일을 언급하는 것은 금지되었다.[13]

GHQ의 검열은 1949년 11월 시점에서 사후검열까지 포함해 종료되었으므로, 1952년 「전야의 장」 발표시점에서 직접적인 검열이 이루어졌으리라고는 생각하기 어렵다. 실제로 검열자료를 수집하고 있는 프란게 문고에도, 1949년 12월호 이후의 『주오코론』은 보관되어 있지 않다. 이러한 김달수의 회상이 사실이라면, 가능성으로서 생각되는 것은 「전야의 장」 발표 이전, 1949년 10월 이후에 쓰인 「술독 어멈」이 검열 종료 전 CCD로부터 게재 불가 처분을 받아 그것을 다시 「전야의 장」으로 1952년에 발표했거나, 아니면 검열이 끝났음에도 불구하고 GHQ를 의식하며 자기검열을 했거나 둘 중 하나일 것이다.

전년도에 게재거부 처분을 받은 한신교육투쟁의 르포르타주는 그 성질상 사건 직후에 쓰여 즉시 처분을 받은 것이다(사건 다음 달에 초고가 CCD에 제출되어 게재불가 처분을 받았다). 「술독 어멈」도 역시, 사건을 공개적으로 호소하려 한 것이라면 학교폐쇄사건 직후에 집필되었으리라는 점은 예상할 수 있다. 또한 현실적으로는 어느 잡지에도 게재되지 않았다는 점으로 미루어 본다면, 전자의 가능성이 보다 높을지도 모른다. 어느 쪽이든 상황론적 추론의 영역을 벗어나지 않지만, 여기서 중요한 것은 재일조선인의 민족

---

13) 金達寿, 「あとがき」, 『前夜の章』, 東京書林, 1955, pp.354-355.

교육에 대해 GHQ가 과민하게 반응하고 있었으며 일본에서 검열이 끝나는 1949년 11월 직전까지도 민족교육 탄압에 관한 논의나 묘사가 삭제의 대상이 되고 있었다는 사실의 확인일 것이다.[14] 다음 절에서는 왜 이러한 검열이 실시되었는지 검토하기 위해, GHQ와 일본정부가 재일조선인 민족교육에 대해 어떤 태도를 취해왔는지를 재일조선인의 법적 지위 부여의 변천 과정과 함께 개괄하고자 한다.

3. 민족교육의 전개와 한신교육투쟁

1945년 8월 일본 패전 시점에서 일본에 체류하던 조선인의 인구는 약 220만 명으로 일컬어지며, 일본정부가 GHQ의 지시로 조선인의 '송환계획'에 착수하는 1946년 4월까지 이미 130만 명의 조선인이 본국으로 귀환했다고 일컬어진다.[15] 이 중 대다수가 자기 부담으로 귀환수단을 준비하게 되었다. 그러나 많은 조선인을 태우고 부산으로 향한 '우키시마마루(浮島丸)'가 1945년 8월 24일 미군이 부설해 놓은 기뢰에 접촉하여 침몰하고, 524명의 사망자를 낸 가슴 아픈 사건이 일어났다. 이처럼 체류하고 있던 많은 조선인이 수많은 손해를 입으면서도 귀향을 바랐지만, 정작 '송환계획'이 실시

---

14) 검열을 실시하고 있던 CCD는 공안제도의 지도감독을 담당하고 있던 G-2(참모제2부)의 하부조직으로, G-2는 "대적첩보를 취급하고, 재일조선인 문제를 정치적인 관심에서 인식하는 성격이 강했다." 즉, 이 조직 편성에 의해 G-2가 '재일조선인문제'를 인식하면 톱다운 방식으로 직접 CCD에 지시가 전달되는 구조였음을 알 수 있다. 小林知子,「GHQの在日朝鮮人認識に関する一考察」.
15) 西成田豊,『在日朝鮮人の「世界」と「帝国」国家』, 東京大学出版会, 1997, p.334.

되는 단계에 와서 그것을 이용하는 조선인의 수는 약 8만 명에 지나지 않았다. 이는 GHQ가 조선인의 귀환을 앞두고 소지금이나 휴대 가능한 물자를 제한함으로 인해, 이미 일본에 오랫동안 거주하여 얼마간의 자산을 가지고 있던 정주자가 귀향을 주저했기 때문이었다. 또한 본국의 정세 불안이나 경제 위기가 들려옴에 따라, 귀향의 결단을 내리지 못하고 연기할 수밖에 없는 사람들이 속출한 것도 원인으로 꼽힌다.[16] 결과적으로, 일본에 머무를 수밖에 없는 사람들의 수는 약 56만 명에 달했다.

이와 같은 상황 속에서도, 재일조선인은 조련을 중심으로 한 왕성한 민족운동을 전개한다. 그 운동의 중심적인 활동 중 하나로, 모어교육을 기본으로 한 민족교육을 들 수 있을 것이다. '해방' 후에는 재일조선인이 거주하는 지역 대부분에서 강습회가 실시되었으며, 그중 최초는 1945년 9월에 도쿄 간다(神田)의 조선YMCA에서 개최된 것이었다. 그 다음 달부터는 조련이 총괄관리 및 지도를 해나가게 되며, 이듬해에는 소학교에 더해 중학교·사범학교도 설립된다. 1946년에 개최된 조련 제3회 전국대회에서 일본에 체류하는 조선인이 50만 명을 넘는다는 것이 확인되자, 민족교육의 활동방침은 보다 항구적으로 지속하는 쪽으로 재편되었다.[17]

한편, 당시 재일조선인의 법적 지위는 미 국무성·육군·해군의 3성조정위원회(SWNCC) 내부의 극동소위원회(SFC)가 1945년 11월 1일에 낸 '일본점령 및 관리를 위한 연합국 최고사령관에 대한 항복 후의 초기 기본지령' 제8항에 규정되어 있다. 이 항목에서 조선인은 "해방인민"으로 취급되어야

---

16) 文京洙, 『在日朝鮮人問題の起源』, クレイン, 2007, 88쪽. 또한 이에 관해서는 이 책의 제8장에서 상세히 논하였다.
17) 梁永厚, 「解放後, 民族教育の形成」, 『季刊三千里』, 三千里社, 1986. 9.

한다고 기록되어 있지만, 한편 "필요한 경우에는 적국민으로 취급해도 좋다"고 규정되었다. 이 경우, '적국민'이란 '일본국민'으로, 즉 조선인은 '해방인민'과 '일본국민'의 이중 규정 사이에 놓여 있었던 것이다. 이듬해 12월에는 재일조선인이 일본의 "모든 국내법과 규정에 따른다"고 일본정부에 의해 수정되어, '해방인민'보다도 '일본국민'으로서의 규정이 강화된다. 나아가 1947년 5월 외국인등록에서는 '외국인'으로 간주되어 입국관리의 대상이 된다. 이처럼 일본의 국내법을 강요하면서 '외국인'으로서도 관리한다는 이중 규정의 재일조선인 정책이 확립되었다.[18]

이상과 같은 재일조선인에 대한 이중 규정이 민족교육 탄압을 향한 길을 닦아놓은 셈이다. 원래 문부성 학교교육장은 1947년 4월 시점에서 조선학교를 학교로 인정하는 데 지장이 없다고 각 도도부현에 회답했다. 하지만 10월이 되자 GHQ 민간정보국(CIE)은 "조선인 제학교는 정규 교과의 추가 과목으로 조선어를 가르치는 것이 인정된다는 예외적 허가 이외에 일본(문부성)의 모든 지령에 따르도록 일본정부에 지령한다"는 통고를 내고, 조선어교육은 과외로 실시되는 것 이외에는 허가하지 않았다. 또한 그러한 GHQ의 방침 전환에 따라 일본정부는 교육기본법·학교교육법의 규정에 의해 민족의 역사·문화에 관한 수업은 '정치교육'으로 간주하고, 사실상 조선인학교의 존재이유를 부정하게 되었다. 이러한 부인의 논리는, 앞에서 본 조선인에 대한 법적 이중 규정에 의해 담보되었다. 즉, 일본국민으로서 국내법

18) 우쓰미 아이코(內海愛子)가 『조선인 BC급 전범의 기록(朝鮮人BC級戰犯の記録)』(勁草書房, 1982)이나 『김은 왜 재판받았는가: 조선인 BC급 전범의 궤적(キムはなぜ裁かれたのか: 朝鮮人BC級戰犯の軌跡)』(朝日選書, 朝日新聞出版, 2008)에서 논해왔던 것처럼, 바로 이 점령기 일본정부와 연합군의 합작에 의한 조선인에 대한 이중 규정이 조선인 BC급 전범을 낳고, 1952년 샌프란시스코 강화조약 이후에도 유족이나 출소자에 대한 대응을 지연시키는 결과가 되었다.

에 따라 구속하면서, 민족교육은 타국에 이익이 되는 정치교육으로 관리 통제한다는 구도가 여기에서 발견되는 것이다.

조련은 이 통고에 대해 항의활동을 전개하면서도, GHQ의 교과서검열을 받아들이는 대신 모어교육을 정규과목으로 인정해줄 것을 요구하는 타협안을 제시하기도 했지만, 일본의 각 자치단체와 경찰, 그리고 점령군 군정부는 더욱더 탄압의 강도를 높이고, 결국에는 조선인학교의 폐쇄조치를 통고하기에 이른다. 조선인에 의한 반대운동도 이에 대항하여 활발해졌으며, 일본 국내 단체만이 아니라 외국의 언론기관에도 호소하게 된다.[19]

1948년 4월 23일 이후 오사카와 고베에서 각각 수만 명 규모의 항의집회가 열렸지만, GHQ는 24일 점령하에서 처음으로 '비상사태선언'을 발령하고 GHQ가 주도한 무장경찰은 항의활동에 대한 강제진압을 시도했다. 그때, 16세의 김태일 소년이 경찰이 발포한 총탄을 두부에 맞아 사망하는 사태까지 이르렀다. 1948년의 이 투쟁은, 조선인 측의 막대한 희생을 내면서도 최종적으로는 일본정부와 조련이 각각 민족교육을 인정하고, 일본의 교육법이 정하는 의무교육을 실시한다는 데 쌍방이 양보하여 결착에 이르렀다. 하지만 이듬해 9월에는 재일조선인의 일본에서의 생활권 확보를 위한 운동을 총괄하고 있던 조련 자체가 해산되고, 나아가 10월에는 조선인학교의 강제폐쇄로까지 발전하게 되었다. 결과적으로 1955년 재일조선인총연합회(총련)를 결성하고 학교재건운동을 전개하는 1960년대가 되기까지, 조선인의 민족교육체제는 크게 후퇴하게 되었다.

19) 박경식에 따르면, 한반도에서 남조선민주주의민족전선, 민주여성동맹, 조선교육자협회 등의 단체가 조련에 호응하여 민족교육을 지지하는 성명문을 제출하고, 서울에서는 학생 단체들에 의한 일대 데모가 열렸다(『解放後在日朝鮮人運動史』, p.192).

GHQ와 일본정부의 조선인에 대한 탄압 강화의 움직임은, 당시 동아시아의 정치정세 변화에 상응한다. 1947년 중국의 국공내전 상황은, 열세였던 공산당이 5월과 6월에 걸쳐 국민당에 대해 반격을 개시하면서 우열이 역전되었다. 이에 따라 미국이 유럽 각국에 대해 막대한 지원을 실시한다고 선언한 마셜 플랜에 불만을 품은 소련은, 중국공산당의 반격을 후원하면서 동아시아 영역에서의 태세를 강화한다. 그와 같은 미·소간의 긴장 고조가 한반도에서는 신탁통치의 방침을 결정하기 위한 미소공동위원회의 결렬(10월)이라는 사태로 발전하고, 이에 대한 미국의 반동으로서 이듬해 초에는 조선 미군정청이 5월 10일에 남조선 단독선거를 강행한다고 선언했다.

조선 내부에서는 이 단독선거 강행에 반대하는 운동이 각지에서 일어났지만 미군정과 이승만 정권은 계엄령을 선포하고 진압이라는 이름의 학살을 일삼았다. 제주도의 4·3사건은 그러한 학살들 중 최악의 사건이었다. 이렇듯 미국 본국이 소련 및 동아시아의 공산주의에 대해 펼친 경계가 일본의 GHQ 내부에서 이미 움트고 있던 초기 민주화노선에 대한 반공주의자들의 반발을 조장하고, 이른바 '역코스'라는 점령정책의 노선변경이 일어나게 되었다.[20]

이러한 동아시아에서의 힘의 균형 변화와 반공주의 조류가 일본에서의 재일조선인 민족운동 탄압의 정치적 배경이었다. 고바야시 도모코(小林知子)는 GHQ의 민간첩보국이 1948년 이후에, 이전까지 조선인을 '불법분자'로 인식하던 것에서 "공산주의에 의해 지배되는 자"로의 인식 전환을 이루게 된다고 밝힌다.[21] 고바야시는 당시 재일조선인 언론이 단지 '극좌/극우'

20) Andrew Gordon, *A Modern History of Japan From Tokugawa Times to the Present*, Oxford University Press, 2002, p.239.
21) 小林知子, 「GHQの在日朝鮮人認識に関する一考察」.

로는 구분되지 않는 복잡성을 지니고 있었음에도, 남조선 단독선거에 반대하는 것을 '공산주의의 영향'이라고 단정하는 현상이 있었다고 지적한다.

앞 절에서 본 것처럼 발간금지 처분을 받은 『민주조선』1948년 6월호 초고 중에도, 한신교육투쟁의 르포르타주와 함께 '남조선의 선거는 무효'라는 테마 아래 세 편의 기사가 있으나, 이들도 모두 'SUPPRESS' 날인이 찍혀 있다. 그중 하나는

사진 20. '공산주의에 의한 폭동'이 아니라고 호소해도, 다른 부분을 이유로 게재불가가 된 기사

「민족문화 옹호를 위하여(民族文化擁護のために)」라는 제목의 기사(사진 20)로, 재일조선인에 의한 민족교육 옹호 데모가 "공산주의자의 정치적 야망으로 선동"된 것이라고 "역선전"되었음을 호소하고 있으며, 재일조선인의 주체적인 운동이 미·소 대립에 이용되는 것을 우려하는 취지의 글이었다. 하지만 검열자는 그러한 호소를 무시하려는 듯이 다른 부분("반동들의 탄압

정책" 등의 표현)에 줄을 그어 주의를 돌리고 있으며, 점령군과 일본정부에 대한 비판으로 독해하려고 애쓴 흔적이 검열 후의 초고에서도 발견된다.[22]

김달수의 「술독 어멈」과 「전야의 장」은 이러한 미소 냉전구조에 말려들어가서 탄압받고 있던 민족교육의 상황을 묘사한 것이었다. 그러면 다음 절에서는, 작중에서 민족교육 투쟁이 어떻게 묘사되고 있는지 검토해보자.

4. '아주머니'들의 투쟁

「술독 어멈」이 그려내는 것은 한신교육투쟁 이듬해인 1949년 10월 당시 조련 해산명령과 함께 조선학교 폐쇄령이 내려졌을 때의 사건이다. 주인공 '나'(「전야의 장」에서는 이름이 '안동순(安東淳)'으로 되어 있고 3인칭으로 서술된다)는 이타바시(板橋)의 조선고등학교에서 일본어를 가르치는데, 학교로 향하는 도중 제자들을 마주친다. 그들은 학교를 폐쇄하려는 경찰의 움직임을 감시하고 있었다. 학교 안에 들어가보니, 교사들도 교실이 아닌 직원실에서 긴장된 표정으로 침묵하고 있다. 그 후 경찰로부터 통지가 오고 폐쇄명령은 후일 상황을 보고 실시하기로 되었다. 아직 시간이 유예되었음에 안심한 주인공은, 일단 학교를 나와 일본인 지인의 집에 숙박하기로 한다. 그는 지난달 조련 해산 이후 가계가 기울어 생활비 확보를 위해 작은 서점을 요코스카의 옛 조련 분회사무소였던 장소에 개점하고자 했다. 거기에 진열할 서적

<hr>

22) 小林知子, 「GHQによる在日朝鮮人刊行雜誌の檢閲」에서도 『민주조선』 1948년 6월호의 발간금지 처분에 관해, "이 해의 검열의 상징"이라고 언급한다.

을 모으기 위해 도쿄의 출판사나 지인을 찾아다니고 있었던 것이다.

다음날 몇 권의 서적을 가지고 요코스카로 돌아온 '나'는, 요코스카의 조선소학교에 대한 강제철거가 전날 밤 무장경찰에 의해 자행되었다는 사실을 알게 된다. '나'는 모친이 그 강제철거에 대한 대항운동에 참가하여 혼란 속에서 일본인 경찰에게 "걷어차여" 부상을 입었다는 말을 듣는다. 곧바로 '나'는 자택으로 돌아가 누워 있는 모친을 발견한다. 다행히 모친은 이마에 타박상을 입은 정도의 경상이었지만, '나'는 그 이마의 상처가 정말로 "걷어차여" 생긴 상처인지를 모친에게 되묻는다. 실제로는 일본인 경찰에게 이마를 걷어차인 것이 아니라 넘어져서 다쳤다는 것을 확인하자, 주인공은 "안도하며" 침착함을 되찾고, 다시금 소학교로 향한다.

여기까지가 「술독 어멈」의 줄거리이다. 사실 작품의 제목이기도 한 '술독 어멈'이라는 인물은 이 소설 속에 등장하지 않는다. 소설은 '다음 장에 계속'이라고 끝맺고 있으므로 '술독 어멈'은 다음 장 이후 등장할 예정이었을 테지만 소설은 여기에서 끝나버린다. '술독 어멈'이 등장하는 것은 「전야의 장」에서이며, 이러한 점을 통해서도 「전야의 장」이 소설 「술독 어멈」의 속편으로 재구축된 텍스트임을 알 수 있다.

「전야의 장」에서는 이미 폐쇄되어버린 요코스카의 조선소학교를 둘러싼 투쟁을 그리고 있다. 하지만 이 소설이 그리는 투쟁은, 그 이전까지 김달수 소설에서 그리고 있던 운동의 양상과는 다르다. 그때까지의 소설, 가령 동시기에 쓰인 『후예의 거리(後裔の街)』와 같은 식민지시기 조선에서의 독립운동을 그린 중편이나 점령기를 묘사한 단편들은 주로 지식인 엘리트인 조선인 남성이 주도하는 민족운동에 초점을 맞추어왔다. 하지만 이 소설에서는 요코스카 조선인 부락의 '아주머니들'이 투쟁의 주체가 된다. 물론 이 소

설에도 해산한 옛 조련 지구의 지도자이자 공산당원인 남성들이 등장하여 (주인공 안동순도 그중 한 명이다) 요코스카시청이나 경찰서와 교섭을 담당하지만, 그들의 교섭은 한 걸음도 진전하지 못한다. 오히려 '한원도(韓元道)'라는 이름을 가진 리더격의 인물이 중앙 지도부로부터 통달된 방침을 간부 남성들 이외에는 알리지 않고 교섭을 진행하고 있던 것에 대해, "사람을 무시하는 듯한" 태도라고 지적받는 등, 부락 사람들로부터 비난당하는 장면도 있다. 또한 지도부 남성들은 매일 반복되는 진전 없는 교섭에 지쳐가지만, 폐쇄된 학교에 매일 모여드는 '아주머니들'은 교섭상대인 시청이나 경찰뿐만이 아니라 지도부의 교섭위원들에게도 압력을 가하기도 한다.

'아주머니들'의 이와 같은 행동은, 양돈·양계를 생업으로 삼고 있는 박정일(朴正一)이라는 청년이 부락을 돌아다니며 설득하면서 촉발된다. 박정일은 적극적으로 항의활동에 참가하는 청년이었으나 나이가 어리다는 이유로 지도부의 구성원에는 들지 못하며, 또한 순박한 젊은이로 묘사되어 있다. 시청 및 경찰과의 교섭이 활기를 띠는 것은 이와 같은 '아주머니들'이나 박정일처럼 조선인 조직의 지도부가 아닌 사람들의 적극적인 행동에 의해서였다.

강제폐쇄로부터 한 달이 지날 무렵 어느 날 안동순은 많은 '아주머니들'이 모여 웅성거리는 모습을 발견한다. 이유를 물으니, 그날 아침 "전부 7, 80명 되는 아주머니들"과 박정일, 그리고 백 명의 학생들이 시청사로 몰려가 항의활동을 했다는 것이었다. 그들은 항의 끝에, 지금까지 일절 교섭의 무대에 나오지 않았던 요코스카시의 "호리구치(堀口) 시장"을 불러내고, 그로부터 "여러분의 희망에 따르도록 노력하겠다"는 약속을 받아내는 데 성공했던 것이다.

이때 가장 마지막에 달려든 사람이 '술독 어멈'이라고 불리는 (그 별명이 말해주는 대로) 몸집 큰 노파였다. 여기에서 드디어 '술독 어멈'이 등장하며, 소설 「술독 어멈」에서 「전야의 장」으로 이어진 교육투쟁은 이 '술독 어멈'이 포함되어 활약하는 '아주머니들'의 시청사에 대한 항의활동에 초점을 맞춘 것임을 알 수 있다.

소설 「술독 어멈」에서는 '아주머니들'의 운동 양상이 묘사되지는 않지만, 주인공 '나'의 나이든 모친은 저항운동에 참가하여 부상을 당한다. '나'의 어머니는 그때까지 '나'가 조련 지도부로서 행해온 독립운동에 대해 머리로는 이해하면서도 스스로 적극적으로 관여하지는 않은 것으로 작중에 서술되어 있다. 그런 '어머니'가 일본 경찰의 폭력적인 철거에 대해 몸을 던져 달려들었다는 사실에 '나'는 감동한다.

「전야의 장」에서 그리는 시청사 난입의 경우도 한원도나 안동순 등 지도부의 남성들에게는 일체 사전에 알리지 않고, '아주머니들'을 중심으로 박정일, '털보(トルボ)' 김천수(金千守)와 같이 조련이나 공산당과는 직접 관계가 없는 남성과 다수의 학생들에 의해서 항의활동이 독자적으로 이루어진다. 그 결과 지도부 남성들은 만날 수조차도 없었던 시장에게서, 구두 약속이기는 하지만 진전된 언질을 이끌어내는 데 성공한 것이다.

이처럼 「술독 어멈」이나 「전야의 장」에서는 조선부락의 '아주머니들'이 벌이는 항의활동에 초점을 맞춰 서사가 전개된다. 하지만 실제로 소설 속에서만이 아니라 현실의 조선인 민족교육 옹호운동에서도 조선인 여성은 커다란 역할을 맡고 있었다. 송혜원은 재일본조선민주여성동맹(녀맹)에 소속된 많은 어머니들이나 여성 교사, 그리고 당사자인 소녀들이 교육투쟁의 현장에서 활약한 바를 다음과 같이 논한다.

조련 남성 활동가들이 미군이나 일본경찰 그리고 적대하던 조선건국촉진 청년동맹(건청)에 의한 습격 때문에 앞에 나서서 활동할 수 없었던 사정도 있어 녀맹은 각종 연락이나 집회 준비, 붙잡힌 이들의 구명 운동, 전국적인 구명 모금, 서명 활동을 전면적으로 담당했다. (…중략…) 민족교육을 둘러싼 일본정부와의 공방은 그 후에도 계속되었다. 그 과정에서 녀맹 활동가, 어머니들, 초등학생부터 대학생까지의 여학생들이 쓴 작문이나 수기 등이 많이 생산되었다.[23]

이처럼 민족교육 옹호운동에 여성이 보다 적극적으로 참가한 하나의 이유로 '해방' 후의 학습환경 변화를 들 수 있을 것이다. '해방' 이전에는 제국 일본이 "속인(属人)적으로" 전개한 교육제도로 인해 조선인 여성은 "'민족'·'계급'·'젠더'라는 요인으로 규정된" 조선인 초등교육으로부터 배제되고, "항상적 미취학" 상태에 놓여 있었다.[24] 1945년 이후, 앞에서 말한 것처럼 일본에서는 각지에서 민족교육이 확대되어 지금까지 취학이 불가능했던 조선인 여성이 교육받을 기회를 얻었다.[25] 하지만 GHQ와 일본정부에 의한 조선인 민족교육 탄압으로, 겨우 얻은 권리는 겨우 4년 만에 강탈당하고 만다.

「전야의 장」 속의 행동하는 '아주머니들'은 이처럼 일본의 식민지정책으

---

23) 宋惠媛, 『「在日朝鮮人文学史」のために: 声なき声のポリフォニー』, p.35(송혜원, 『'재일조선인 문학사'를 위하여: 소리 없는 목소리의 폴리포니』, 소명출판, 2019, pp.81-82).

24) 金富子, 『植民地期朝鮮の教育とジェンダー──就学·不就学をめぐる権力関係』, 世織書房, 2005, pp.274-278.

25) 그러나 교육에서의 봉건주의적인 남성 우위의 지향이 사라진 것은 아니고, 조선인 가정 내에서 여자교육에 대한 남성의 몰이해나 조련에서의 여성의 부차적인 역할규정──남성의 운동을 이해하고 지원하기 위한 교육──이 조선인 여성의 식자 획득에 커다란 장애물로 가로놓여 있었음은 유의할 필요가 있다.

로 교육받을 기회를 빼앗긴 여성들이었다. '아주머니들' 중 한 명이 요코스카시 공무원인 기무라(木村)라는 인물의 "예의를 차리라!"는 노성(怒聲)에 대항하여 "그런 예의를 알지도 못하게 만든 게 누구냐, 이런 글자 하나 모르는 무식쟁이로 만든 건 너희들이야! 너희들 아니냔 말이다!"라고 울부짖으며 덤벼드는 장면이 있다. 이는 기무라의 말에 쩔쩔매던 그녀가 옆에 있던 박정일로부터 "그런 예의를 알지 못하게 만든 게 누구냐고 말하세요"라는 조언을 듣고 내뱉은 말이었다. 그러나 남성인 정일로부터 촉발되었다고는 해도, "이런 글자 하나 모르는 무식쟁이로 만든 건 너희들"이라는 말은 그녀가 덧붙인 그녀 자신의 목소리이다. '아주머니들'에게 교육의 통로는 일본 패전으로 얻어낸 '해방'의 현실적인 내실이었던 것이다.

이어지는 장면에서 '술독 어멈'으로 불리는 노파는 공무원 기무라에게 밀려 바닥에 넘어지고 마는데, 이때의 그녀는 다음과 같이 묘사된다.

"아악, 죽일 거냐! 그래 죽여라! 죽여!"
하고 그녀는 쓰러진 그대로 위를 쳐다보며 양손으로 자기 가슴을 치며 소리쳤다. 밖의 복도에서는 아이들이 부르는 〈독립의 아침〉, 〈해방의 노래〉가 이어진다.

이 비통한 호소가 시장을 불러내는 최후의 일격이 된다. '술독 어멈'은 '학교 어머니회'라는 민족교육지원을 위한 여성단체의 '부회장'을 맡고 있으며, '해방' 후에 주체적으로 민족교육에 참가하고 있던 인물로 작중에 설정되어 있다. 그녀에게 민족교육의 현장인 조선학교가 무너진다는 것은, '해방'으로 얻은 그녀의 권리, 교육에 참여함으로써 목표하던 그녀 자신의

'독립'을 위한 투쟁의 장을 빼앗긴다는 것이다. 이는 그녀에게 '죽임을 당하는' 것이나 마찬가지의 일이었던 것이다.

그녀 외에도 "다리 밑 부락에 사는 강씨의 늙은 아내"는 경찰에게 다음과 같이 외친다.

"우리(ウリ)가 사서 우리가 만든 학교라구. 불을 붙여 태워봐라. 다 같이 타 죽는다 한들 네놈들한테 넘겨줄 것 같으냐! 절대 못 준다!"

여기에도 생명을 걸고 "우리학교"를 지키려는 노파의 의지가 드러난다. 이 노파들이 제국 일본의 교육제도에서 배제된 여성들이라면, 그녀들에게 학교란 한 번 더 스스로 다시 태어나기 위한 상징적인 장이었다고 할 수 있다. 바로 그렇기 때문에 소설 「술독 어멈」에서 '나'의 '어머니'도 지금껏 참가한 적 없는 운동에 상처를 입으면서까지 참가한 것이다.

「전야의 장」은 '아주머니들'과 아이들, 그리고 박정일과 같은 사람들이 일으킨 행동을 통해 시장의 언질을 얻어내는 것으로 "대승리"를 거뒀다고 생각한 직후 "군정부에 책임자 2명 출두"라는 전화를 받는 지점에서 서사를 끝맺는다. 이미 말한 것처럼, 이 1949년 10월의 조선학교 폐쇄는 이후 1960년에 총련이 다시금 교육운동을 일으키기까지 재일조선인의 민족교육이 계속 억압 상태에 놓이게 된다는 괴멸적인 결과를 남긴다. 이 서사 끝에서 '군정부', 즉 GHQ로부터의 압력이 관련되어 있음을 시사하는 것은 그러한 역사적 사실을 근거로 했을 터이다.

그러나 여기서 주목할 것은, 르포르타주 성격을 지닌 이 「전야의 장」이라는 소설이, 남성 지식인이 타개할 수 없었던 민족교육 옹호 교섭을 '아주머니들'의 주체적인 행동으로 전진시키는 순간을 기록하며 그것을 사실로서 전하려 한다는 점이다. 한신교육투쟁에서 '공산주의자의 선동에 의한 불법 조선인의 폭동'으로 보도·인식되고 재일조선인 고유의 문제나 주체성을 호소하는 주장을 무시하려는 검열의 모습과는 대조적으로, 이 소설에서 조직적 배경을 지닌 남성 지식인은[26] 오히려 학교에 모여드는 '아주머니들'을 대표로 한 부락 사람들의 압력에 의해 움직이는 듯한 수동적인 모습으로 묘사된다. 주인공 안동순 또한 '아주머니들'의 행동을 방관하거나 전해 듣는 존재로서, 그리고 독자에게 그 사건들을 보고하는 존재라는 위치에 놓여 있다.

그러면 이와 같은 '아주머니들'의 주체성을 남성 지식인과 대치시켜 그리는 데 어떤 의도가 있었던 것일까. 다음 절에서는 「탁주의 건배」와 「번지 없는 부락」, 즉 「술독 어멈」이나 「전야의 장」과 동시기에 쓰였으며 '재일동포 생활사'의 전형으로 일컬어지는 작품들을 참조하면서, 이 '아주머니들'의 투쟁을 묘사하는 일이 무엇에 대한 반항이 될 수 있는지를 생각해보고자 한다.

5. 탁주 단속과 '제삼국인' 신화

김달수의 점령기 소설 중에는 '아주머니들'이 매일 종사하는 일로서 '탁주'(조선식 막걸리나 일본식 탁주) 제조가 등장한다. 그것이 가장 잘 그려진 소

---

26) 조련이 해산된 후, 대부분의 조련 간부는 그대로 일본공산당으로 흡수되었으므로, 이 서사에 등장하는 구 조련 간부는 일본공산당원임을 예상할 수 있다.

설로 「탁주의 건배」를 들 수 있을 것이다.[27] 이 소설의 시대 설정은 '해방' 이후이지만, 주인공은 「전야의 장」과 마찬가지로 '안동순'이다. 「탁주의 건배」의 줄거리는 다음과 같다. 조선인 부락에 '기야마(黄山)'라는 헌병대 특고(특별고등경찰)가 시찰을 온다. 그러나 사실 '기야마'는 '황(黄)'이라는 성을 가진 조선인이다. 조선어를 알아듣는 '기야마'로 인해 '아주머니(アジモニイ)'들이 밀조하던 탁주가 발각되고, "다시는 만들지 않겠습니다"라고 맹세한 후 모든 탁주를 폐기당한다. 이에 대해 부락 사람들은 "우리들한테서 탁주를 빼앗아 가면, 그거야말로 죽으라는 거지" 하고 주인공 안동순에게 상담을 청한다. 그 후 안동순은 조선인 사상범 수색을 위해 찾아온 특고 기야마와 함께 다시 부락에 들어간다. 그리고 그들 두 사람을 식사에 초대한 에바라(江原, 본래 성은 최)라는 인물이 기야마에게 "똥창(내장)" 야키니쿠와 함께 탁주를 권한다. 기야마는 처음에는 주저하다가 야키니쿠에 곁들여 탁주를 마신다. 그리고 기야마가 수색하던 사상범을 "끝내 행방불명인 셈인가" 하고 포기하는 부분에서 서사는 끝난다.

안동순은 '아주머니'들의 탁주 제조를 "통제하부터 슬금슬금 만들던 것을 계속 이어오며 살아가는 조선인들의 기지"로 파악하고, 이들이 일본인에게는 "기생하는 무리"일지언정 그 "기생하는 무리"에게는 그것이야말로 바로 "투쟁"이라고 생각한다. 따라서 기야마가 부락에 다시 들어와 안동순에게 "당신은 이 부락 사람들의 생활에 대해 어떻게 생각합니까"라고 물었을 때, 안동순은 부락 사람들의 "생활"을 지키기 위해 "그를 여기에서 때려죽일"까 하는 생각을 한 것이다. 하지만 「탁주의 건배」에서 그러한 폭력은

27) 초간은 昭森社 編, 『思潮』 第13号, 昭森社, 1948.

발생하지 않으며, '아주머니'들이 만든 탁주 자체가 그 문제를 해결하게 된다. 즉, 탁주 제조는 일본인의 통제에 대한 부락 사람들의 '투쟁'의 한 형태이며, 기야마라는 일본명을 사용하는 조선인 특고로 하여금 탁주를 마시게하는 일은 폭력에 기대지 않고 그를 자신들 편으로 끌어들인다는 것을 의미한다. '이 부락 사람들의 생활'이란, 그러한 '투쟁'이 내포된 '생활'이었다.

소설 「번지 없는 부락」[28]에서도 탁주 제조는 중요한 역할을 한다. 젊었을때부터 홋카이도의 토목공사 현장에서 일했던 '윤첨지'는 말수가 적고 꾸밈없는 인물로, 함바 주인이었던 '박일덕'과 그의 '아주머니'로부터 하인 취급을 받으면서도 한마디 불평도 없이 일해오고 있었다. '해방' 후 박일덕 일가는 조선에 돌아가지만, 윤첨지는 아들 '타로(太郎)'와 함께 있기 위해 일본의 'Y시'에 남아 '도야지골짝(ドヤジコルチャク; 豚の谷)'이라고 불리는 부락에정착한다. 「번지 없는 부락」이라는 소설의 제목이 나타내듯이 그 부락은 번지 등록이 되어 있지 않으며 우체부도 다니지 않는, "사람들의 시야로부터잊혀진" 장소였다. 거기에서 윤첨지는 과부이자 탁주 제조를 하고 있는 '상돌(サンドル; 相乭) 어멈'과 조선학교에 다니는 아들 '상돌'이의 집에 방 한 칸을 얻어 살게 된다. 윤첨지는 이 부락에서 '해방' 전과 마찬가지로 사람들의심부름을 하면서도 "처음으로 생활의 기쁨"을 느낀다. 그가 "생활의 기쁨"을 느끼는 것은, 아들 타로와 가까이 있게 되고 또한 집 근처의 조련 집회장에서 들려오는 의논이나 환성이 그 의미는 잘 몰라도 '해방'이나 '독립'의기분을 가져다주기 때문이었다. 또한 그러한 생활공간을 지탱하는 것이 상돌 어멈을 비롯한 여성들의 탁주 제조였던 것이다.

<hr>

28) 초간은 『世界評論』 第4卷 第3号, 世界評論社, 1949.

윤첨지와 같은 무구하고 순박한 인물(주로 노인)은 김달수 소설에서 반복되는 인물 유형이기도 하다. 습작기인 1942년에 쓰인 「쓰레기(塵)」의 '현팔길(玄八吉)'이나 「야노쓰 언덕(矢の津峠)」(1950년)의 '할아범(お爺い)', 한국전쟁에서 사용될 무기를 운반하는 트럭을 막아 나선 '손영감(孫令監)'(동명의 소설, 1951년), 그리고 「박달의 재판」(1958년)의 '박달'은, 이소가이 지로(磯貝治郎)가 "유머와 끈기, 기지와 우둔함을 겸비한" "저항적 민중상"이라고 부르듯이 김달수 작품의 한 계열을 이루고 있다고 논의되어왔다.[29] 한편, 탁주를 만드는 '아내들/아주머니들'도 「탁주의 건배」에서 「밀항자」[30]에 이르기까지 종종 등장한다. 이 여성들이 왜 1948년 이후부터 빈번하게 등장하게 되었는지 그 역사적 배경을 고찰해보고자 한다.

앞에서 보았듯이 일본 패전으로 '해방'된 조선인들을 기다리고 있는 것은 빈궁한 생활이었다. 과거의 공창(工廠)은 폐쇄되거나 군수산업으로부터 전환을 시도하였으며, 거기에 징용되었던 많은 조선인은 생활의 양식을 얻을 수단을 가지지 못한 채 해고되어 이항에 내던져지게 되었다. 적지 않은 일터 중의 하나로, 점령군의 석탄 확보를 위해 만성적으로 인원이 부족한 탄광이 있어서 많은 조선인 남성이 강제징용에 뒤이어 계속해서 광부로 일할 수밖에 없는 상황이기도 했다. 이와 같은 상황 속에서 '해방' 후 재일조선인의 생활이 성립할 리가 없었다. 1947년 시점에서 약 90%의 사람들이 실

29) 辛基秀 編著, 『金達寿ルネサンス―文学·歴史·民族』, 解放出版社, 2002, p.27. 또한 같은 책에 수록된 논고 「김달수 문학의 시대와 작품(金達寿文学の時代と作品)」에서 하야시 고지(林浩治)도 '윤첨지'와 같은 "민중적 형상"이 '안동순'과 같은 인텔리와 대쌍을 이루어 김달수 작품에 존재한다고 논한다(p.56). 그리고 이러한 민중적 형상이 루쉰의 아큐(阿Q) 상으로부터 형상화된 것이라는 지적도 이소가이와 하야시에 의해 제기되었다.
30) 『リアリズム』, リアリズム研究会, 1960. 1-1963. 4. 도중에 잡지명을 『현실과 문학(現実と文学)』으로 변경.

업 또는 간신히 가계를 유지하는 빈곤 상태에 있었다고 한다.[31] 조선인 여성은 더욱더 일할 장소가 없어서 하루하루 입에 풀칠을 하기 위한 대표적인 가정 내 직업으로 탁주 제조가 이루어지고 있었다. 원래 조선에서는 근대 이전부터 자가 양조 형태로 술을 빚는 습관이 있었으며 탁주는 그중 대표적이었지만, 식민지시기와 '해방' 후의 조선인에게 탁주란 단지 즐겨 마시는 술 이상의 의미가 있었다.

이행리(李杏理)는 조선인의 '탁주' 제조를 생활의 장에서 이루어지는 저항운동으로 보는 관점[32]에서 '해방' 후 일본정부에 의한 탁주 단속 정책을 논하고 있다. 메이지시기 청일전쟁 이후부터 핍박한 재정을 재건하기 위해 주세법이 제정되어 밀주가 단속되어왔지만, 특히 1945년 일본 패전 이후로 주세는 경제를 "자유로이 조절할 수 있는 밸브"로서 이용되었다. 패전 직후 암시장에는 메틸 알코올로 만든 이른바 지게미 소주 따위가 유통되어 그에 따른 실명이나 중독사 등이 화제가 되기도 했으나 그것과 조선인이 직접 결부되어 언급되지는 않았다. 그러나 1947년 3월과 6월에 일어난 조선인 부락에 대한 밀주 일제적발 이후 밀주와 조선인은 강력히 연관된 것으로 인식되고, 그 이후로 조선인 집단부락에 대한 밀주 단속은 격화일로를 달린다.[33]

이 밀주로서의 탁주 단속이 이른바 '제삼국인' 신화—암시장 노점의 대부분은 일본인에 의해 경영·통괄되고 있었음에도 마치 불법행위는 모두 조

31) 朴慶植『解放後在日朝鮮人運動史』, pp.113-114.
32) 식민지시기와 '해방' 후 조선인의 저항운동으로서 탁주 제조를 파악하는 관점은, 이행리가 정리하고 있는 바와 같이, 박경식(같은 책, pp.304-305)이나 宋連玉, 「「在日」女性の戦後史」, 藤原書店 編, 『環―歴史·環境·文明』 11, 藤原書店, 2002; 板垣竜太, 「どぶろくと抵抗」, 伊藤亞人先生記念論文集編集委員會 編, 『東アジアからの人類学―国家·開発·市民』, 風響社, 2006; 樋口雄一, 『協和会―戦時下朝鮮人統制組織の研究』(天皇制論叢 第5巻), 社会評論社, 1986 등에 의해 제시되었다.
33) 李杏理, 「「解放」直後における在日朝鮮人に対する濁酒取締り行政について」.

선인이나 타이완인이 저지른 것처럼 바라보는 미디어나 정치담론—과 밀접하게 결부되어 있음은 이미 많은 논의들에서 지적되고 있다.[34] 나아가 이를, 앞에서 본 국제정세의 변화에 대응하여 조선인을 모조리 공산주의 분자로서 경계하는 GHQ와 일본정부의 태도 변화와 결부시켜 파악할 수도 있다. 실제로 1952년 3월에는 오사카부 다나가와초(多奈川町)에서 군사기지에 반대하는 조선인 주민의 집주지가 밀주 단속 명목으로 일제히 적발되어 사실상 항의운동의 탄압 대상이 되었던 예도 있다.

탁주 단속은 '제삼국인' 신화, 즉 조선인을 불법적이고 폭력적인 존재로 자리매김하려는 의도를 지니고 있었다. 단속하는 측의 정치적 의도를 은폐하고 부당한 탄압에 대한 항의활동을 '공산주의자에 의한 선동'으로 냉전구조 속에 몰아넣으며 호소 자체를 지워버리는 듯한 폭력을 이 단속에서 발견할 수 있는 것이다. 즉 '해방' 후, 특히 1947년 이후의 재일조선인 커뮤니티에서 '탁주'가 의미하는 바는, 패전 후 일본이라는 공간 속에서 생활하기 위해 없어서는 안 될 일상의 양식이자, 한편으로는 '제삼국인'이라는 이미지와 함께 일본인 사회로부터 배제되는 이유이기도 했다.

그렇기 때문에 재일조선인 커뮤니티 내부에서도 특히 조련의 생활권 옹호위원회를 중심으로 탁주 제조를 '올바르지 않은 것'으로 간주하고 재일동포에게 자숙을 요구하는 움직임도 있었다.[35] 실제로 김달수 자신도 조련 요

---

34) 朴慶植, 「「第三国人」の起源と流布についての考察」, 『解放後在日朝鮮人運動史』, p.113; 李杏理, 「「解放」直後における在日朝鮮人に対する濁酒取締り行政について」.

35) 李杏理, 앞의 글. 이행리는 「생활을 합리화하라: '가와사키사건'으로부터 배울 것(生活を合理化せよ「川崎事件 から学ぶもの)」, 『조선인생활권옹호위원회뉴스(朝鮮人生活権擁護委員会ニュース)」, 1947. 7. 1의 기사를 거론하며, "해방된 민족으로서, 국제적 긍지"나 "도의심"을 나타내기 위해서는 탁주 제조를 자제해야 한다는 논리가 경찰의 개입을 미연에 방지하기 위해서였다는 이해를 드러내며, 탁주 제조의 유지가 당시 조선인에게는 사활 문제였음을 보여준다.

코스카 지부에서 이를 주장하던 인물 중 한 명이었다고 말한다.

지금까지 우리 재일조선인은 밀주도 만들며 몰골 따위는 개의치 않고 살아왔다. 그리고 나 또한 그러한 재일조선인 중 한 명이었으나 전후에는 그래선 안 된다는 것이 나의 생각이었다. 이제부터는 독립할 조선이므로 그런 밀주 제조 따위의 야미 행위를 해서는 안 된다, 그런 짓을 해서 조선인으로서의 체면을 더럽혀서는 안 된다는 것이었다.
나는 '조련'의 집행위원회에서도 이를 강하게 주장하며 그러한 야미 행위는 우리 손으로 자치적으로 단속해야 한다고 말했다.

하지만 그는 위와 같이 말한 직후, 이러한 인식이 "센티멘털리즘에 지나지 않았다"며 스스로의 행동이 틀렸음을 시인하면서 다음과 같이 말한다.

전쟁 직후란 재일조선인에게 한정되지 않고 모두가 야미 행위를 하던 시대였기 때문이다. 사람들은 그런 야미 행위 없이는 살아갈 수 없다는 현실을 나는 몰랐던 것이다. 재일조선인은 여전히 몰골 따위 개의치 않고 밀조한 지게미 소주를 만들거나 하지 않으면 안 되었다.[36]

조련 지도부로서 동포의 생활을 안정시키기 위해 활동하고 있었음에도 현실에서는 재일조선인의 생활이 무엇에 의해서, 그리고 누구에 의해서 지탱되고 있었는지에 대한 이해가 충분하지 않았다는 데에서 김달수는 자신

---

36) 金達寿, 「わが文学と生活」, p.342.

의 '센티멘털리즘'을 발견하는 것이다. 재일조선인을 경제적으로도, 윤리적으로도, 그리고 정치적으로도 에워싸고 있던 '제삼국인' 신화의 논리에 조련의 지도부 자체가 '민중의 체면'에 사로잡힘으로써 함몰되고 마는 상황에 대한 경계가 그 '센티멘털리즘'이라는 어휘에 깃들어 있다. 김달수가 탁주 제조에 대해 태도를 바꾼 것처럼, 조련의 생활옹호위원회 또한 1947년 10월 이후부터 적극적으로 탁주 단속에 대한 항의운동을 전개하게 되었다.

김달수의 소설에서 민족탄압이 강화되는 시기 이후에 '탁주' 제조를 하는 '아주머니들'이 등장하는 의미를 여기에서 찾아볼 수 있다. 「탁주의 건배」에서 '안동순'이 부락을 위해 폭력적으로 특고 기야마를 배제하려는 생각을 했을 때, 그 폭력을 부정하기라도 하듯이 '아주머니들'의 탁주가 기야마를 회유하는 역할을 맡는다. 또한 「번지 없는 부락」에서도 조련은 '해방'의 기분을 노래로써 전해주지만, 현실에서 사람들의 빈궁한 생활을 지탱하고 윤첨지에게 '자신의 생활'을 확보하도록 하는 것은 '탁주' 제조를 생업으로 하는 상돌 어멈이다.

즉, 이들 소설에 등장하는 '아주머니들'의 '탁주'는, '안동순'과 같은 엘리트나 조련과 같은 조직 주도의 민족운동이 그 자신의 논리와 도그마에 기초하여 내부의 단결을 요구하던 때에 내부로부터의 차이를 드러냄으로써, 운동을 보정하는 동시에 새로운 운동의 기점이 될 수 있는 대보적(代補的) 실천을 제시한다. 여기에서 '대보적'이란 단지 민족운동을 보조한다는 의미가 아니라, 바로 운동이 그 정당성을 확보하기 위해 순화/경화하려 할 때 그것을 내부로부터 동요시키고 나아가 운동을 다음 단계로 추진시킨다는 의미를 지닌다. 이와 같은 대보적 실천의 상징이 되는 것이 '아주머니들'의 '탁주'인 것이다. 여성들은 남성들의 운동을 떠받치는 수동적인 어머니나 아내가 아니라, 보다 적극적·주체적인 실천을 행한다. '아주머니들'의 '탁주'는 그녀들 자신이 만들어낸 운동의 에너지이기도 하다.

그리고 이러한 형상은 소설 「술독 어멈」이나 「전야의 장」에 등장하는 주인공의 모친이나 '술독 어멈'과 같이 '투쟁'하는 '아주머니들'로 이어지는 것이다. '술독'이라는 별명에서 그 여성의 체형만이 아니라 그 속에 포함되었을 '투쟁'의 상징으로서의 '탁주'가 지닌 이미지를 읽어낸다 해도 별 무리는 없을 것이다. 그녀의 비통한 절규가 「전야의 장」에서의 교육투쟁을 다음 단계로 전진시킨다는 것은 틀림없으니 말이다.

6. 어머니와 아들의 엇갈림

지금까지 살펴본 것처럼, 일본 패전 이후 재일조선인은 '해방인민'으로 불리면서도 실제로는 GHQ의 이중 규정에 의해 일본의 법 아래 지배되는 '외국인'의 위치에 놓였다. 나아가 미·소 대립의 긴장감이 증가함에 따라, 재일조선인은 공산주의자에 의해 선도되는 집단이라는 인식이 GHQ와 일본정부 속에서 강화된다. 그러한 상황이 '제삼국인' 신화를 더욱 보강하고 재일조선인의 생활 옹호를 위한 주장을 없던 일처럼 지워버렸다.

애초에 즉흥적인 법의 운용으로 재일조선인을 '불법'화하고 그에 대한 항의를 '폭동'이라 부르며, 조선인 측의 반론이나 청원서에는 '사상적 편향'의 낙인을 찍고서 그 주장을 무시한다. 부조리라고도 할 수 있는 이러한 상황에 대해 어떻게 재일조선인 측에서 저항할 것인가. 그러한 문제에 대한 도전이 「술독 어멈」, 그리고 「전야의 장」과 같이 GHQ 검열과의 격투를 거친 소설에 기입되어 있는 것이 아닐까. 여기에서 다시금 「술독 어멈」의 '나'와 '어머니'의 대화를 주목할 필요가 있다.

「술독 어멈」에서 주인공 '나'는 모친이 일본인 경찰의 진흙발에 머리를 "걷어차였"는지 아닌지, 특히 그 '걷어(ぱぐ)'라는 강조표현이 의미하는 바에 집착한다. "걷어차였"다는 표현은 아직 어린 의붓동생 원식(元植)이 내뱉은 "무심한 아이의 말"을 통해 '나'에게 전해진다. 또한 일본어로 '나'에게 전해진 것이다. 말하자면 'けっぱぐる(겟파구루)'는 가나가와 방언으로 '蹴り飛ばす(게리토바스; 걷어차다)'의 의미이기 때문이다.

'어머니'가 일본인 경관에게 차였다는 점, 그리고 원식의 '걷어차였다'는 말이 보여주듯 당시의 광경이 생생하게 떠오르는 듯한 구어 표현, 게다가 어린 원식으로부터 일본어로 전해 들었다는 점에(그것은 단적으로 말해 재일조선인의 계속되는 식민지적 상황을 나타낸다), '나'는 "더욱 분노가 치밀어 올랐다." 따라서 원식이 표현한 것과 같은 일이 정말로 일어났는지를 모친에게 집요하게 묻는다. 나아가 그것은 "민족의 투쟁에 임하기 때문에" 받는 "오욕"을, 또한 "개인적인 분노의 소재"를 "확인하기" 위해서였던 것이다. 하지만 실은 여기에서 아들인 '나'와 '어머니'의 민족교육에 대한 의식의 엇갈림이 드러난다.

'나'는 '어머니'가 '머리'에 '발길질'을 당한 일을 '민족'의 '오욕'으로 파악하고 그 '분노'를 '투쟁'의 충동으로 삼는다. 한편, '어머니' 자신은 자기나 다른 노파의 행동을 "주름투성이 할멈들의 활극"이라 칭하고 "눈물로 범벅이 된 눈을 손으로 닦으며 웃"는다. 그리고 "오래도 살았지만 어제와 같은 일은 처음이었다"고, 스스로의 행동을 약간 쑥스러워하면서도 자랑스럽게 이야기한다. '어머니'가 여기서 "처음으로" 경험한 것은, '나'가 생각하는 것과 같은 '민족'의 '오욕'은 아닐 것이다. '민족의 오욕'으로 '어머니'의 경험을 역사적으로 승화시켜버리면 '어머니'의 현재의 행위주체성(agency)은 보이지 않게 되고 만다. 여기서 그녀가 처음으로 경험한 것은 그녀 자신의 '활극'이다. 그것은 '해방'으로 얻은 '우리학교'를 지키기 위한, 그녀 자신의 '해방' 후 생활을 지키기 위한 '투쟁'이었던 것이다.

물론 이 '어머니'와 '아주머니들'이 김달수라는 남성 작가에 의해 부권적 에너지를 벗어나지 않는 범위에서 조형되었다는 점은 표상의 한계로서 지적되어야 할 것이다. 앞 장에서 분석한 「8·15 이후」와 마찬가지로, 그녀들은 '○○의 어머니/어멈'으로만 지칭되며 독립한 개인으로서의 이름이 부여되지는 않는다. 또한 그녀들이 이름 없는 '아주머니'이기 때문에 정치적으로 표백된 '민중'의 상을 담당하게 되며, 그녀들의 투쟁이 정치성을 배척하는 방식으로 전개되고 만다는 문제를 지적할 수 있을지도 모른다.[37] 덧붙이면 '아주머니들'을 여성 전체로서 일반화하고 남성의 대립항으로 고정적인 도식에 끼워 넣는다는 위험성도 안고 있다.[38]

그러한 위험성을 인정하면서도 이 장의 분석을 통해 특별히 강조하고 싶은 것은, 이 '아주머니'들의 '투쟁'에서 '민족'이나 '정치'라는 요소를 제거할 수는 없다는 점이다. 패전 후 일본에서 중년 이상의 연령대에 속한 조선인

37) 中谷いずみ, 『その「民衆」とは誰なのか―ジェンダー·階級·アイデンティティ』, 青弓社, 2013.
38) 송연옥은 "식민지시기 제국과 식민지의 인텔리 여성은, 여성이라는 공통항에서 만남을 체험했지만, 내부의 어긋남이나 오해를 해결하지는 못했다. 식민지의 신여성은 복잡하게 얽혀 있던 민족·계급·젠더의 문제영역에서 젠더만을 추출하여 해결을 도모하고자 하며, 역사의 호된 보복을 받는다"고 하며, 식민지시기 여성의 문제에서 당시의 식민지정책이나 민족운동의 전개 등을 배제하며 안이한 "페미니즘의 연대"를 기도한 움직임에 경종을 울린다(宋連玉, 『脱帝国のフェミニズムを求めて―朝鮮女性と植民地主義』, 有志舎, 2009, p.227).

여성이라는 역사적 고유성 아래 이 '아주머니들'의 '투쟁'은 발현된다. 일본의 식민지정책에 의해 더욱 강화된 조선인 사회 내부의 부권주의로 인해 교육의 기회를 빼앗겨온 여성들이 해방 후 일본에서 남성 지식인들을 제치며 자신들의 주장을 펼친다는 점에 이 '투쟁'의 본질이 있다.

여기에서 '전후 일본'이 조선인에게 부과한 '불법·폭동·편향'이라는 '제삼국인' 이미지 안에 조선인을 가두는 데 대한 이 서사의 저항을 발견할 수 있다. '나'의 '어머니'나 '술독 어멈'과 같은 부락의 '아주머니들'이 운동의 주체로서 묘사될 때, 지식인 남성이 주도하는 순화한 '민족' 운동과 경화한 '일본'의 대립 구조를 갱신하고 다시 그 운동을 활성화시키며 유동하도록 하는 에너지가 발생한다. 계속되는 식민지주의에 대항하는 "주름투성이 할멈들의 활극"이 바로 이 서사에 기입되어 있다.

7. 소결: '이향'으로서의 냉전기 일본

이 장에서 밝히고자 한 것은 김달수의 '해방' 직후 소설에서 '아주머니들'과 '탁주 제조'라는 모티프를 통해 표상되는 살아가기 위한 투쟁의 현장성이다. 종래의 김달수 작품 연구에서 작가의 주의주장 변천에 기준을 두고 '재일동포 생활사'로 분류해온 소설을 그 분류에 따라 리얼리즘적으로 이해하기보다는, 무엇에 대하여 어떻게 저항하는 서사공간을 제공하고 있는지 텍스트 분석을 통해 되물었다.

그의 작품들이 제시한 시공간은 '서양'에서 미·소 대립이 냉전으로 구조화되고, 그에 수반하여 '동양'에서 열전이 확대되려 하는 소용돌이 속에서 국민국가의 틈새에 놓인 재일조선인이 일상생활을 지켜내기 위한 '투쟁'을 전개한 현장이었다. 그리고 그 현장은 미국을 중심으로 한 연합국군 GHQ/SCAP에 의해 점령된 일본이라는, 재일조선인에게는 이향이기도 했던 것이다.

이러한 이향 속에서 무시되어버린, 살아가기 위한 호소를 어떻게 다시금 제시할 것인가. 조선인에게 부과된 이미지의 멍에를 벗겨내기 위해 자기의 운동 단위인 '민족' 내부의 차이를 제시하고, 그 차이야말로 본래 운동의 근원임을 보여주는 것. 그러한 저항과 호소의 형상으로서 이 네 작품 속의 '아주머니들'과 '탁주'라는 모티프가 존재한다. '투쟁'의 본질은 이러한 모티프를 매개로 하여 파악할 수 있는 것이다.

종장
–
'잿더미'의 포옹으로부터 벗어나서

1. 암시장을 통해 살펴본 점령기 일본

전후 일본은 '잿더미'로부터 시작되었다. 그것은 분명하다. 왜냐하면 '잿더미'의 공간 이미지는 애초에 '기원'의 서사를 작동시키는 것이기 때문이다. '잿더미'가 되어버린 도시—불타 무너진 골조뿐인 건물과 잔해투성이의 지면, 이전에 있었던 구획을 보여주는 도로—이러한 광경을 부감으로 보여주는 흑백사진은, '전쟁의 참화'를 단적으로 드러내는 것으로서 전후 공간의 밑바탕이 된다. 그리고 이로부터 '우리 일본인은 이 비참함에서 다시 일어선 것이다'라는 서사가 반복해서 재생산된다.

그러나 이러한 '잿더미'의 서사는 완전무결의 신화 같은 것이 아니라, 여러 가지 모순을 품고 있다. 과연 전후 일본은 그 이전의 일본으로부터 달라진 것일까? 일본인이란 누구일까? 비참함이란 그 누구의 비참함을 가리키는 것일까. 다시 일어선다는 것은 어떠한 것일까. 동서남북으로 확장되었던 제국 일본이 무너지고, 새로운 세계질서가 형성되던 가운데 '일본-일본인'의 범주는 애매해졌다. 패전 직후의 시기에는 이러한 애매함 속에서 '일본'을 어떻게 재정의할 것인지가 과제였다. 제국적 다양성으로부터 국민국가적 단일성이라는 벡터를 따라 '일본-일본인'의 중심성을 확립해 나아가는 것, 여기서 선별된 "일본적이지 않은 것"—과거의 폭력적인 식민지경영과 침략전쟁을 상기시키는 등의 '평화국가'에 어울리지 않는 이물(異物)—은 '전후 일본'의 주변으로 떠밀려가게 되었다.

그렇지만 전후라는 시대를 통해 중앙의 억압적인 균일화 압력에 대하여 저항하는 운동이 있지 않았던가, 그것을 무시하고 전후를 이야기하지 말라, 라는 반론이 있을지도 모르겠다. 물론, 전후의 기간 내내 주변으로 떠밀린 측으로부터의 저항이 있었던 것은 틀림없는 사실이며, 이 책은 그러한 존재를 깎아내리고자 하는 것이 아니다. 하지만 그러한 저항을 평가할 때의 화자가 서 있는 위치를 재차 되묻지 않을 수 없다. 도대체 어떤 시선으로 평가하고 있는가라는 문제 또한 살펴봐야 한다는 것이다.

저항의 담론이 확립되기 위해서는, 아이러니하게도 강력한 억압자의 존재가 요청된다. '저항의 정의'를 확보하기 위해 맞서야 할, 절대적이고 강고한 권력을 상정하는 것이다. 이는 결과적으로 레토릭상의 중심-주변의 구도를 인정해버리고 마는 것이 된다. 이렇듯 주변적인 지위를 도맡게 된 저항은 중심이 권력체제를 정비하려는 움직임에 보완적인 역할을 하게 됨으로써, 저항의 운동 자체가 중심의 논리에 포섭되고 만다. 이렇게 중심-주변이라는 이항대립의 관계성은 이러한 포섭의 역동성마저 포함한 구도로서 고정화되고, 그러한 프레임이 용이하게 국가를 불러들여버리고 마는 것이다. 그리고 이로부터 '전후 일본의 다양성'이라는 담론이 만들어져왔다.

이 책에서 다룬 암시장이라는 장소도 이제까지는 마찬가지의 방식으로 이야기되어왔다. '무질서한 무법지대', '어중이떠중이들이 모이는 곳', '피를 피로 씻는 투쟁', '약육강식의 하극상', '제삼국인의 암약'……. 실제로 이러한 말에 상응할 만한 상황은 일부였음에 불구하고, 암시장이라는 말에는 혼돈의 이미지가 동반되어왔다. 한편 사카구치 안고(坂口安吳)의 「타락론(墮落論)」이 그러했던 것처럼, 그 부정적인 이미지를 그대로 반전시켜서 '진정성의 보루', '민중의 에너지가 넘치는 장', '저항의 거점'이라는 유토피아/디스토피아적 이미지가 패전 직후의 점령기 일본에 부여되었던 것이다. 이처럼 중심의 '잿더미'와 주변의 '암시장'이 분명 대립하면서도 보완관계를 이루며, '전후 일본'의 원초적 풍경으로서의 '잿더미·암시장 시대'라는 공간 이미지가 구성되었다.

그렇다면 어떻게 생각하면 좋을까. 어떠한 관점을 취해야 사람들의 필사적인 저항을 '전후 일본'의 주변성이라는 함정에 빠트리지 않은 채 논의의 대상으로서 다룰 수 있을까? 이 책은 그와 같은 문제의식에 의거하여 논의를 진행해왔다. 이를 통해 점령기 일본이라는 공간에 대해 말하는 다양한 담론으로부터 '잿더미' 서사의 균열을 발견하고, 그 모순을 폭로하고자 했다.

공습으로 인한 도시의 파괴, 그 결과로 잿더미와 폐허가 된 거리 그 자체가 영상화되어 화면에 비춰진 것, 당시의 영화비평이 그것을 이야기해서는 안 될 것으로서 기피해왔다는 사실은 제1장에서 살펴본 바와 같다. 그 참상을 직시하는 것이 곧 과거로부터 연속되는 책임을 인식하는 계기로 이어짐에도 불구하고, 비평의 언어는 기호로서의 '잿더미'를 허구화하고 현실 공간에 인식의 베일을 덧씌움으로써, 그것을 신국가 건설의 공간으로 삼으며 추상화를 꾀했다.

제2장에서 논한 도쿄의 전재부흥계획은 바로 그렇게 현실의 잿더미를

은폐하려는 방향으로 진행되었다고 해도 좋을 것이다. '잿더미'는 새시대의 도시를 건설하기 위한 '천재일우의 기회'였던 것이다. 하지만 실제로, 그 새 시대를 위한 부흥계획 자체는, 일찍이 일본이 식민지에 적용했던 도시계획을 계승하는 것이었다. 게다가 그 부흥계획에 장애가 될 만한 것에는, 모두 '옛것'이라는 꼬리표를 달아 비난의 대상으로 삼았다. 설령 그것이 농지개혁으로 인한 자작농의 독립이라는, 즉 패전과 점령에 의해 만들어진 새로운 현상이었다 할지라도 말이다.

그러나 현실의 부흥에서, 다시 말해 사람들이 자신들의 생활을 재건하려 할 때, 그와 같은 추상적인 '단절'이 가능할 리가 없다. 이미 지니고 있던 것, 주변에 있는 것들을 변통해가면서 일용할 양식을 얻는 것. 이렇듯 부흥이란 완전히 쇄신되는 것이 아니라, 그와 같은 계승과 연속에 의해 성립되어가는 것이다. 따라서 그 공간은 항상 과거를 떠안을 수밖에 없다. 그리고 당시 사람들의 일상생활을 현실적으로 지속 가능하게 만들고, 도시로 유입되는 빈궁한 사람들을 받아주던 공간이 바로 암시장이었다. 암시장이라는 공간은 붕괴된 제국의 인적, 물적 이동의 터미널로 기능함으로써, 전시체제에서 전후체제로 이행하는 사회의 모순이 온존하던 공간이기도 했던 것이다. 그러한 암시장에서 현재는 항상 과거에 빙의된다. 영화 〈들개〉에서 보았듯이, 범죄자를 쫓는 경찰관은 과거 병사로서의 신체를 되찾고, 심판하는 자에서 심판받는 자로 변모한다. 암시장이 과거와 현재의 회랑인 이상, 그 공간이 표상될 때마다 과거를 망각하고 '새로움'으로 그곳을 뒤덮으려는 욕망이 드러나는 것이다.

제3장에서 확인했듯이, 일본 각지로 확대되어 나갔던 암시장을 둘러싼 논의를 되짚어보면, 과거 '제국신민'이었던 조선인이나 타이완인이 '제삼국인'이라는 일본 외부의 존재로 내몰리는 양상이 보인다. 다민족성을 찬양하던

제국 일본에서 국민의 단일성을 강조하는 '전후 일본'으로의 변화를 매끄럽게 수행하기 위한 윤활유로서 '제삼국인'이라는 말이 생겨났다. 통제경제에 의한 암거래 물자의 발생과 국민생활에 대한 핍박의 책임을 일거에 '제삼국인'에게 떠넘김으로써, "제국 일본이 낳은 부(負)의 유산"을 '전후 일본'의 외연으로 내몰았다고도 말할 수 있겠다. 그리고 GHQ 역시도 일본을 냉전구조 내에 포괄시킬 때, 이 민족배격의 구도를 이용하여 재일조선인을 '공산주의자'라고 탄압함으로써 워싱턴의 외교정책에 "공헌"하였다. 이렇게 해서, 암시장은 '전후 일본'을 성립시키기 위한 외연으로 위치지어지게 된다.

제4장에서는 문학에 나타난 암시장 표상을 다루었다. '암시장'이라는 단어에 수반되는 '타락', '전후 일본의 기원'이라는 이미지가 최근까지의 여러 문학작품에서 어떻게 상대화되어왔는지를 되짚어봄으로써, 암시장이라는 공간이 항상 과거와 대면하고 '전후 일본'을 되묻는 장으로 표상되었음을 확인하였다. 점령기 이후에도 암시장을 그린 작품들은 제각기 발표된 시대의 문제, 예컨대 미일안보조약의 자동갱신, 고도경제성장기에서의 전쟁책임의 망각, 버블 붕괴 후의 경제 불안, '종군 위안부' 문제의 재발견, 그리고 현재의 편집증적인 국가주의의 광란 등과 같은 상황과 연동하며 출현하였다. 실로 '전후 일본'이라는 역사인식과 그 체제에 대한 근원적인 질문이 필요할 때마다, 암시장이라는 표상이 반복적으로 등장했다고 말할 수 있겠다.

암시장 표상을 구체적으로 살펴보자면, 그것이 '잿더미'로 대표되는 피해공간으로서의 '전후 일본'을 뒤흔드는 것으로 기능하고 있음을 알 수 있다. 그렇다면 어째서 지금까지의 문예비평은 그러한 암시장 이미지에 주목하지 않고, 그것을 오히려 '전후 일본'의 "새로운 규칙성"이나 "독특함"을 보증하는 것으로서 이야기해왔던 것일까. 제2부에서는 이런 의문에 답하기 위해 패전 직후의 사회공간을 그린 문학 중에 정전으로서 여겨지는 작품들(「육체의 문」,「잿더미의 예수」,『반슈평야』)을 골라 각 작품이 어떻게 논의되어왔는지를 고찰하고, 이를 토대로 기존의 독해와는 상반된 해석을 시도했다.

제5장에서 다룬 다무라 다이지로의 '육체' 개념은 '잿더미'라는 기호가 제시하는 이미지와 공통점을 지니고 있다. '관능'을 알게 된 여성이 '사상'에 얽매이지 않는 진정한 '육체'를 얻게 된다는, 이른바 '신생(新生)'을 그린다는 이 소설의 기본원리는 남성주체들의 성적 욕망을 탈역사적인 관념으로 승화시킴으로써 구체적인 과거의 사건들을 후경화하는 것이다. 천황의 첨병이었던 '이부키'나 점령이라는 현재의 정치에 결박되어 있는 '센'을 비롯한 소녀들은 '신생'을 도모한 '전후 일본'에 참여할 자격을 얻지 못한 채, '짐승(獸)'으로 남겨진다. 그러한 '짐승'들이 살아가는 곳이야말로 암시장인 것이다.

짐승으로서의 인간, 혹은 자연 그 자체로서의 인간이 그려지는 것은 「잿더미의 예수」 속 '소년'이나 '주먹밥 가게 여자'의 경우도 마찬가지이다. 제6장에서는 "일본인의 '재생' 서사"로 평가된 「잿더미의 예수」가 진정 일본인의 서사인 것일까라는 문제제기로부터 논의를 시작했다. 종래의 해석에서는 암시장을 활보하는 '소년'이나 '주먹밥 가게 여자'가 일본인이라는 전제 하에 신시대(즉 '전후 일본')를 견인하는 '소년'의 이미지를 부각시키고, "주먹밥 가게 여자의 신체"를 국토의 대리표상으로서 파악하는 등의 독해가 이어졌다. 그러나 그/그녀가 일본인이라는 것을 텍스트의 본문 내용도, 1946년 여름의 우에노 암시장이라는 시공간 설정도 보증해주지 못한다. 이 이야기의 해석을 '일본'이라는 틀 안에 수렴시킨 것은 '잿더미'라는 국민적 경관이다. 그에 반해 이 텍스트에 그려진 암시장은 토지에 대한 내셔널적인 관념의 탈구(脫日) 가능성을 분명하게 드러내고 있다. 게다가 '나'의 성적 욕망이 '주먹밥 가게 여자'에게로 향하고 있다는 전제 하에 이를 국토회복의 욕망으로 읽어왔으나, 오히려 '소년'에 대한 '나'의 동성애적인 욕망을 읽어 내는 것도 가능하다. 이렇듯 동성애적인 욕망의 노정과 앞서 언급한 일본인이 아닐 가능성을 종합적으로 고려하여, "일본인의 '재생' 서사"로 회수되지 않는 작품의 잠재적 가능성을 제시했다.

제7장에서는 미야모토 유리코의 『반슈평야』를 분석대상으로 삼았다. 『반슈평야』 역시 '전후민주주의 문학'의 대표작으로 손꼽히는 작품이다. 그러나 그 '전후민주주의'라는 입장을 취했던 작가 미야모토 유리코 자신이나, 『반슈평야』를 평가한 비평 담론 모두가 제국 일본의 식민지지배에 대한 책임을 주체적으로 떠안으려는 자세를 견지하지 못했음을 제시했다. 텍스트상에서 그 '전후민주주의'의 함정을 노골적으로 드러내는 것이 주인공 '히로코'가 사람들에게 던지고 있는, 더는 '견딜 수 없다'라는 시선이다.

곤경에 처해 살 자리를 확보하려고 발버둥치는 사람들에게 히로코는 동정의 눈길을 보내면서도, 그 사람들과 공유하는 공간을 '견딜 수 없다'고 느끼며 떠나버린다. 그리고 자신의 행동을 '새로운 일본'으로 향해 나아가는 것으로서 정당화한다.

이 장에서는 그러한 히로코와 미야모토 유리코 자신의 무자각을 지적하는 한편, 대다수 일본인 작가에 의해 묘사된 바 없었던 조선인을 『반슈평야』가 그리고 있다는 것의 의미를 새롭게 검토했다. 거기에서 주목한 것이 이동이라는 동태(動態)이다. 히로코는 자신의 이동을 '새로운 일본'으로 향하는 것이라고 의미화했지만, 그와 동시에 일본을 종단하는 그 이동에서 패전 후 일본이 안고 있는 다양한 문제들을 목격하고야 만다. 더구나 그것은 '새로운 일본'이라는 틀을 와해시킬 수 있는 요소이기도 하다. 특히 히로코가 마주하게 된 조선인들의 '마을(鄕)' 공간은 일본인의 단일성을 전제로 삼는 '전후 일본'에 대하여 차이를 제시하는 공간인 것이다.

여기에서 이제까지 논의해온 '전후 일본'의 주변으로서 암시장이라는 공간 이미지가 다시금 중요하게 된다. 암시장이란 과거와 현재를 잇는 회랑이기도 하다. 패전을 맞이한 일본이라는 공간은 미국의 점령에 의해 곧바로 그 밖의 세계와 단절되었던 것이 아니라, 제국의 잔재를 끌어안은 상태에서 옛 제국령과 밀접하게 접속되어 있었다. 그 상태가 집약되어 나타난 공간이 암시장인 것이다. 암시장은 과거의 제국주의와 현재의 점령 상태를 결부시킨다. 그러므로 그것은 과거로부터 단절되고 국제적으로도 단절된 '잿더미'라는 '전후 일본'의 국민적 경관으로 회수될 수 없는 공간인 것이다.

그러한 까닭으로 인해, 거꾸로 암시장은 일본의 주변이라는 지위 안에 포위되어왔다. 암시장은 '전후 일본' 내부에 만들어진, 즉 외부성의 공간으로 배제됨으로써 중심의 서사를 강화하는 주변으로서의 기능을 해온 것이다.

폐쇄된 공간 안에서 중심은 항상 주변에 대하여 우위를 점한다. 그렇기에 중심에서 외부를 볼 때 연민('견딜 수 없음')의 감각이 일어나고, 때로는 그것을 '혼종성'이나 '다양성'의 공간으로서 긍정적으로 평가하는 시각도 발생한다. 하지만 그 시각에 내재하는 우위성이 지속되는 한, 주변은 어디까지나 중심의 정당성을 보완하는 존재로서 인식될 수밖에 없는 것이다.

하지만 그 외부성 안에 자신의 삶이 존재할 때, 중심 서사의 폐쇄성과 허구성이 드러나게 된다. 제8장에서는 재일조선인 작가 김달수의 소설 「8·15 이후」를 다루며 재일조선인에 의해 '이향(異鄕)'으로서 표상된 '전후 일본'이라는 공간에 대해 고찰했는데, 이는 그 중심 서사의 허구가 붕괴되는 계기를 파악하기 위한 것이다.

'해방'을 맞은 조선인들의 귀향이 연합국에 의한 점령 속에서 사실상 제한되었기에, 조선인들은 일본에 머무르지 않을 수 없게 되었다. 그러한 상태에서 그/그녀들은 자신들의 '터전(鄕)', 즉 생활의 장을 확보하기 위해서 재일본조선인연맹을 비롯한 조직을 형성하고 운동을 전개해간다. 하지만 그 민족 주체의 운동은 냉전구조의 확립이라는 세계 정체의 변화와 한반도에서의 남북대립 발생에 의해서 양자택일적인 국가로의 귀속을 강요받게 되었다. 국민국가를 전제로 한 대립구조에 휘말리게 되면서 조선인들은 더욱 곤경으로 내몰리게 된다.

이러한 상황 속에서 재일조선인들이 의지할 수밖에 없던 것이 '전후 일본'의 주변으로서의 암시장이었다. 그에 관해 제8장의 마지막 부분에서 확인한 것은 그 외연(外緣)화된 공간으로부터 중앙('전후 일본')의 논리에 의해 규정된 국민적 경관으로서의 '잿더미'를 되돌아볼 때, '이향'으로서의 '전후 일본'이 발견된다는 것이다. 바로 여기에서 '전후 일본'에 대한 폐쇄적인 균질 공간의 논리와는 다른, 그 나름의 논리를 발견할 수 있다.

제9장에서는 이러한 '전후 일본'라는 논리이자 맥락과는 또 다른 냉전 구조를 맥락으로 삼아 김달수의 또 다른 작품들에 관해 논했다. 특히 주목한 것은 미국을 배후에 둔 '전후 일본'이라는 국가 체제에 의해 조선인에 대한 탄압이 자행되던 상황이었으며, 그것의 뚜렷한 일례가 민족교육탄압에 저항한 한신교육투쟁(阪神教育鬪爭)이었다. 민족교육은 '이향'에 머무를 수밖에 없던 조선인들이 자신들의 민족적 아이덴티티의 존속을 위해, 즉 조선인으로서 살아가기 위해 개시한 운동이기도 했다. 그리고 그러한 생존의 운동을 지탱하였던 '밀주 주조'라는 경제활동이 행해졌다. 일본경찰은 이 밀주 주조를 일본의 치안을 악화시키는 '암거래 행위'로 규정하고, 이것을 빌미

로 조선인을 '제삼국인'으로 지명하여 단속을 가했던 것이다. 이와 같은 상황을 그린 것이 「탁주의 건배」, 「번지 없는 부락」, 「술독 어멈」, 「전야의 장」 등, 김달수의 네 작품이었다.

재일조선인이 자신들의 생활의 장, 즉 '터전(鄕)'을 확보하려는 운동은 스스로에게 민족과 국가의 멍에를 부과하는 방향으로 굳어져갔다. 그 양상은 「8·15 이후」의 개작 과정에서 확인한 그대로이다. 이것은 '전후 일본'이라는 '이향'에서 '일본인'과 '조선인'의 구별을 강화하게 되었고, 탄압하는 측인 일본 정부도 그 구별을 적극적으로 활용했다.

하지만 김달수가 점령기에 발표한 소설은 이처럼 경직화되어가는 운동의 양상을 내부로부터 갱신하고 있다. 즉 민족이나 국가에 얽매인 엘리트 남성 주체들의 조직 활동이 좌절되는 틈에, '아주머니들'의 투쟁이 이를 봉합하며 사태를 진전시키는 것이다. 그리고 그러한 '아주머니들'은 '이향' 생활의 영위를 위한 '밀주 주조'의 주체였다. 여기에서 다시금 암시장이 부상한다. '탁주'는 재일조선인만의 것이 아니다. 암시장에서 '탁주'가 유통됨으로써, 즉 일본에 거주하는 사람들이 그것을 소비함으로써 '아주머니들'의 경제활동이 성립하는 것이다. 이 지점에서 암시장은 생활을 위한 투쟁의 장이라는 양상을 띠게 되는 것이다.

2. 국민적 경관에서 '이향(異鄕)'으로

'잿더미'의 서사가 와해될 때 무엇이 드러나는지에 대해 다시금 정리해보자.

과거와의 단절과 피해자성을 의미하는 '잿더미'라는 기호는 '전후 일본'을 구축하는 데에 사용된 국민적 경관이다. 이 '잿더미'는 제국 일본에서 '전후 일본'으로 국가의 형태가 변화하는 과정에서 '일본인'이라는 국민의 단일성·균일성이라는 허구를 구성하는 것으로 기능했다. 그것은 식민지배와 침략전쟁에 대한 책임을 경시하고, 총력전체제의 지배구조를 잔존시킨 제국의 유산에 대한 청산 없이 행해진 것이다.

이러한 제국의 잔재는 담론상에서 아무리 덮어두려고 해도, 결코 사라지는 것이 아니다. 사람들의 생활은 제국이 붕괴되든 승자에 의한 점령이 시작되든 간에, 기존의 기반 위에서 계속되고 있었다. 자신의 지위에 안주할 수 있던 사람들에게는 그야말로 안식처와도 같은 '전후 일본'의 선율이 연주되고 있었지만, 거기에조차 생활의 소음은 섞여 들려왔다. 점령기의 일본은 (「잿더미의 예수」의 표현을 빌리자면) "생태(生態)도 의식(意識)도, 오늘의 규정이라는 울타리 밖으로 한 발자국도 나아가지 못하고" 있었던 것이다. 따라서 점령기의 공간을 그리면 그 표상 안에서 언제나 가해자로서의 과거가 떠오른다.

그렇기 때문에 생활의 공간이었던 암시장은 정리될 수밖에 없는 것이었다. 그 정리의 방법은 단순히 한데 모아서 뭉개버리는 방식이 아니라, 한편에서는 '일본인의 부흥 에너지'로 삼아 '잿더미'의 논리로 환원시키고, 또 한편으로는 '제삼국인의 위협'이라는 담론을 통해 일본의 외주부(外周部)로 몰아붙이는 이중성을 지니고 있었다. 요컨대 '잿더미'는 암시장을 배제하면서도, 그것을 자기 안에 포괄시키는 것이었다.

그러나 그 주변화된 공간에서 살아가는 사람의 시선으로 '잿더미'를 되돌아볼 때, '잿더미' 논리의 함정이 드러난다. '잿더미'의 논리, 즉 균일화된 일본인의 피해자성을 역사의 '제로 지점'으로 중심화하는 운동은 결국 스스로를 '일본인'이라는 존재에 동일화시키고자 하는 자들을 위한 신경안정제일 뿐이다. '잿더미'라는 속임수가 무너져 내릴 때, '전후 일본'이란 그저 포장지에 불과했음을 깨닫게 된다. 오히려 그 배후에 강고한 외피처럼 점령과 냉전이 자리하고 있음을 실감하는 것이다.

'잿더미'가 지탱하는 '전후 일본'이라는 시대인식은, 제2차 세계대전 이후 확립된 냉전구조 한가운데에 일본이 자리하고 있었다는 것을 감각하기 어렵게 만든다. 그 맹목성에 인해 제국의 잔재와 점령이라는 사실이 '보이지 않는 영역'이 되어버렸다. 배제된 측의 시선으로부터 이러한 '전후 일본'을 '이향'으로서 바라보는 행위를 통해, '잿더미'의 허구성을 드러내고 냉전구조 안에 일본을 재배치하는 시야를 획득할 수 있다. 이런 시야 안에서 '잿더미'로서의 국민적 경관은 해체되고, '전후 일본'은 '이향'화되어 냉전기 일본이라는 새로운 공간과 역사인식으로서 상기되는 것이다.

3. '냉전기 일본'이라는 패러다임

이 책에서는 암시장이라는 공간을 통해 '전후 일본'을 되돌아봄으로써, 냉전기 일본이라는 별도의 역사인식을 제안하고자 했다. 그러나 그저 제안하는 데에 그쳤을 뿐이라는 사실을 부정할 수 없다. 그래서 마지막으로 이러한 냉전기 일본이라는 틀에서 '전후'를 되묻는 것이 어떤 문제를 제기할 수 있는 것인지를 살펴보며, 이후의 과제를 명확히 해두고자 한다.

우선 냉전기 일본이라는 역사인식은 '전후 일본'이 주변화해온 다양한 문제들을 일본의 중심 문제로서 다시금 검토하는 계기가 된다. 첫째로 들 수 있는 것이 이 책에서는 거의 다루지 못했던 오키나와 문제일 것이다. 국 토 면적의 약 1%에 지나지 않는 오키나와에, 일본 전체에 주둔하는 미군 관 계자 약 5만 3천 명(가족이나 국방성 관계자를 제외한 숫자) 가운데 약 절반 가까 이가 거주하고 있으며, 군 관련 시설의 25%가 집중되어 있다.[1] 1952년에 일 본 본토의 점령이 종료되었음에도 불구하고, 1972년까지 오키나와가 일본 에 '반환'되지 않았던 이유는 말할 것도 없이 냉전 때문이었다. 그러나 '전후 일본'이라는 인식의 틀에서 오키나와의 문제는 오랫동안 배제되어왔고, 별 도의 문제인 것처럼 취급되어왔다. 1990년대 후반부터 문학·문화연구에서 오키나와론이 성행했지만, (미군기지 이전 문제로 시끄러운—옮긴이) 현재의 후 텐마(普天間)나 헤노코(辺野古) 지역을 비롯한 문제에 대한 본토의 무감각함 을 목격하고 있노라면, '전후 일본'의 필터가 여전히 강고하게 기능하고 있 다는 것을 새삼 깨닫게 된다. 오키나와가 겪은 '전후'를 역사화하는 일이 시 급히 이뤄져야만 한다고 실감하는 바이며, 그 점에 관해서는 필자 자신도 깊이 반성하고 있다.

또 하나의 문제는 일본과 핵이라는 문제이다. 2009년부터 조사가 시작되 어 2010년 3월에 공개되었던, 이른바 「미일핵반입문제」는 미군이 핵무기를 오키나와로 반입할 것을 미일 간에 밀약한 것으로서, 앞서 언급한 오키나와 의 군 관련 문제와 얽히며, 일본이 미국의 핵우산 아래에서 어떻게 전략적

----

1) Emma Chanlett-Avery and Ian E. Rinehart, "The U.S. Military Presence in Okinawa and the Fuenma Base Contro-versy," *Congressional Research Service Reports Foreign Policy and Regional Affairs*, Federation of American Scientists, January 20, 2016.

으로 위치하게 되었는지를 알 수 있는 분명한 예일 것이다. 그리고 그 1년 후에 일어난 동일본대지진과 그에 따른 후쿠시마 제1원자력발전소 사고가 계기가 되어, '전후 일본'과 미국이 '원자력 정책'과 그에 동반한 '안전 신화'의 구축을 어떻게 공동으로 진행해왔는지가 분명해졌다.[2]

오키나와와 핵이라는 문제에 관해 이 책에서 고찰할 수는 없었지만, 이 문제들이 냉전기 일본이라는 역사인식을 생각하는 데에 있어 가장 중요한 두 개의 항임은 의심의 여지가 없다. 재일조선인 문제와 더불어 이 두 개의 항을 냉전기 일본의 기본적 구조로서 고찰하는 것은, 한국전쟁이나 베트남전쟁, 걸프전쟁, 그리고 아프간·이라크전쟁까지를 결코 '강 건너 불구경'으로 볼 수 없다는 사실, 즉 그 전쟁들의 소용돌이 속에 일본이 있었다는 사실과 마주하는 것이다. 나아가 그것은 지금의 일본, 동아시아, 환태평양, 더 나아가 세계 규모에서 일어나고 있는 정치적 지각변동이 돌연 일어난 사건이 아니라, 제2차 세계대전의 종결 이후이라는 연장선상에 존재하는 것임을 우리에게 인식시킨다.

이 책이 다룬 대상은 필자의 역량 부족으로 인해 대단히 한정된 것이었다. 그렇지만 이 책이 '전후 일본'으로부터 벗어나 '냉전 속의 일본'을 재고하도록, 인식의 패러다임 전환을 촉발한 일단의 연구로서 읽힐 수 있다면, 더할 나위 없이 기쁠 따름이다.

---

2) 有馬哲夫, 『原發と原爆―「日·米·英」核武裝の暗鬪』([文春新書], 文藝春秋, 2012)이나 太田昌克, 『日米〈核〉同盟―原爆, 核の傘, フクシマ』([岩波新書], 岩波書店, 2014) 등, 3·11 동일본대지진 이후 냉전기 일본이 어떻게 핵과 서로 관련되어 있는지를 고찰한 저서가 빈번하게 출간되고 있다.

맺음말

있는 것을 없듯이 하지 않기 위하여

없어도 있는 동네.
그대로 고스란히
사라지고 있는 동네.
전차는 애써 멀리 내달리고
화장터만은 바로 그 자리에
눌러앉은 마을.
누구나 알고 있지만

지도엔 없고
지도에 없으니
일본이 아니고
일본이 아니니
사라져도 상관없고
아무래도 좋으니
내버려두면 될 일이네.

위의 시는 재일조선인 시인 김시종의 『이카이노(猪飼野)시집』(岩波書店, 2012) 서두에 실린 「보이지 않는 마을」의 한 구절이다. 왜 이카이노는 "있음"에도 불구하고 "없는" 것이 되어 버렸을까. 그것은 "일본이 아니기 때문"이다. '전후 일본'에서는 과거에 저지른 식민지주의의 폭력과 현재의 무책임을 추궁하는 재일조선인의 존재는 편찮은 것이다. 그렇기에 '화장터'를 설치함으로써 그들을 피안의 존재로서 소외시킨다. 그리고 일본 지도에 기입하지 않고 없었던 것으로 취급한다. 보이지 않는 것으로 여긴다. 그러나 시인은 말한다. 거꾸로 일본에 편입시켜주겠다는 말을 듣는 것도 곤란하다고. "아무래도 좋은" 것은 피차 마찬가지, 그렇기에 "내버려두면 될 일"이다. 그럼에도 불구하고 시인은 말을 잇는다.

어때, 와보지 않을 텐가?
물론 표지판 같은 건 있을 리 없지.
더듬어 찾아오는 게 조건이야.

그렇다, 신경이 쓰인다면 가보면 될 것이다. 그들을 이편으로 오게끔 한다거나, '전후 일본'의 일원으로 포섭하려 하지 말고, 스스로 그 망막을 찢고 나오지 않으면 안 된다. "더듬어 찾아오는 게 조건이다." 익숙한 안경은 벗어던지고 자신의 코를 사용하지 않으면 안 된다. "코가 예민하지 않으면 오기 어려울 걸." 그렇다면 먼저 이 코를 간장 냄새 너머의 바깥으로 내놓지 않으면 안 될 것이다.

이 책에 대하여

이 책은 2016년 5월에 도쿄대학 대학원 총합문화연구과에 제출한 박사논문 「잿더미와 암시장: 국민적 경관과 점령기의 공간 표상(燒跡と闇市—国民的地景と占領期の空間表象)」을 수정 보완한 것이다.

필자가 박사논문을 이 주제로 정한 것이 2011년 10월경이니 그로부터 약 7년이 흐른 것을 생각하면 이미 세계는 전혀 다른 것이 되어버린 듯 생각된다. 그때는 미국 워싱턴 DC 교외에 있는 공문서관 별관에서 점령기 자료를 조사하고 있었다. 동일본대지진과 후쿠시마 제1원전 사고에 의한 충격 속에서 거듭되었던 '전후의 잿더미'와 쓰나미의 피해를 중첩시키며 '일본의 부흥'을 주창하는 담론에 위화감을 느끼며, '잿더미'라는 말에 뒤따르는 '역겨움'의 정체를 찾아보겠노라 생각했다. 일본에 있는 자료에서 만족하지 못한 채 점령기의 이른바 날것의 자료를 접하고자 방문한 공문서관에서 발견한 것이 재일조선인의 강제송환을 둘러싼 자료였다(그중 1부는 이 책 제3장에서 다루고 있다). 이 자료와 만남으로써 그때는 아직 곤건한 반석처럼 보였던 일본의 '전후'라는 시대인식의 기만을 알아차릴 수 있었다고 생각한다. 하지만 그 후 제2차 아베 신조(安部晉三)정권이 탄생하고, 우왕좌왕하는 사이에 '전후'의 뒤편에 숨겨져 있던 본성이 드러나기 시작했다. 지금은 '전후'라는 말은 풍전등화의 상태로, 이미 어떤 식으로든 간에 이 말을 유보(留保) 없이 사용하는 것은 불가능한 상황에 처해 있다고 생각된다. 세상은 이렇게도 급속하게 변하는 것일까.

세계 전체를 보더라도 최근 2년 사이에 세계는 너무도 변했다. 박사논문을 제출했던 시기, 필자는 다시금 미국의 보스턴 케임브리지 부근에 체재하고 있었다. 현지에서는 11월에 치러질 대통령선거를 향한 선거전이 고조되고 있을 때였다. 당시는 도널드 트럼프가 공화당 후보가 되어가는 흐름이었지만 '트럼프 대통령'이란 아직 농담의 영역에 속하는 것으로 생각되고 있었다. 그랬던 것이 지금에는 동아시아 냉전의 최대 유산인 한반도의 분단에 커다란 변화를 일으키려 하고 있다. 버락 오바마에 의한 쿠바와의 국교정상화로부터의 흐름이긴 하지만, 이렇게까지 급속하게 사태가 진전된 것은 '트럼프 아메리카'에 대한 세계의 동요를 빼놓고는 생각할 수 없다.

대국의 의향만이 아니다. 식민지시대의 유산을 계승하며 성립한 박근혜 정권이 민중운동에 의해서 무너졌고, 진보성향의 문재인이 대통령이 됨으로써 북의 공화국으로서는 남과 보조를 맞출 정당성을 확보할 수 있었다. 이제부터 어떠한 전개를 맞이할지는 아직 불투명하지만, 이제까지 상상조차 할 수 없었던 변화의 파고가 밀려오고 있는 것은 확실하다. 박사논문도 그리고 이 책도 시시각각 변화하는 정치·사회 상황에 맞춰서 지금까지도 몇 번이나 문장을 변경하게 되었지만, 지금 현재(2018년 6월)로부터 이 책이 간행될 사이에도 커다란 사건이 일어날 것임에 틀림없다.

그렇지만 어찌되었든 간에, 세계 전체가 다양한 냉전의 멍에로부터 벗어나 재래의 국가관을 쇄신하려는 움직임에 있는 것은 분명하다. 그러한 조류 속에서 이 책이 제시하는 점령공간의 이미지, 즉 환태평양 그리고 동아시아라는 영역에 '육지 연결'(바다 연결?)의 공간으로서의 일본이 과연 어떠한 의미를 지니는 것일까(지니지 않는 것일까)라는 의문은, 연구자로서는 즐거움인 한편, 이 시대를 살아가는 인간으로서는 대단히 불안한 것이기도 하다. 바라건대 지리적으로도 정치적으로도 분단된 사람들이 서로의 목소리와 진지하게 마주하는 세계가 만들어지기를, 그리고 그 일에 참가하기를 기원한다.

다시금 이 책을 읽어보니, 문학연구나 영화연구 더 나아가 도시사나 역사학에까지 손을 뻗친 필자의 지조 없음을 드러내고 만 듯하다. 그렇게 들떠 있는 학생에게 석사 때부터 오래도록 참고 지켜봐주시며 몇 번이고 궤도 수정을 해주신 지도교수 엘리스 도시코(エリス俊子) 선생님께 먼저 깊은 감사의 뜻을 전하고 싶다. 공사를 가리지 않은 수많은 조언은 말할 것도 없고, 엘리스 선생님께 받은 가장 중요한 것은 문학을 즐기는 일이었던 듯싶다. 그리고 부지도교수인 고모리 요이치(小森陽一) 선생님께서는 지도학생처럼 대해 주었고, 아주 큰 영향을 받았다. 고모리 선생님 머릿속의 광대한 세계 지도와 번뜻이는 텍스트 독해 능력을 목도하며 언제나 입만 벌린 채 아연해질 수밖에 없었던 것 같은 생각이 든다. 진심으로 감사드린다.

석사 때부터 지켜봐주신 후지이 사다카즈(藤井貞和) 선생님, 박사과정 이후도 어김없이 보살펴주신 도에다 히로카즈(十重田裕一) 선생님, 연구년 중임에도 지도해주신 다케다 마사아키(武田将明) 선생님, 이상 세 분께서는 최종 심사를 해주셨다. 진심으로 감사드린다. 각각의 선생님과의 에피소드가 많지만 여기에서 소개할 수 없음을 아쉽게 생각한다.

박사과정 중 마지막 시기에 풀브라이트(Fulbright) 장학금을 받아 하버드 대학의 Andrew Gordon 선생님 아래서 연구할 수 있었던 것은 내게 보석 같은 경험이었다. 박사논문만이 아니라 앞으로의 경력까지 걱정해주시고, 무수한 조언과 추천서를 받았다. 진심으로 감사드린다. 또한 도미를 전후해서 마쓰타니 모토카즈(松谷基和)님, 최덕효님, Chelsca Szendi님, Zane D.R. Machin님, Kim Icreverzi님, 고영란(高榮蘭)님에게도 많은 도움을 받았다.

미국에서 귀국 후, 길을 잃고 헤매고 있을 때 보듬어주신 이정화 선생님은 가족의 은인이다. 몇 개월 정도였지만 세케(成蹊)대학 아시아태평양연구

센터에서 이 선생님의 리더십 아래 다나미 아오에(田浪亞央江)님과 우에하라 고즈에(上原こずえ)님과 함께 연구원으로서 일할 수 있었던 것은 중요한 경험이었으며 무엇보다 즐거웠다.

2017년 2월부터 도쿄외국어대학에 근무하게 되었지만, 이 책에서도 이론적인 토대가 되었던 많은 연구가 수행되고 있던 이 기관에 소속될 수 있었던 것은 기대 이상의 기쁨이었다. 다양한 국제적 무대에서 이 연구를 소개할 기회를 주신 이와사키 미노루(岩崎捻)님, 연구를 평가해주시고 조언을 해주신 이효덕(李孝德)님, 요네타니 마사후미(米谷匡史)님, 김부자(金富子)님, 도모쓰네 쓰토무(友常勉)님, 길고 많은 동료 분들께 감사의 말씀을 전하고 싶다.

박사논문 집필 과정에서 대학 안팎의 친구들로부터 커다란 도움을 받았다. 지지해주신 모든 분을 기명할 수 없지만 이 책의 집필에 직접 협력해주신 분들을 거명하고자 한다. 임소양(林少陽)님, 나이토 마리코(內藤まりこ)님, Pau Pitarch Fernández님, 무라카미 가쓰나오(村上克尙)님, 무라카미 요코(村上陽子)님, 호리이 가즈마(堀井一摩)님, 후지타 마모루(藤田護)님, 가고시마 다케시(神子島健)님, 기무라 마사키(木村政樹)님, 곽동곤(郭東坤)님, 이와사키 쇼타(岩崎正太)님, 이와카와 아리사(岩川ありさ)님, 김동연(金東姸)님, 조수일(趙秀一)님, 오이타 요시아키(追田好章), 이가와 리(井川理)님, 기타야마 도시히데(北山敏秀)님, 아이카와 다쿠야(相川拓也)님, Jill Mowbray-Tsutsumi님, 기무라 사에코(木村朗子)님, 노아미 마리코(野網摩利子)님, 다카기 마코토(高木信)님, 다구치 마나(田口麻奈)님, 박경미님, Nate Shochey님, Arthur Mitchell님 등 이런 분들로부터 세미나나 연구회에서 귀중한 조언을 들었다.

또한 2010년부터 참가한 암시장연구회에서는 하시모토 겐지(橋本健二)선생님, 하쓰다 고세이(初田香成)님, 이노우에 겐이치로(井上健一郎)님, 나카

시마 가즈야(中島和也)님, 이시구레 마사카즈(石榑督和)님, 무라카미 시호리(村上しほり)님, 아오이 아키히토(青井哲人) 선생님 등, 그리고 연구회나 필드워크를 통해서 건축사, 도시계획사, 사회조사법 등 다른 분야의 연구방법을 배웠으며 연구의 시야를 넓힐 수 있었다.

와세다대학 국제교양학부에서 문학이나 영화를 연구하는 길을 열어주신 모리타 노리마사(森田典正) 선생님, 사카키바라 리치(榊原理智) 선생님, Graham Law 선생님, 그리고 코멘트를 해주신 호테이 도시히로(布袋敏博) 선생님께도 감사드린다.

이 책을 간행하기까지는 세큐(青弓)사의 야노 미치오(矢野未知生)님에게 많은 신세를 졌다. 기획 단계부터 수정 사항에 대한 조언까지 가장 먼저 독자를 생각해야 한다는 자세를 배울 수 있었다. 많은 양서를 출판하고 있는 세큐사에서 책을 낼 수 있던 것은 정말 영광이다. 또한 히라이 유카(平井裕香)님은 이 책의 교정을 도와주셨다. 진심으로 감사드린다.

또한 이 책의 간행은 도쿄대학 학술성과간행조성제도의 보조를 받았다. 감사드린다.

마지막으로 언제나 지지하며 지켜준 부모님 사카사이 고이치(逆井浩一)·사카사이 사토코(逆井さと子), 그리고 고인이 된 장인 김진응님과 장모 김은실님께도 감사드린다. 그리고 무엇보다 존경하는 친구이자 동지이며 최고의 파트너인 김영롱과 두 살배기 아들 사카사이 유(逆井唯)와 함께 하는 나날에 진심으로 감사한다.

2018년 6월, 지바(千葉)현 노다(野田)시에서

옮긴이 후기

이 책의 번역은 일본의 '전후' 내셔널리즘을 구성하는 원풍경이자 국가적 서사의 출발점을 이루는, 이른바 '잿더미(燒跡)'의 표상을 비판적으로 고찰한 저자의 작업을 한국에 소개하고자 하는 취지에서 비롯되었다.

물론 그것은 일본의 '전후'에 대한 저자의 반성적 사유에 단순히 공감하거나 편승하기 위함이 아니다. 오히려 이 책에 나타난 저자의 분석이 한국의 내셔널리즘과 그 국가적 상상력을 반성적으로 고찰함에 있어서도 대단히 유효한 것이라고 생각하였기 때문이다. 즉 이 책을 한국의 독자들에게 소개하며 새삼스레 강조하고 싶은 점은, 일국가적이고 단선적인 역사인식에 대한 자기반성이 한국과 일본 모두에게 필요하다는 것이다.

예컨대 이 책의 저자가 지적한 '잿더미' 표상의 예처럼, 한국의 '8·15 해방' 또한 비판적으로 재고되어야 한다. 한국의 네이션 서사는 '8·15 해방'을 암흑과 굴욕의 시절로부터 벗어나 민족의 새로운 역사가 시작된 지점으로 그리고 있다. 달리 말해 이는 1945년 8월 15일을 기준으로 '일본'이라는 이질적 요소가 해소됨에 따라 민족의 순수성과 주체성이 회복되었다는 신화적 의미체계가 한국의 근현대사를 떠받치는 상상력으로 착근되어 있음을 보여주는 것이다. 그러나 이러한 '8·15 해방'의 미적 이미지가 한반도 분단과 냉전질서의 고착화, 한일 정치·경제권력의 재결탁, 개발주의 군사독재의 지배 등, 식민지적 유산과 그것이 초래한 역사적 피해자 및 희생자들을 후

경화하고 있다는 점을 간과해선 안 된다.

이 책이 비판적으로 고찰하고 있는 '전후 일본'이라는 프레임은 그것의 출발점으로서의 '잿더미'의 이미지, 그리고 그것으로부터의 부흥이라는 서사에 의해 견고히 구축되어왔다. 그러한 부흥의 상징으로 이야기되는 것이 바로 1964년의 도쿄올림픽 개최이다. 저자가 서문에서 지적하고 있듯이, 1955년 더 이상 '전후'가 아니라고 선언된 지 9년 뒤, 잿더미로부터의 부흥이 성공적으로 이루어졌음을 전세계에 확인시키는 이벤트로서 1964년 도쿄올림픽이 개최되었다. 또한 2011년 3·11 동일본대지진 이후 절실히 요구된 부흥의 '최종 마무리'가 바로 그 9년 뒤인 올해 8월로 예정된 도쿄올림픽이었던 것이다. 올해 초부터 산발적으로 발생한 바이러스가 전세계적으로 확산되는 위태로운 상황에서도 올림픽 정규 개최를 고집했던 아베 정권의 태도는 내셔널리즘을 지탱하는 부흥과 재생의 서사가 지닌 위력과 역사성을 새삼 확인시켜준다.

급기야 세계보건기구(WHO)가 팬데믹을 선언하기에 이르렀고, 우리의 일상은 예측할 수 없이 급변하고 있다. 1년 뒤로 미뤄진 도쿄올림픽의 첫 경기가 바로 원전 사고의 발생 도시에서 열릴 것이라는 소식은 '잿더미로부터의 부흥'이라는 국가적 서사가 여전히 진행중임을 알려준다. 바이러스 감염인구는 매일같이 최고치를 갱신하고 있지만, 일본 정부의 대처 방향은 바이러스 확산 방지를 위한 이동 제한에서 경제 활성화를 위한 관광 장려 쪽으로 점차 기울어지고 있다. 그와 동시에, 바이러스 감염 확산으로 경제적 어려움을 겪는 외국인 유학생에 대한 지원금 제한과 조선대학교 배제 등, 새로운 상황의 도래와 함께 차별의 형태 또한 갱신되는 중이다. 조선의 '해방', 일본의 '패전'을 의미하는 1945년 8·15로부터 75주년을 맞는 2020년 8월,

'전후 일본'에서 '냉전기 일본'으로의 시점 이동을 통해 자기동일적 공간이 아닌 '이향(異鄉)'으로서의 일본을 발견하고자 한 이 책을 통하여 우리가 마주해야 할 '새로운 베일'의 징후들이다.

이 책에서 사용된 몇 가지 주요 용어에 대하여 언급해 두고자 한다. 먼저 이 책의 타이틀에도 사용된 '잿더미'란 '야케아토(燒跡; やけあと)'를 옮긴 말이다. '불탄 흔적'으로 직역될 수 있는 야케아토는 일반적으로 '폐허'라고 번역되는 경우가 많다. 하지만 본문에서 저자가 '폐허'와 구별되는 '야케아토'의 기호와 그에 기인하는 이미지에 대하여 강조하고 있으므로 '폐허'가 아닌 '잿더미'를 번역어로 채택하였다. 또한 이 책에서 '잿더미'라는 기호를 통해 지탱되는 '전후 일본'의 내셔널리즘을 설명하기 위해 사용되는 '국민적/국가적 경관'은 'National Landscape'의 번역어이다. 이 개념을 저자는 '국민적 지경(地境)'으로 번역하였지만 한국어판에서는 보다 자주 사용되는 '경관'이라는 번역어를 채택하였다. 끝으로 이 책에서 분석하고 있는 일본의 문학 텍스트나 영화 텍스트는 한국어 번역본이나 자막판이 있는 경우 기본적으로 거기에 따르되, 저자의 분석과 어긋나거나 어색한 경우 일부 수정하여 옮겼다.

지난해 여름, 한국문학을 전공하는 동국대학교 대학원생들이 '동아시아'와 '평화', '냉전' 등의 키워드를 중심으로 새로운 연구 방향을 모색하는 가운데 이 책을 함께 읽어보자는 제안이 나왔다. 세미나 팀원인 김대진, 엄지희, 위수정, 유인혁, 이성주, 이정민, 임세화, 조윤기 님은 매번 책의 일부를 조금씩 번역해 와서 일본어 공부와 책의 내용에 대한 토론을 병행해야 하는 지난한 과정에 성실하게 참여해주었다. 한국어판 『'잿더미' 전후공간론』은 이 과정을 통해 나올 수 있었다. 다만 이 책의 전체 번역은 박광현, 정창훈, 조은애, 홍덕구 네 사람에 의한 것이며, 번역에 따른 책임 또한 네 명의 공동번역자에게 있음을 밝혀둔다.

2020년 8월, 옮긴이 일동

'갯더미' 전후공간론

1판 1쇄 발행일 2020년 8월 15일
지은이 | 사카사이 아키토
옮긴이 | 박광현, 정창훈, 조은애, 홍덕구
책임편집 | 김재호
펴낸이 | 김문영
펴낸곳 | 이숲
등록 | 2008년 3월 28일 제301-2008-086호
주소 | 경기도 파주시 책향기로 320 메이플카운티 2동 206호
전화 | 02-2235-5580
팩스 | 02-6442-5581
홈페이지 | http://www.esoope.com
페이스북 | facebook.com/EsoopPublishing
Email | esoope@naver.com
ISBN | 979-11-86921-92-0 03340
ⓒ 이숲, 2020, printed in Korea.

| 옮긴이 약력 |

박광현

동국대학교 교수. 경성제국대학과 재조일본인에 관한 연구를 진행해오다. 일본의 '패전' 이후에 관심을 가지고 재일조선인에 관한 연구를 진행하고 있다. 역저서로는 『『현해탄』 트라우마』(저서), 『제국대학: 근대 일본의 엘리트 육성 장치』(역서), 『재일조선인 자기서사의 문화지리 1·2』(공저) 등이 있다.

정창훈

동국대학교 강사. 「한일관계의 '65년 체제'와 한국문학: 한일국교정상화를 둘러싼 '국가적 서사'의 구성과 균열」이라는 논문으로 동 대학에서 박사학위를 받았다. 논저로는 「우애의 서사와 기억의 정치학: 이병주 소설 『관부연락선』 다시 읽기」, 「한일국교정상화 이후 김소운의 글쓰기에 나타난 '일본(어)'의 위상학」 등이 있다.

조은애

동국대학교 강사. 「남북일 냉전 구조와 재일조선인의 문화적 월경: 자기민족지적 글쓰기의 계보」라는 논문으로 동 대학에서 박사학위를 받았다. 논저로는 「북한에서의 재일조선인 문학 출판 및 개작에 관한 연구: 김달수와 이은직의 경우를 중심으로」, 「'재일조선인 1세 여성' 라이프 스토리와 자기/민족지적 욕망: 다큐멘터리 영화 〈해녀 량상〉과 〈하루코〉를 중심으로」 등이 있다.

홍덕구

동국대학교 대학원 국어국문학과 박사수료. 한국 근대문학에 나타난 근대성과 식민지성의 문제를 장소·공간과 결부시켜 해석하는 공부를 해왔으며, 근대 테크놀로지의 수용 및 전유 양상이 식민지시기 문학에 미친 영향관계를 다루는 박사학위논문을 준비중이다. 논저로는 「'삼국지'와 제국 일본의 기획」, 「염상섭 『이심』 다시 읽기: 도시공간에서의 매춘 문제를 중심으로」, 「이광수의 '코닥', 김남천의 '콘탁스': '사실의 세기'와 '재현의 전략'」 등이 있다.

Bomb damage in Tokyo, 1945.